21 世纪经济管理类精品教材

（第二版：微观部分）

西方经济学学习指导与精粹题解

主　编　丛　屹
副主编　荣　岩　杨子帆　李晓燕

Microeconomics

清华大学出版社
北　京

内 容 简 介

本书为西方经济学学习指导与精粹题解的微观部分，共 11 章，每章首先总结各章的逻辑体系，然后对各章要点和难点进行总结和讲解，最后精选一些常见的题型供学生练习，以强化学生对所学内容的理解和掌握。

本书是作者多年教学经验的总结和精华，可作为经济管理类本科各专业学习西方经济学的配套参考书，也可作为教师从事西方经济学教学的参考用书，具有学习指导和教学参考双重特点。

图书在版编目（CIP）数据

西方经济学学习指导与精粹题解. 微观部分/丛屹主编. —2 版. —北京：清华大学出版社，2016
（2024.4 重印）

（21 世纪经济管理类精品教材）

ISBN 978-7-302-43882-3

I. ①西… II. ①丛… III. ①西方经济学-高等学校-教学参考资料　②微观经济学-高等学校-教学参考资料　IV. ①F091.3　②F016

中国版本图书馆 CIP 数据核字（2016）第 110283 号

责任编辑：苏明芳
封面设计：康飞龙
版式设计：牛瑞瑞
责任校对：王　云
责任印制：刘海龙

出版发行：清华大学出版社
　　　　　网　　　址：https://www.tup.com.cn, https://www.wqxuetang.com
　　　　　地　　　址：北京清华大学学研大厦 A 座　　　　　邮　　编：100084
　　　　　社 总 机：010-83470000　　　　　　　　　　　　邮　　购：010-62786544
　　　　　投稿与读者服务：010-62776969，c-service@tup.tsinghua.edu.cn
　　　　　质量反馈：010-62772015，zhiliang@tup.tsinghua.edu.cn
印 装 者：三河市龙大印装有限公司
经　　销：全国新华书店
开　　本：185mm×230mm　　　印　　张：14.5　　　字　　数：297 千字
版　　次：2007 年 9 月第 1 版　2016 年 12 月第 2 版　　印　　次：2024 年 4 月第 11 次印刷
定　　价：40.80 元

产品编号：069509-02

前　言

　　本书旨在为财经类专业本科生和参加财经类专业硕士研究生入学考试的考生提供西方经济学课程的学习指导和必要的习题训练，使他们能够准确掌握并深刻理解西方经济学的基本概念、基本原理和分析方法。

　　目前各大院校使用的众多版本的西方经济学教材在基本理论体系上大同小异，但普遍存在两个问题：一是缺乏必要的习题训练。习题训练应当涵盖教学内容的四个层次的要求，即记忆、理解、简单运用和综合运用。国内教材普遍课后习题简单、题型单一，并且缺乏必要的解答指导。这实际上是降低了学习要求，往往造成学生们学习上不求甚解，降低了对知识的理解程度和运用能力。二是逻辑体系不突出。西方经济学是有较为完整逻辑体系的学科，但在教材编写方面，由于内容繁杂，往往不能突出理论、原理之间的前后联系和内在逻辑关系（这往往也是教学上的难点）。因此给学生的学习造成很大的困惑，也是造成很多学生偏重机械记忆而不会采取理解式学习方法的原因，很难达到融会贯通、理解和掌握理论体系的水平。

　　本书的编写在吸收了国内现有同类辅导书的优点的基础上，针对西方经济学教学和学习中普遍存在的问题，按照学习的规律，设计了较有特色的结构和内容，主要体现在以下四个方面。

　　第一，精选经典教材和典型习题。不仅注重内容的全面性和延展性，而且注重通过精选习题进行较为全面的习题训练。

　　第二，明确学习目标和学习要求。根据国内优秀教材的教学要求和近年来研究生入学考试的发展动态，明确了对各部分内容的掌握和理解程度。

　　第三，突出学习重点和学习难点。对各部分内容的重点和难点进行了详细的讲解说明，总结了近年来主要的考点，并利用各种精选题型进行强化训练。

　　第四，提倡结构式的学习和理解。每部分均利用知识结构图展示理论内容的逻辑关系、内在联系和学习线索。帮助学生从整体上掌握理论内容，避免片面记忆概念和理论结论、忽视理解理论内在联系的学习倾向，从而促进学生真正理解和掌握经济理论所阐述的现实经济运行的内在机制和规律。

　　《西方经济学学习指导与精粹题解（第二版）》的编写分为两册：微观部分和宏观部分（本书为微观部分），一方面是因为微观、宏观的内容具有不同的逻辑体系，另一方面也是为了满足不同专业有所侧重的教学和学习的方便。

　　微观部分侧重通过对个体经济行为的阐述，说明现代西方市场经济中不同个体经济联系的方式和内容，帮助学生理解市场机制的运行和作用，以及改善这种运行的途径。内容主要包括供求理论、消费者行为理论、生产者行为理论、市场结构、要素分配理论、一般均衡理论、博弈论初步及对"市场失灵"的分析研究等。

需要特别说明的是，本书的第一版，作为天津财经大学"十五"综合教改投资项目的成果之一，得到了天津财经大学校领导和教务处领导的大力支持和帮助，张嘉兴校长、高正平副校长、张芸处长多次关心、督促和指导，并提供经费支持，在此代表全体编写人员和课题组成员对他们表示衷心的感谢！

经过近九年的使用，在受到关注和好评的同时，我们也发现第一版中存在一些疏漏之处。同时，也因为这九年间，教材的内容进行了不少调整，所以，必须对原来的版本进行梳理和修订。此次修订得到了天津财经大学珠江学院各位领导和同事的大力支持和共同参与，在此表示衷心的感谢！

感谢清华大学出版社的领导和编辑所给予的关心和帮助，尤其是苏明芳编辑在进度和内容编排方面的帮助和支持。

参与本次版本修订编写的人员有：丛屹、荣岩、杨子帆、李晓燕、梁晶、刘姗、孙伯驰、陈丹、桑鹏宇、王萌等。

最后，对于本书可能存在的一些错误和不足，敬请广大师生批评指正。

丛　屹

2016 年 6 月

于天津财经大学

目　录

第 1 章 引　论

1.1　教学参考与学习指导

西方经济学是适应市场经济的需要产生和发展起来的研究经济行为规律的学说。本部分作为西方经济学入门的引导，将简要介绍西方经济学的由来、发展历程以及西方经济学的基本内涵及体系。

引论作为西方经济学教材的开篇，往往容易被忽视。这一部分的内容是对西方经济学的一个综合概括，让初学者对其有一个初步的整体认识。虽然有些概念比较陌生、有些概念比较抽象，但将来通过学习后续内容，逐步会有越来越深的体会。所以，应重视这一部分内容的学习。

1.1.1　知识结构（见图 1.1）

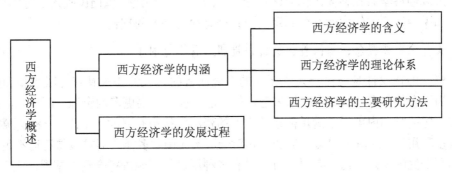

图 1.1　知识结构

1.1.2　内容指导

1.1.2.1　学习目的与要求

引论是对西方经济学的综合概括，介绍西方经济学的定义、发展过程等预备知识，使初学者有一个整体性认识，为下一步的学习做好准备。

通过本部分的学习，要求掌握西方经济学的内涵，了解西方经济学的研究内容和理论体系，了解西方经济学的发展过程，了解西方经济学的研究方法。

1.1.2.2 内容要点与难点

★西方经济学的基本内涵

西方经济学是研究如何合理利用稀缺的资源来满足无限多样的需求的一门社会科学。不同的学者有不同的表述方式。例如，"经济学是研究任何社会如何进行选择，来使用可以有其他用途的稀缺的资源以便生产各种商品，并在现在或将来把商品分配给社会的各个成员或集团以供消费之用"（萨缪尔森），"经济学是研究如何将稀缺的资源有效地配置给相互竞争的用途之中，以使人类欲望得到最大限度满足的科学"（莱昂内尔·罗宾斯）。

西方经济学的主要内容为经济理论及根据经济理论而制定的经济政策和有关问题的解决途径，主要包括微观经济学、宏观经济学、数理经济学、动态经济学、福利经济学、经济思想史等内容。初学者所学习的西方经济学（教材）只是对其基础经济理论的阐述和考察，通常分为微观经济学和宏观经济学两部分。

微观经济学研究单个经济主体（居民、厂商）的经济行为，采用个量分析方法，通过研究市场经济条件下单个经济主体的经济行为及其相互关系来解释和说明市场价格机制如何进行资源配置等一系列具有内在联系的理论。

宏观经济学研究整体国民经济运行，采用总量分析方法，以国民收入决定为核心，解释和说明资源如何才能充分利用的一系列有内在联系的理论。

★几个重要概念：稀缺性、经济制度和"看不见的手"

资源的稀缺性是相对于人类无限的需求而言的。人的需求具有无限增长和多样性。为了满足需求，就要生产越来越多的产品，也就需要更多的资源。而资源，尤其是在一定的时期内可用于满足需求的生产的资源往往是有限的。并且，**一种资源往往具有多种用途**。这就使得有限的资源相对于人类无限、多样的需求显得远远不足。经济学所研究的就是如何对有限的且可以有多种用途的资源进行合理的配置，以最大程度地满足人们的需要。

资源的配置和利用在不同的**经济制度**中有着不同的解决方式。世界上主要有三种经济制度：一是计划经济制度，即生产和消费都由政府计划部门决定的制度；二是市场经济制度，即资源配置和利用都由市场价格机制决定的制度；三是混合经济制度，即计划与市场相结合的制度。

"看不见的手"的原理说明，当经济社会中的个体追求个人利益时，他被一只看不见的手，即市场机制所引导去增进社会整体利益。微观经济学的主要部分都是对"看不见的手"的论证和注解。

★西方经济学的主要研究方法

实证分析方法和**规范分析**方法。经济学研究中的实证分析力图回答"是什么"，即着力于分析和阐明客观经济现象，并借以预测后果，而对经济事实本身不做价值判断；规范分析则是以一定的价值判断为出发点，研究"应该是什么"，并分析和说明如何实现的问题。在现实研究过程中，两种方法往往是结合使用的。

均衡分析方法。经济学中的均衡是借用了力学的一个概念。均衡的最一般的意义是指经济事物中有关的变量在一定条件的相互作用下所达到的一种相对静止的状态。常见的均衡概念有局部均衡，一般均衡，稳定的、不稳定的、半稳定的均衡等。均衡分析方法是经济学中最重要的分析方法，通常来讲，它分析经济力量达到均衡时所需要的条件以及相应的经济现象。

静态分析、比较静态分析和动态分析方法。静态分析是考察在既定条件下某个经济事物在经济变量的相互作用下所实现的均衡状态的特征，研究的是经济过程的一个横断面。比较静态分析是考察当原有的条件发生变化后，原有的均衡状态会发生什么变化，并分析比较新旧均衡状态，它研究的是经济过程横断面之间的比较关系。动态分析是在引进时间变化序列的基础上，研究经济事物的实际变化过程。

边际分析方法。边际分析是西方经济学的基本分析方法之一，它是通过增量的对比来分析经济行为的。边际分析方法实际上是微积分在经济学中的应用，用微积分的语言来说就是指一个函数关系中，自变量的微小变化如何引起因变量的相应变化，即微积分的求导问题。边际分析方法往往能比较准确地描述出经济变量之间的（变动中的）相互关系。

★西方经济学的由来和演变

西方经济学的产生和发展经历了以下几个重要阶段。
古典经济学（产生于 17 世纪中期，代表人物亚当·斯密、大卫·李嘉图等）。

● 古典经济学的庸俗化（产生于 19 世纪 30 年代，代表人物萨伊、马尔萨斯）。
● **边际效用经济学**（产生于 19 世纪 70 年代，代表人物门格尔、杰文斯、瓦尔拉斯）。
● **新古典经济学**（产生于 19 世纪末期，代表人物马歇尔）。
● **凯恩斯主义经济学**（产生于 20 世纪 30 年代）。
● **新古典综合派**（产生于 20 世纪中期，代表人物库兹涅茨、汉森、萨缪尔森、托宾、哈罗德等）。
● **新自由主义经济学**（产生于 20 世纪 60 年代，货币学派、供给学派、理性预期学派、新制度经济学、公共选择学派、新左派和新自由主义学派等）。

经济学发展史中的两次重要革命：**边际革命**；凯恩斯主义革命。

1.1.2.3　基本概念和基本原理扩充检索

西方经济学　微观经济学　宏观经济学　资源的稀缺性　经济制度　看不见的手　实证分析　规范分析　均衡分析　静态分析　比较静态分析　动态分析　边际分析　古典经济学　新古典经济学　凯恩斯主义经济学　新古典综合派　新自由主义经济学　边际革命

1.2　考点分析

本章的内容主要为常识性内容。

题型 1：名词解释。重点了解和掌握一些常识性概念，请参考"基本概念和基本原理扩充检索"。

题型 2：判断和选择。判断和选择的重点在于考察对西方经济学内涵的了解、对研究方法的理解以及对一些基本概念（如稀缺性）的理解。

题型 3：简答题和分析讨论题。主要考察对西方经济学内涵、发展过程、学习的目的和方法以及意义的掌握。

1.3　典型习题及解答

1.3.1　判断正误并解释原因

1．资源是稀缺的，所以产量是既定的，永远无法增加。（　　　）

2．"生产什么"、"如何生产"和"为谁生产"这三个问题被称为资源开发问题。（　　　）

3．"人们的收入差距大一点好还是小一点好"的命题属于实证经济学问题。（　　　）

【参考答案】

1．（×）解释：资源稀缺性是相对人的欲望而言。

2．（×）解释：应是资源配置问题。

3．（×）解释：应属于规范经济学问题。

1.3.2　选择题

1．经济学可定义为（　　　）。

A．政府对市场制度的干预

B．企业取得利润的活动

C．研究如何最合理地配置稀缺资源于诸多用途

D．人们如何依靠收入生活的问题

2．"资源是稀缺的"是指（　　）。

A．世界上大多数人生活在贫困中

B．相对于资源的需求而言，资源总是不足的

C．资源必须保留给下一代

D．世界上资源最终将由生产更多的物品和劳务而消耗光

3．经济物品是指（　　）。

A．有用的物品 　　　　　　　　B．稀缺的物品

C．要用钱购买的物品 　　　　　D．有用且稀缺的物品

4．微观经济学研究的基本问题是（　　）。

A．生产什么，生产多少 　　　　B．如何生产

C．为谁生产 　　　　　　　　　D．以上都包括

5．下列命题中，（　　）不是实证经济学命题。

A．1982 年 8 月联储把贴现率降到 10%

B．1981 年失业率超过 9%

C．联邦所得税对中等收入家庭是不公平的

D．社会保险税的课税依据现已超过 30 000 美元

6．一般认为，现代美国经济制度是（　　）。

A．完全自由放任经济制度 　　　B．混合的资本主义经济制度

C．自给自足的经济制度 　　　　D．完全的计划经济制度

【参考答案】

1．C　2．B　3．D　4．D　5．C　6．B

1.3.3　简答与分析讨论题

1．怎样理解西方经济学是研究市场体系中稀缺资源配置的科学？

【参考答案】（要点）

（1）一般来说，资源往往具有多种用途。

（2）相对于人们的无限的需要，资源是稀缺的，这就产生了选择也就是资源配置的问题。

（3）在市场经济中，资源的配置是通过市场价格机制来实现的。

2．什么是"看不见的手"的原理？

【参考答案】（要点）

"看不见的手"的原理说明，当经济社会中的个体追求个人利益时，他被一只看不见的手，即市场机制所引导去增进社会整体利益。

3．请简要总结和归纳出西方经济学产生和发展的主要脉络。

【参考答案】（略，要点请参考"内容要点与难点"中的相关部分）

4．请简要说明新古典综合派的理论观点。

【参考答案】（要点）

20世纪中期，以萨缪尔森为代表的一些西方经济学家逐渐建立起了新古典综合派的理论体系。该学派将早期以新古典为主的经济学当作研究个量问题的微观经济学，把凯恩斯主义经济理论体系称为研究总量问题的宏观经济学。并认为，前者是以充分就业为分析前提的，后者则是着重研究各种不同水平的就业情况，因此，两者相辅相成，可以纳入一个体系之中，而传统的自由放任和凯恩斯的国家干预的主张不过代表同一理论体系所涉及的两种不同的情况。

5．西方经济学的研究对象是什么？

【参考答案】（要点）

经济学产生的客观原因是资源的有限性和人类需要的无限性之间的矛盾。所谓资源稀缺的相对性是指即使再多的有限资源相对于人类无限需要（欲望）来说都是不足的，但稀缺资源具有多种用途，人类无限欲望具有轻重缓急，怎样使稀缺资源在一定时空下，满足人们最急需、最迫切的欲望，是经济学要解决的首要问题。要解决这个矛盾，人们只有去"选择"。所以经济学又被称为选择的学科。这种选择就决定了经济学的研究对象，一般认为，西方经济学的研究对象是稀缺资源的配置与利用问题。

6．人类历史上的资源配置有哪几类？哪一类的经济效率较高？

【参考答案】

资源配置和利用的方式也称为经济体制。经济体制大体上分为下列四种类型：自给经济、计划经济、市场经济和混合经济。自给经济的特征是每个家庭生产他们消费的大部分物品，自给自足，只有极少数消费品是与外界交换来的。计划经济特征是生产资料归政府所有，用政府来解决资源配置和利用的问题，产供销、人财物由国家统一分配。市场经济资源配置和利用由竞争中市场机制来解决。家庭和企业经济主体分散决策。西方经济学认为，通过"看不见的手"所指引，个体追求自身利益最大化，通过人人为自我，实现人人为他人，保障社会利益的最大化，但也存在市场失灵问题。混合经济的基本特征是生产资料的私人所有和公有相结合，市场调节和国家干预相结合。纯计划经济和纯市场经济都存在问题，具有优势互补的混合经济，即国家宏观调控下的市场经济效率较高。

7．为什么西方微观经济学又称为价格理论，西方宏观经济学又称为国民收入决定理论？

【参考答案】（要点）

微观经济学是经济学的一个重要分支，它以单个经济单位（居民户、厂商及单个产品市场等）为研究对象，在三个逐步深入的层次上研究单个经济单位的经济行为，以及相应的经济变量的单项数值（价格、消费品供求量、生产要素供求量）如何决定。第一个层次是分析单个消费者和单个生产者的经济行为，第二个层次是分析单个市场的价格决定，第三个层次是分析所有单个市场价格的同时决定，这种决定是作为所有单个市场相互作用的结果而出现的。显然，微观经济分析所涉及的核心变量是价格，所以微观经济学又被称为价格理论。

宏观经济学是经济学的另一个重要分支，研究社会总体经济问题以及相应的经济变量的总量是如何决定及其相互关系。宏观经济学对总体经济单位的考察，需要解决三个问题：一是已经配置到各个生产部门和企业的经济资源总量的使用情况是如何决定着一国的总产量（国民收入）或就业量；二是产品市场和货币市场的总供求是如何决定着一国的国民收入水平和一般物价水平；三是国民收入水平和一般物价水平的变动与经济周期及经济增长的关系。涉及经济周期与经济增长理论、开放经济理论以及宏观经济政策等内容。因此，宏观经济学主要研究国民收入核算、决定和波动，所以也被称为国民收入决定理论。

8．略论西方经济学的双重性质。你认为应当怎样正确对待西方经济学？

【参考答案】

西方经济学作为资本主义制度的上层建筑，企图为其经济基础解决两个问题：第一，在意识形态上，宣传资本主义制度的合理性和优越性，从而加强对该制度永恒存在的信念。第二，总结资本主义的市场经济运行的经验，以便为改善其运行，甚至在必要时为拯救其存在提供政策建议。从上述两个问题中可以看到，西方经济学具有双重性质，它既是资本主义的意识形态，又是资本主义市场经济的经验总结。这就决定了我国学员学习西方经济学应结合我国的国情加以借鉴吸收，做到"弃其糟粕、取其精华、洋为中用"。在借鉴时，决不能生搬硬套，必须注意到国情的差别，在西方社会中行之有效的办法未必能在我国奏效，因为经济发展阶段不同，经济理论发挥作用的国内和国外条件也不同。

总结上述观点，西方人学习西方经济学是为了维护、支持和改善资本主义市场经济制度。我国人民学习西方经济学应该做到"批判吸收""洋为中用"。看到其阶级性，西方经济学为西方发达国家服务，为大资产阶级服务。同时我们也进行社会化大生产，也发展市场经济，也要借鉴其经验教训和一些比较科学的研究成果。

9．你能举出一些正确借鉴西方经济学取得成果的例子和误解或误用它造成受损的例子吗？

【参考答案】

（1）正确借鉴西方经济学取得成果的例子：农产品的价格维持制度对于稳定农产品价格和产量，保护农民收益起到了很好作用。凯恩斯功能财政思想对于减缓经济波动，促进经济持续健康发展有一定指导意义。

（2）误用西方经济学造成损害的例子：1990 年美国国际经济研究所原所长约翰·威廉姆逊概括了华盛顿共识包括十个方面：① 加强财政纪律，压缩财政赤字，降低通货膨胀率，稳定宏观经济形势；② 把政府开支的重点转向经济效益高的领域和有利于改善收入分配的领域（如文教卫生和基础设施）；③ 开展税制改革，降低边际税率，扩大税基；④ 实施利率市场化；⑤ 采用一种具有竞争力的汇率制度；⑥ 实施贸易自由化，开放市场；⑦ 放松对外资的限制；⑧ 对国有企业实施私有化；⑨ 放松政府的管制；⑩ 保护私人财产权。华盛顿共识指导思想是西方经济学的新自由主义思想，核心是：私有化、市场化和自由化。其成为拉丁美洲、东欧和俄罗斯改革的指导思想。但是这些思想并没有使这些国家经济得到快速发展，反而造成发展迟缓，甚至倒退。

第 2 章　需求曲线和供给曲线概述以及有关的概念

2.1　教学参考与学习指导

　　本部分是对微观经济学的概述，通过学习，帮助读者对微观经济学的研究对象、基本条件和原理、内容体系框架，有一个初步的、全面的认识和把握。

　　本部分首先介绍微观经济学的研究对象、基本假设和基本理论体系框架，说明微观经济学的研究特征和内涵；然后，简要介绍了微观经济学（即价格理论）的核心分析工具——供需曲线、价格弹性的概念及其运用。

2.1.1　知识结构（见图 2.1）

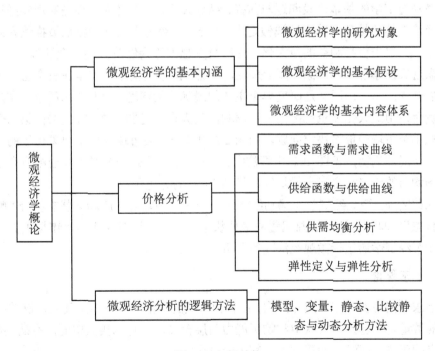

图 2.1　知识结构

2.1.2 内容指导

2.1.2.1 学习目的与要求

了解微观经济学的基本体系框架，为学习各章的具体内容奠定基础；初步掌握供需曲线的基本概念，熟悉均衡价格、弹性的含义和计算，学会运用供需分析方法进行简单的问题分析。在学习方法上，建议读者结合两部门循环流量图来理解微观经济学的理论体系。

2.1.2.2 内容要点与难点

★ **微观经济学**

微观经济学的研究对象是个体经济单位。所谓个体经济单位，是指具有独立决策和行为能力的个体，如单个消费者、单个生产者和单个市场等。应当说，微观经济学是以经济个体为起点建构的理论体系，尽管它的研究内容涵盖全部市场经济，但理论体系的逻辑起点却是个体行为特征。

微观经济学的基本假设和逻辑前提：经济人假设。经济人假设是对现实经济生活中的经济个体的抽象，其本性被假定为"利己"。经济人的行为特征被描述为：以利己的动机，追求自身利益的最大化。这种特征也被称为**经济人的"理性"**。

微观经济学的基本体系：概括来说，微观经济学的基本框架是在三个层次上逐步深入展开的：第一个层次是研究单个主体的最优决策问题，如图 2.2 所示，家户部门的消费者效用最大化和企业部门的厂商利润最大化（见图 2.2 标注①）；第二个层次是研究单个市场的价格决定问题，如图 2.2 中单个产品市场或单个要素市场的均衡价格决定（局部均衡，见图 2.2 中标注②）；第三个层次是研究经济社会中所有市场同时达到均衡的价格决定（一般均衡，见图 2.2 中标注③）。

除此之外，微观经济学在福利经济学部分进一步阐明一般均衡状态符合"帕累托最优状态"，即达到社会资源配置的最佳状态。最后，针对现实中"市场失灵"的问题，微观经济学还包括微观经济政策分析。

★ **需求理论**

需求是指消费者在一定时期内，在各种可能的价格水平下愿意而且能够购买的该商品的数量。它包括购买欲望和购买能力两层含义，只有购买欲望而没有购买能力，或者有购买能力而没有购买欲望，都不能算作需求。

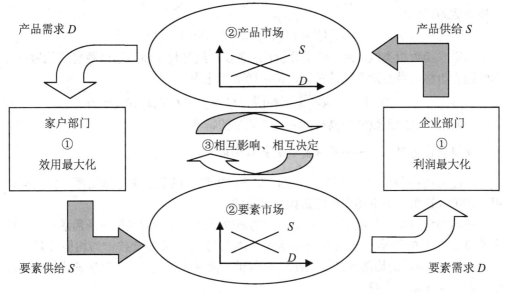

图 2.2 微观经济学的基本体系

需求受商品价格、消费者收入水平、相关商品价格、消费者偏好、价格预期、消费者人数等多个因素影响。一般来说，需求与商品自身价格呈反向关系；与消费者收入水平呈正向关系；与相关商品价格有关（具体可分为替代商品和互补商品两种情况）；与消费者对该商品的偏好有关；与消费者对该商品的价格预期有关；与消费者人数的变化有关。因此，**需求函数**一般表达为：

$$Q^d = f(P, I, P_x, P_r, P^e, N \cdots)$$

为了便于分析一种因素对需求的影响，通常假定其他因素固定不变。在初级教程中，通常主要考虑商品价格对**需求量**的影响，因此，将其他因素假定不变，即常见的表达方式"其他条件不变"。需求函数简化为：

$$Q^d = f(P) \quad \text{——实际上它等同于} \quad Q^d = f(P, \overline{I}, \overline{P_x}, \overline{P_r}, \overline{P^e}, \overline{N} \cdots)$$

一般来说，需求量与商品价格呈反向关系，因此需求函数曲线向右下方倾斜。

★**供给理论**

供给是指生产者在一定时期内，在各种可能的价格水平下，愿意而且能够提供出售的该种商品的数量。它包括供给意愿和供给能力两层含义。只有供给意愿而没有供给能力，或者只有供给能力而没有供给意愿，都不能算作供给。

商品的供给受商品价格、生产成本、生产技术水平、相关商品价格、生产者人数等多个因素影响。一般来说，供给与商品自身价格呈正向关系；与生产成本呈反向关系（在价格等因素不变的情况下）；生产技术水平提高会增加供给；与相关商品价格有关；与生产者对商品价格的预期有关；与生产者人数呈正向关系。因此，**供给函数**

一般表达为：

$$Q^s = f(P, C, T, P_x, P^e, N\cdots)$$

与需求函数相类似，为了便于分析，通常在初级教材中将供给函数也简化为主要影响因素价格与**供给量**之间的关系。供给函数简化为：

$$Q^s = f(P) \text{——实际上它等同于} Q^s = f(P, \overline{C}, \overline{T}, \overline{P_x}, \overline{P^e}, \overline{N}\cdots)$$

一般地，供给函数曲线具有向右上方倾斜的特征。

★均衡价格的决定——供求曲线的共同作用

将**需求曲线**与**供给曲线**结合起来，反映出市场中商品需求与供给两方面共同作用，就可以说明一个市场中价格是如何形成的。

商品的**均衡价格**的决定：一种商品的均衡价格是指该种商品的市场需求量和市场供给量相等时的价格。在均衡价格水平下的相等的供求数量被称为**均衡数量**。如图 2.3 所示，商品的均衡点是需求曲线 D 与供给曲线 S 的交点，所对应的均衡价格水平为 $\overline{P}$，均衡数量为 $\overline{Q}$。

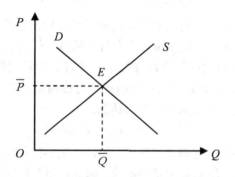

图 2.3　均衡价格的决定

需求的变动：需求曲线的移动：任何一条市场需求曲线都表示在其他条件不变时，由某商品的价格变动所引起的该商品需求数量的变动。除商品自身价格以外的其他因素，如收入水平的变动、相关商品的价格变动、偏好的变化、对商品的价格预期的变化，以及消费者人数的变化等。所导致的市场需求数量的变化，通常称为需求的变动。在几何图形中，需求的变动表现为需求曲线的位置发生移动。

供给的变动：供给曲线的移动：在影响商品供给数量的诸多因素中，如果在其他条件不变时，只考虑商品自身价格的变化对该商品供给数量的影响，则用一条供给曲线来表示。除商品自身价格以外的这些其他要素所导致的市场供给数量的变化，通常称为供给的变动。在几何图形中，供给的变动表现为供给曲线的位置发生移动。

需求与供给的变动会改变商品的市场均衡价格和均衡数量。

供求定理：在其他条件不变的情况下，需求变动分别引起均衡价格与均衡数量的同方向的变动；供给变动引起均衡价格的反方向变动，引起均衡数量的同方向变动。

★经济模型及相关概念

经济理论：指在对现实的经济事物的主要特征和内在联系进行概括和抽象的基础上，对现实的经济事物进行的系统描述。

经济模型：用来描述所研究的经济事物的有关经济变量之间相互关系的理论结构。**经济数学模型**一般是指用由一组变量所构成的方程或方程组来表示的经济模型。

变量是经济模型的基本要素。变量可以被区分为内生变量、外生变量和参数。

内生变量、外生变量和参数：内生变量是指该模型所要决定的变量。外生变量是指模型以外的因素所决定的已知变量，它是模型据以建立的外部条件。参数通常是由模型以外的因素决定的，参数也往往被看成是外生变量。

静态分析、比较静态分析和动态分析：

静态分析是考察在既定条件下某一经济事物在经济变量的作用下所实现的均衡状态。

比较静态分析，是考察当原有的条件或外生变量发生变化时，原有的均衡状态会发生什么变化，并分析比较新旧均衡状态。

动态分析，是在引进时间变化序列的基础上，研究不同时点上的变量的相互作用在均衡状态的形成和变化过程中所起的作用，考察在时间变化过程中的均衡状态的实际变化过程。

★弹性

弹性表示因变量对自变量变化的反应的敏感程度。假定两经济变量之间的函数关系为 $Y = f(X)$，则弹性的一般公式可以表示为：

$$e = \frac{\dfrac{\Delta Y}{Y}}{\dfrac{\Delta X}{X}} = \frac{\Delta Y}{\Delta X} \times \frac{X}{Y} \qquad \cdots\cdots\text{弧弹性公式}$$

$$e = \lim_{\Delta X \to 0} \frac{\dfrac{\Delta Y}{Y}}{\dfrac{\Delta X}{X}} = \frac{\mathrm{d}Y}{\mathrm{d}X} \times \frac{X}{Y} \qquad \cdots\cdots\text{点弹性公式}$$

需求的价格弹性表示在一定时期内一种商品的需求量变动对于该商品的价格变动的反应程度。假定需求函数为 $Q = f(P)$，则需求的价格弹性为：

$$e_d = \frac{\dfrac{\Delta Q}{Q}}{\dfrac{\Delta P}{P}} = -\frac{\Delta Q}{\Delta P} \times \frac{P}{Q} \qquad \cdots\cdots\text{需求的价格弧弹性公式}$$

$$e_d = \lim_{\Delta P \to 0} \frac{\dfrac{\Delta Q}{Q}}{\dfrac{\Delta P}{P}} = -\frac{dQ}{dP} \times \frac{P}{Q} \qquad \cdots\cdots 需求的价格点弹性公式$$

需求的价格弹性的五种类型：

$|e_d|>1$，富有弹性；$|e_d|<1$，缺乏弹性；$|e_d|=1$，单一弹性或单位弹性；$|e_d|=\infty$，完全弹性；$|e_d|=0$，完全无弹性。

需求的价格弹性和销售收入的关系，如表 2.1 所示。

表 2.1　需求的价格弹性和销售收入的关系

	$|e_d|>1$	$|e_d|=1$	$|e_d|<1$	$|e_d|=0$	$|e_d|=\infty$
降价	收入增加	收入不变	收入减少	同比例与价格的下降而减少	既定价格下，收益可以无限增加，因此，厂商不会降价
涨价	收入减少	收入不变	收入增加	同比例与价格的下降而减少	收益会减少为 0

影响需求价格弹性的因素：商品的可替代性；商品用途的广泛性；商品对消费者生活的重要程度；商品的消费支出在消费预算总支出中所占比重；所考察的消费者调节需求量的时间等。

供给的价格弹性表示在一定时期内一种商品的供给量的变动对于该商品的价格的变动的反应程度。假定供给函数为 $Q^s = f(P)$，则供给的价格弹性为：

$$e_s = \frac{\dfrac{\Delta Q}{Q}}{\dfrac{\Delta P}{P}} = \frac{\Delta Q}{\Delta P} \times \frac{P}{Q} \qquad \cdots\cdots 供给的价格弧弹性公式$$

$$e_s = \lim_{\Delta P \to 0} \frac{\dfrac{\Delta Q}{Q}}{\dfrac{\Delta P}{P}} = \frac{dQ}{dP} \times \frac{P}{Q} \qquad \cdots\cdots 供给的价格点弹性公式$$

供给的价格弹性的五种类型：

$e_s>1$，富有弹性；$e_s<1$，缺乏弹性；$e_s=1$，单一弹性或单位弹性；$e_s=\infty$，完全弹性；$e_s=0$，完全无弹性。

其他的弹性概念：

需求的交叉价格弹性表示在一定时期内一种商品的需求量的变动对于它的相关商品的价格的变动的反应程度。**替代品**之间的需求的交叉价格弹性为正；**互补品**之间的需求的交叉价格弹性为负。无关商品之间的需求的交叉价格弹性为零。

需求的收入弹性表示在一定时期内消费者对某种商品的需求量的变动对于消费

者收入量变动的反应程度。**正常品**的需求的收入弹性为正；**劣等品**的需求的收入弹性为负。正常品中，需求的收入弹性小于 1 的商品为**必需品**；需求的收入弹性大于 1 的商品为**奢侈品**。

　　恩格尔定律：在一个家庭或一个国家中，食物支出在收入中所占的比例随着收入的增加而减少。用弹性概念来描述恩格尔定律可以是：对于一个家庭或一个国家来说，富裕程度越高，则食物支出的收入弹性就越小；反之，则越大。

　　★**蛛网模型**

　　蛛网模型是初级微观经济学教材中一个典型的动态模型。它实际上反映了市场供需双方相互发生作用的调整过程。蛛网模型可以简单地表述为以下三个方程联立：

$$Q_t^d = \alpha - \beta P_t$$
$$Q_t^s = -\delta + \gamma P_{t-1}$$
$$Q_t^d = Q_t^s$$

　　根据供需曲线斜率绝对值对比不同，如图 2.4～图 2.6 所示，蛛网模型一般有三种情况：收敛型蛛网、发散型蛛网和封闭型蛛网。

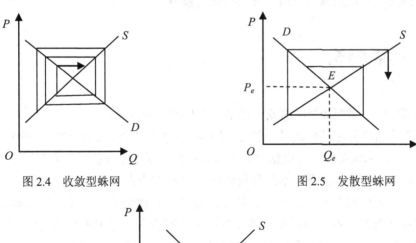

图 2.4　收敛型蛛网　　　　　　　　　图 2.5　发散型蛛网

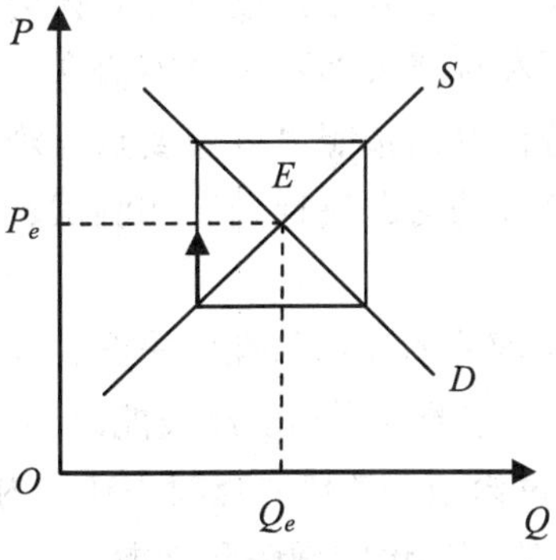

图 2.6　封闭型蛛网

　　收敛型蛛网模型：供给曲线斜率的绝对值大于需求曲线斜率的绝对值。当市场由于受到干扰偏离原有的均衡状态以后，实际价格和实际产量会围绕均衡水平上下波动，但波动的幅度越来越小，最后会回复到原来的均衡点。

发散型蛛网模型：供给曲线斜率的绝对值小于需求曲线斜率的绝对值。当市场由于受到外力的干扰偏离原有的均衡状态以后，实际价格和实际产量上下波动的幅度会越来越大，偏离均衡点越来越远。

封闭型蛛网模型：当供给弹性等于需求弹性时，波动将一直循环下去，既不会远离均衡点，也不会恢复均衡，供给弹性与需求弹性相等。

2.1.2.3　基本概念和基本原理扩充检索

微观经济学　经济人假设　经济人的"理性"　需求　需求量　需求函数　供给供给量　供给函数　需求曲线　需求的变动　供给曲线　供给的变动　供求定理经济理论　经济模型　经济数学模型　变量　内生变量　外生变量　参数　静态分析　比较静态分析　动态分析　弹性　点弹性　弧弹性　需求的价格弹性　供给的价格弹性　需求的交叉价格弹性　需求的收入弹性　恩格尔定律　蛛网模型　收敛型蛛网模型　发散型蛛网模型　封闭型蛛网模型

2.2　考点分析

本部分作为微观经济学概论，也是经常被测试的内容。

本部分内容的考试形式多采取名词解释、判断与选择、计算及推导、简答等形式。

题型 1：名词解释。可根据上文"基本概念和基本原理扩充检索"复习掌握。

题型 2：判断和选择。本部分判断和选择的重点在于需求理论、供给理论、供需均衡分析、弹性分析。从本部分开始，读者开始体会到微观经济学对基本概念和原理进行推演的特点，判断和选择大多不是考察概念和原理本身的记忆，而是考察对其的理解和运用。这部分内容请按照"内容要点与难点"的体系和脉络，结合教材认真揣摩，并通过后面精选的习题进行训练和测试、体会，务必做到理解透彻、运用自如。

题型 3：计算和推导。本部分的计算和推导的重点是"供需均衡分析"和"弹性"。请结合后面的习题训练掌握基本的题型和解题技能。

题型 4：简答题和分析讨论题。考核要点集中在"内容要点与难点"中。请在学习时，注意对原理和一些一般性结论的理解和掌握。

2.3 典型习题及解答

2.3.1 判断正误并解释原因

1. 需求量是居民户在某一特定时期内，在每一价格水平上愿意购买的商品量。
（ ）

2. 当咖啡的价格上升时，茶叶的需求量就会增加。（ ）

3. 在任何情况下，商品的价格与需求量都是反方向变动。（ ）

4. 假如某机构发布一份报告，称某种蘑菇会致癌，则这种蘑菇的需求曲线会向右移。（ ）

5. 假定其他条件不变，某种商品价格的变化将导致它的供给量变化，但不会引起供给的变化（供给曲线不移动）。（ ）

6. 生产技术提高所引起的某种商品产量的增加称为供给量的增加。（ ）

7. 均衡价格随着供给和需求的增加而上升。（ ）

8. 需求的价格弹性为零意味着需求曲线是一条水平线。（ ）

9. 当商品的需求价格弹性（绝对值）小于 1 时，降低售价会使总收益增加。（ ）

10. 需求曲线的斜率和需求的价格弹性相等。（ ）

11. 如果政府对某商品的生产者给予补贴，会使该商品的供给曲线向左上方移动。
（ ）

12. 在蛛网模型中，若供给曲线的斜率的绝对值大于需求曲线的斜率的绝对值，且供给曲线和需求曲线均为直线，则该模型为收敛型蛛网。（ ）

参考答案：

1. （×）解释：应该是愿意并且能够购买的数量。

2. （√）解释：商品价格上升，导致替代品需求量增加。

3. （×）解释：吉芬商品是一种例外。

4. （×）解释：应向左方移动，需求减少。

5. （√）解释：其他条件不变，价格变动只是引起供给量沿供给曲线移动。

6. （×）解释：应该是供给的增加。

7. （×）解释：均衡价格随着需求的增加和供给的减少而上升。

8. （×）解释：需求曲线垂直，则价格弹性为零。

9. （×）解释：降低售价使总收益增加的商品是需求弹性（绝对值）大于 1 的

商品。

10．（×）解释：两者虽然联系密切，但需求价格弹性（点弹性）不仅取决于斜率的倒数 dQ/dP，还取决于 P/Q。

11．（×）解释：应当向右下方移动。

12．（√）解释：供给曲线的斜率的绝对值大于需求曲线的斜率的绝对值是蛛网趋于稳定的条件，相应的蛛网称为收敛型蛛网。

2.3.2　选择题

1．在得出某种商品的个人需求曲线时，下列因素除（　　）外均保持为常数。
    A．个人收入　　　　　　　　　B．其余商品的价格
    C．个人偏好　　　　　　　　　D．该商品的价格

2．保持所有其他因素不变，某种商品的价格下降，将导致（　　）。
    A．需求增加　　　　　　　　　B．需求减少
    C．需求量增加　　　　　　　　D．需求量减少

3．如果商品 A 和商品 B 是替代的，则 A 的价格下降将造成（　　）。
    A．A 的需求曲线向右移动　　　B．A 的需求曲线向左移动
    C．B 的需求曲线向右移动　　　D．B 的需求曲线向左移动

4．消费者预期某物品未来价格要上升，则对该物品当前需求会（　　）。
    A．减少　　　　　B．增加　　　　　C．不变　　　D．前三种均有可能

5．建筑工人工资提高将使（　　）。
    A．新房子供给曲线左移并使房子价格上升
    B．新房子供给曲线右移并使房子价格下降
    C．新房子需求曲线左移并使房子价格下降
    D．新房子需求曲线右移并使房子价格上升

6．若一条直线型的需求曲线与一条曲线型的需求曲线相切，则切点处两曲线的需求价格弹性（　　）。
    A．相同　　　　　　　　　　　B．不同
    C．可能相同也可能不同　　　　D．依切点所在位置而定

7．政府对卖者出售的商品每单位征税 5 美元，假定这种商品的需求价格弹性为零，可以预料价格的上升（　　）。
    A．小于 5 美元　　　　　　　　B．等于 5 美元
    C．大于 5 美元　　　　　　　　D．不可确定

8．厂商在工资下降的时候一般倾向于增雇工人，假如对工人的需求缺乏价格弹性，工资的下降将导致工资总额（　　）。

　　A．减少　　　　B．不变　　　　C．增加　　　　D．无法确定

9．政府为了增加财政收入，决定按销售量向卖者征税，假如政府希望税收负担全部落在买者身上，那么应该具备的条件是（　　）。

　　A．需求和供给的价格弹性（绝对值）均大于零小于无穷

　　B．需求的价格弹性大于零小于无穷，供给的价格弹性等于零

　　C．需求的价格弹性等于零，供给的价格弹性大于零小于无穷

　　D．需求的价格弹性（绝对值）为无穷，供给的价格弹性等于零

10．已知当某种商品的均衡价格是1元时，均衡交易量是1 000单位。现假定买者收入的增加使这种商品的需求增加了400单位，那么在新的均衡价格水平上，买者的购买量是（　　）。

　　A．1 000单位　　　　　　　B．一般应多于1 000单位但小于1 400单位

　　C．1 400单位　　　　　　　D．以上均不对

11．小麦歉收导致小麦价格上升，准确地说，在这个过程中（　　）。

　　A．小麦供给的减少引起均衡数量下降

　　B．小麦供给的减少引起需求下降

　　C．小麦供给量的减少引起均衡数量下降

　　D．小麦供给量的减少引起需求下降

12．如果你希望最有效率地提高税收，你应该就以下哪种情况征税？（　　）

　　A．供给缺乏弹性的产品

　　B．供给完全无弹性的投入品

　　C．类似于必需品的需求缺乏弹性的产品

　　D．以上任意情形

13．政府为了扶持农业，对农产品规定了高于其均衡价格的支持价格，政府为了维持支持价格，应采取的相应措施是（　　）。

　　A．增加对农产品的税收　　　　B．实行农产品配给制

　　C．收购过剩的农产品　　　　　D．对农产品生产者予以补贴

14．在需求和供给同时减少的情况下（　　）。

　　A．均衡价格和均衡交易量都将下降

　　B．均衡价格下降，均衡交易量的变化无法确定

　　C．均衡价格的变化无法确定，均衡交易量将减少

　　D．均衡价格上升，均衡交易量将下降

15．当产品缺乏弹性时，一个追求利润最大化的企业应（　　）。

A．增加产量 B．减少产量

C．不改变产量 D．降低价格

16．若 X 和 Y 两产品的交叉弹性是-2.3，则（　　）。

A．X 和 Y 是替代品 B．X 和 Y 是正常商品

C．X 和 Y 是劣质品 D．X 和 Y 是互补品

17．如果人们收入水平提高，则食物支出在总支出中的比重将（　　）。

A．大大增加 B．稍有增加 C．下降 D．不变

18．在下列商品中，可以采用"薄利多销"，通过降价的方法来增加总收益的商品是（　　）。

A．化妆品 B．面粉 C．馒头 D．食盐

19．鸡蛋的供给量增加是指（　　）。

A．由于鸡蛋的需求量增加而引起的增加

B．由于鸡蛋的价格上升而引起的产量的增加

C．由于收入的增加而引起的增加

D．由于采用科学的饲养技术而引起的增加

20．邮局为减少赤字打算调整邮票价格。假设有邮票的需求函数为 $X(p)=10-2p$，$p \in [0,5]$。这里的 p 是每枚邮票的价格。而且，目前邮票的价格为 $p=3$，那么邮局应（　　）。

A．提高邮票价格 B．降低邮票价格

C．不改变邮票价格 D．以上都不对

21．若 X 和 Y 两产品的需求的交叉价格弹性是-1，则（　　）。

A．X 和 Y 是替代品 B．X 和 Y 都是正常商品

C．X 和 Y 都是劣质品 D．X 和 Y 是互补品

22．某商品价格从 10 元下降到 9 元，需求量从 70 增至 75，该商品需求（　　）。

A．缺乏弹性 B．富有弹性

C．单位弹性 D．弹性不能确定

23．如果需求曲线是一直线（线性函数），那么这一商品需求价格弹性的绝对值（　　）。

A．等于 1 B．是一常数

C．随需求量增大而增大 D．随需求量增大而减少

24．下列何种情况将意味着是吉芬商品？（　　）

A．需求收入弹性和需求价格弹性都是正的

B．需求收入弹性和需求价格弹性都是负的

C．需求收入弹性为正，但需求价格弹性为负

　　　　D．需求收入弹性为负，但需求价格弹性为正

25．对于向上倾斜的需求曲线而言，（　　　）。

　　　　A．收入相应肯定大于替代效应，且商品肯定是正常商品

　　　　B．收入效应的大小肯定和替代效应的大小相同

　　　　C．商品肯定是低档品（Inferior Good），并且收入效应肯定比替代效应大

　　　　D．以上都不对

26．蛛网模型以（　　　）假定为前提。

　　　　A．需求量变动存在时滞

　　　　B．需求量对价格缺乏弹性

　　　　C．生产者按照本期的价格决定下一期的供给量

　　　　D．供给量对价格缺乏弹性

参考答案

1．D　　2．C　　3．D　　4．B　　5．A　　6．A　　7．B　　8．A　　9．C　　10．B
11．A　　12．C　　13．C　　14．C　　15．B　　16．D　　17．C　　18．A　　19．B　　20．B
21．D　　22．A　　23．D　　24．D　　25．C　　26．C

2.3.3　计算题与证明题

　　1．已知某一时期内某商品的需求函数为 $Q^d = 50 - 5P$，供给函数为 $Q^s = -10 + 5P$。

　　（1）求均衡价格 P_e 和均衡数量 Q_e，并做出几何图形。

　　（2）假定供给函数不变，由于消费者收入水平提高，使需求函数变为 $Q^d = 60 - 5P$，求出相应的均衡价格 P_e 和均衡数量 Q_e，并作出几何图形。

　　（3）假定需求函数不变，由于生产技术水平提高，使供给函数变为 $Q^s = -5 + 5P$，求出相应的均衡价格 P_e 和均衡数量 Q_e，并作出几何图形。

　　（4）利用（1）、（2）、（3）说明静态分析和比较静态分析的联系和区别。

　　（5）利用（1）、（2）、（3）说明需求变动和供给变动对均衡价格和均衡数量的影响。

　　【解题思路】根据均衡条件 $Q^d = Q^s$ 计算；比较条件变化（需求和供给变动）后的均衡价格和均衡数量。

　　【本题答案】（要点）

　　（1）由 $Q^d = 50 - 5P$；$Q^s = -10 + 5P$，得 $P_e = 6$；$Q_e = 20$；几何图形如图 2.7 所示。

　　（2）由 $Q^d = 60 - 5P$；$Q^s = -10 + 5P$，得 $P_e = 7$；$Q_e = 25$；几何图形如图 2.8 所示。

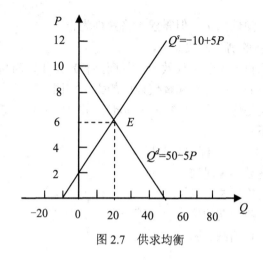

图 2.7　供求均衡

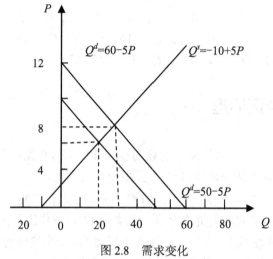

图 2.8　需求变化

（3）由 $Q^s = -5 + 5P$；$Q^d = 50 - 5P$，得 $P_e = 5.5$；$Q_e = 22.5$；几何图形如图 2.9 所示。

（4）静态分析与比较静态分析的联系与区别。

①　所谓静态分析是考察在既定条件下某一经济事物在经济变量的作用下所实现的均衡状态。以（1）为例，在图 2.7 中，均衡点 E 就是一个体现了静态分析特征的点。它是在给定的供求力量的相互作用下所达到的一个均衡点。

也可以这样来理解静态分析。在外生变量包括需求函数中的参数（50，-5）以及供给函数中的参数（-10，5）给定的条件下，求出的内生变量分别为 $P_e = 6$；$Q_e = 20$。

依此类推，以上所描述的关于静态分析的基本要点，在（2）及其图 2.8 和（3）及其图 2.9 中的每一个单独的均衡点 $E_i (i = 1, 2)$，都得到了体现。

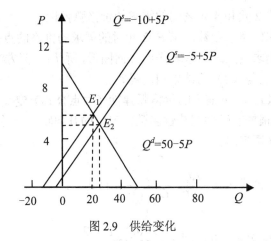

图 2.9　供给变化

② 所谓的比较静态分析，是考察当原有的条件或外生变量发生变化时，原有的均衡状态会发生什么变化，并分析比较新旧均衡状态。即比较静态分析是考察在一个经济模型中外生变量变化时对内生变量的影响，并分析比较由不同数值的外生变量所决定的内生变量的不同数值。以（2）为例，在图 2.8 中，由均衡点 E_1 变动到均衡点 E_2，就是一种比较静态分析。它表示当需求增加，即需求函数发生变化时对均衡点的影响。比较新、旧两个均衡点 E_1 和 E_2，可以看到：由于需求增加导致需求曲线右移，使得均衡价格由 6 上升到 7，均衡数量由 20 增加为 25。

可以这样理解比较静态分析：在供给函数保持不变的前提下，由于需求函数中的外生变量发生变化，即其中一个参数值由 50 增加为 60，从而使得内生变量的数值发生变化，其结果为，均衡价格由原来的 6 上升为 7，同时，均衡数量由原来的 20 增加为 25。

类似地，利用（3）及其图像 2.9 也可以说明比较静态分析方法的基本要点。

（5）需求变动和供给变动对均衡价格和均衡数量的影响。

由（1）和（2）知，当消费者收入水平提高导致需求增加，即需求曲线右移时，均衡价格及均衡数量增加。

由（1）和（3）知，当技术水平提高导致供给增加，即供给曲线右移时，均衡价格下降，均衡数量增加。

总之，在其他条件不变的情况下，需求变动分别引起均衡价格和均衡数量的同方向的变动，供给变动引起均衡价格的反方向的变动，引起均衡数量的同方向变动。

2．假定表 2.2 是需求函数 $Q^d = 500 - 100P$ 在一定价格内的需求表。

表 2.2　某商品的需求表

价格（元）	1	2	3	4	5
需求量	400	300	200	100	0

（1）求出价格 2 元和 4 元之间的需求的价格弧弹性。

（2）根据给出的需求函数，求 $P=2$ 元时的需求的价格的点弹性。

（3）根据该需求函数或需求表作出几何图形，利用几何方法求出 $P=2$ 元时的需求的价格点弹性。它与（2）的结果相同吗？

【解题思路】（1）根据需求的价格弧弹性（中点公式）定义计算。（2）根据点弹性公式计算。（3）根据点弹性在线性函数图形中的几何特征计算。

【本题答案】（图形略）

（1）根据中点公式 $e_d = -\dfrac{\Delta Q}{\Delta P} \cdot \dfrac{\dfrac{P_1 + P_2}{2}}{\dfrac{Q_1 + Q_2}{2}}$，得 $e_d = 1.5$。

（2）由 $P=2$ 得 $Q^d = 300$，即 $e_d = -\dfrac{\mathrm{d}Q}{\mathrm{d}P} \cdot \dfrac{P}{Q} = \dfrac{2}{3}$。

（3）根据该需求函数可得线性需求曲线如图 2.10 所示。$P=2$ 时的需求价格点弹性为 $e_d = \dfrac{CB}{AC} = \dfrac{DB}{OD} = \dfrac{2}{3}$，所以，用几何方法计算出的弹性值与（2）中求出的结果是相同的。

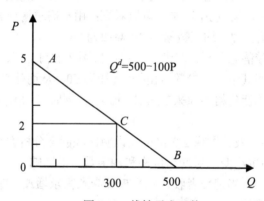

图 2.10 线性需求函数

3．假定表 2.3 是供给函数 $Q^s = -2 + 2P$ 在一定价格范围内的供给表。

表 2.3 某商品的供给表

价格（元）	2	3	4	5	6
供给量	2	4	6	8	10

（1）求出价格 3 元和 5 元之间的供给的价格弧弹性。

（2）根据给出的供给函数，求 $P=3$ 元时的供给的价格点弹性。

（3）根据该供给函数或供给表作出几何图形，利用几何方法求出 $P=4$ 元时的供给的价格点弹性，它与（2）的结果相同吗？

【解题思路】（1）根据供给的价格弧弹性（中点公式）定义计算。（2）根据点弹性公式计算。（3）根据点弹性在线性函数图形中的几何特征计算。

【本题答案】（图形略）

（1）根据供给价格弧弹性的中点公式计算 $e_s = \dfrac{\Delta Q}{\Delta P} \cdot \dfrac{\dfrac{P_1 + P_2}{2}}{\dfrac{Q_1 + Q_2}{2}}$，得 $e_s = \dfrac{4}{3}$。

（2）由题意知当 $P=3$ 时，$Q^s = 4$；再进一步得出：$e_s = \dfrac{\mathrm{d}Q}{\mathrm{d}P} \cdot \dfrac{P}{Q} = 1.5$。

（3）根据图 2.11 所示，在 C 点时的供给价格点弹性为 $e_s = \dfrac{AB}{OB} = 1.5$。显然，在此利用几何方法求出的 $P=3$ 时的供给价格点弹性系数和（2）中求出的结果是相同的。

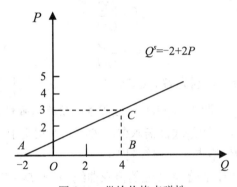

图 2.11　供给价格点弹性

4. 图 2.12 中有三条线性的需求曲线 AB、AC、AD。

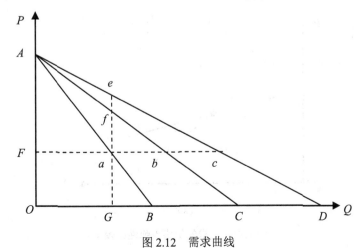

图 2.12　需求曲线

（1）比较 a、b、c 三点的需求的价格点弹性的大小。

（2）比较 a、e、f 三点的需求的价格点弹性的大小。

【解题思路】根据求需求的价格点弹性的几何方法求得几何表达式，然后比较。

【本题答案】

（1）根据求需求的价格点弹性的几何方法，易知分别处于三条不同的线性需求曲线上的 a、b、c 三点的需求价格点弹性是相等的。具体原因为：

$$e_d = \frac{FO}{AF}$$

（2）根据求需求的价格点弹性的几何方法，可以推出：分别位于三条不同的线性需求曲线上的 a、e、f 三点的需求价格点弹性是不相等的，具体原因为：

在 a 点：
$$e_d^a = \frac{GB}{GO}$$

在 f 点：
$$e_d^f = \frac{GC}{GO}$$

在 e 点：
$$e_d^e = \frac{GD}{GO}$$

从图 2.12 中可以看出，因为 $GB<GC<GD$，所以得出 $|e_d^a|<|e_d^f|<|e_d^e|$。

5．利用图 2.13（a）、图 2.13（b）比较需求的价格点弹性的大小。

（1）图 2.13（a）中，两条线性需求曲线 D_1 和 D_2 相交于 a 点。试问：在交点 a，这两条直线型的需求的价格点弹性相等吗？

（2）图 2.13（b）中，两条曲线性的需求曲线 D_1 和 D_2 相交于 a 点。试问：在交点 a，这两条曲线型的需求的价格点弹性相等吗？

【解题思路】根据需求价格点弹性的几何方法以及需求曲线的斜率求导。

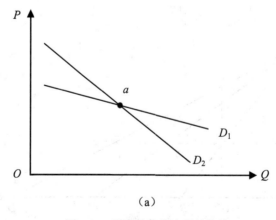

（a）

图 2.13　需求的价格点弹性比较

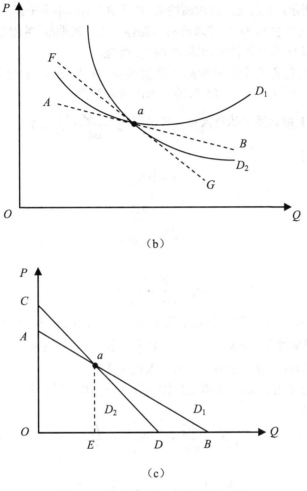

（b）

（c）

图 2.13　需求的价格点弹性比较（续）

【本题答案】

（1）图 2.13 中线性需求曲线 D_1 和 D_2 在交点 a 的需求价格点弹性不相等，斜率绝对值较小的线性需求曲线 D_1 在 a 点的需求价格点弹性大一些。具体原因为将图 2.13（a）的两条线性需求曲线 D_1 和 D_2 与横轴分别相交于点 B、D，与纵轴分别相交于点 A、C，如图 2.13（c）所示。根据求需求价格点弹性的几何方法，在交点 a 处，需求曲线 D_1 的需求价格点弹性 $e_{d1} = \dfrac{EB}{OE}$，需求曲线 D_2 的需求价格点弹性 $e_{d2} = \dfrac{ED}{OE}$。因为 $EB > ED$，所以需求曲线 D_1 的需求价格点弹性大于需求曲线 D_2 的需求价格点弹性。

（2）由图 2.13（b）可知，在 a 处，D_1 和 D_2 的需求价格的点弹性是不相等的。

如图 2.13（b）所示：a 点处，需求曲线 D_1 切线 AB 的斜率小于需求曲线 D_2 切线 FG 的斜率，因此，需求曲线 D_1 的需求价格点弹性大于需求曲线 D_2 的需求价格点弹性。即在 a 点处 D_1 和 D_2 具有不同的需求价格的点弹性。

6. 假定某消费者关于某种商品的消费数量 Q 与收入 M 之间的函数关系为 $M=100Q^2$，求：当收入 M=2 500 时的需求的收入弹性。

【解题思路】根据需求的收入点弹性公式 $e_m = \dfrac{dQ}{dM} \cdot \dfrac{M}{Q}$ 计算。

【本题答案】

根据题意得：
$$M = 100Q^2$$

可得：
$$Q = \sqrt{\frac{M}{100}}$$

又因为：
$$e_m = \frac{dQ}{dM} \cdot \frac{M}{Q} = \frac{1}{2}$$

当收入函数 $M=100Q^2$ 时，则无论收入 M 为多少，需求的收入点函数恒等于 1/2。

7. 假定需求函数为 $Q=MP^{-n}$，其中 M 表示收入，P 表示商品价格，n（$n>0$）为常数，求：需求的价格点弹性和需求的收入点弹性。

【解题思路】根据需求的价格点弹性和收入点弹性公式计算。

【本题答案】

由 $Q = \dfrac{M}{P^n}$，得
$$e_m = \frac{dQ}{dM} \cdot \frac{M}{Q} = \frac{1}{P^n} \cdot \frac{M}{\frac{M}{P^n}} = 1$$

$$e_P = \frac{dQ}{dP} \cdot \frac{P}{Q} = M \cdot (-n) \cdot \frac{1}{P^{n+1}} \cdot \frac{P}{\frac{M}{P^n}} = -n$$

$$e_d = -n ; \quad e_m = 1$$

8. 假定某商品市场上有 100 个消费者，其中，60 个消费者购买该市场 1/3 的商品，且每个消费者的需求的价格弹性均为-3；另外 40 个消费者购买该市场 2/3 的商品，且每个消费者的需求的价格弹性均为-6。求：按 100 个消费者合计的需求的价格弹性系数是多少？

【解题思路】灵活理解运用市场中产品需求价格弹性概念。

【本题答案】

假设该市场上被 100 个消费者购买的商品总数为 Q，市场价格为 P。

单个市场者的需求价格弹性为：

$$e_{d60} = -\frac{\mathrm{d}Q_{60}}{\mathrm{d}P} \cdot \frac{P}{Q_{60}} = 3$$

$$e_{d40} = -\frac{\mathrm{d}Q_{40}}{\mathrm{d}P} \cdot \frac{P}{Q_{40}} = 6$$

再根据题意：

$$\sum_{i=1}^{60} Q_{60} = \frac{Q}{3}$$

$$\sum_{j=1}^{40} Q_{40} = \frac{2Q}{3}$$

市场消费者总需求价格弹性：

$$e_{d100} = -\frac{\left(\sum\limits_{i=1}^{60} Q_i + \sum\limits_{j=1}^{40} Q_j\right)}{\mathrm{d}P} \cdot \frac{P}{Q} = -\left(\sum_{i=1}^{60} \frac{\mathrm{d}Q_i}{\mathrm{d}P} + \sum_{j=1}^{40} \frac{\mathrm{d}Q_j}{\mathrm{d}P}\right) \cdot \frac{P}{Q} = 5$$

所以，按 100 个消费者合计的需求价格弹性系数是 5。

9．假定某消费者的需求的价格弹性 $e_d = -1.3$，需求的收入弹性 $e_m = 2.2$。求：

（1）在其他条件不变的情况下，商品价格下降 2%对需求数量的影响。

（2）在其他条件不变的情况下，消费者收入提高 5%对需求数量的影响。

【解题思路】根据需求的价格弹性和收入弹性公式，推算需求量的变动。

【本题答案】

（1）根据题意得：

$$e_d = -\frac{\dfrac{\Delta Q}{Q}}{\dfrac{\Delta P}{P}} = 1.3 , \quad \frac{\Delta P}{P} = -2\%$$

可得：$\dfrac{\Delta Q}{Q} = 0.026$。所以，在其他条件不变的情况下，商品价格下降 2%，使需

求数量增加 2.6%。

（2）根据题意得：

$$e_m = -\frac{\dfrac{\Delta Q}{Q}}{\dfrac{\Delta M}{M}} = 2.2 , \quad \frac{\Delta M}{M} = -5\%$$

可得：$\dfrac{\Delta Q}{Q} = 11\%$。所以，在其他条件不变的情况下，消费者收入提高 5%，使需

求数量增加 11%。

10．设汽油的需求价格弹性为 -0.15，其价格现为每加仑 1.2 美元，试问汽油价

格上涨多少才能使其消费量减少 10%？

【解题思路】将条件直接代入需求的价格弹性公式计算。

【本题答案】

设汽油价格上涨 ΔP 时才能使其消费量减少 10%。由需求的价格弹性公式可得：

$$e_d = -\frac{\dfrac{\Delta Q}{Q}}{\dfrac{\Delta P}{P}} = -0.15 = -\frac{10\%}{\Delta P / 1.2}$$

$$\Delta P = 0.8$$

所以，每加仑价格上涨 0.8 美元。

11. 假定在某市场上 A、B 两厂商是生产同种有差异的产品的竞争者；该市场对 A 厂商的需求曲线为 $P_A = 200 - Q_A$，对 B 厂商的需求曲线为 $P_B = 300 - 0.5Q_B$；两厂商目前的销售量分别为 $Q_A = 50$，$Q_B = 100$。求：

（1）A、B 两厂商的需求的价格弹性 e_{dA} 和 e_{dB} 各是多少？

（2）如果 B 厂商降价后，使得 B 厂商的需求量增加为 $Q'_B = 160$，同时使得竞争对手 A 厂商的需求量减少为 $Q'_A = 40$。那么，A 厂商的需求的交叉价格弹性 e_{AB} 是多少？

（3）如果 B 厂商追求销售收入最大化，那么，你认为 B 厂商的降价是一个正确的行为选择吗？

【解题思路】（1）按需求的价格点弹性公式计算；（2）按需求的交叉价格弹性公式计算；（3）根据（1）中 e_{dB} 的大小判断。

【本题答案】

（1）对于 A 厂商：

$$P_A = 200 - Q_A = 150; \quad Q_A = 200 - P_A$$

代入 A 厂商需求价格弹性可得：

$$e_{dA} = -\frac{dQ_A}{dP_A} \cdot \frac{P_A}{Q_A} = 3$$

对于 B 厂商：

$$P_B = 300 - 0.5Q_B = 250; \quad Q_B = 600 - 2P_B$$

代入 B 厂商需求价格弹性可得：

$$e_{dB} = -\frac{dQ_B}{dP_B} \cdot \frac{P_B}{Q_B} = 5$$

（2）假设 B 厂商降价前后的价格分别为 P_B 和 P'_B，A 厂商相应的需求量分别为 Q_A 和 Q'_A，根据题意有：

$$P_B = 250 \qquad P'_B = 220$$
$$Q_A = 50 \qquad Q'_A = 40$$

因此，A 厂商的需求交叉价格弹性为：

$$e_{AB} = \frac{\Delta Q_A}{\Delta P_B} \cdot \frac{P_B}{Q_A} = \frac{5}{3}$$

（3）由（1）可知，$e_{dB} = 5$，即 B 厂商产品的需求是富有弹性的，所以，B 厂商的价格和销售收入呈反方向的变化，B 厂商将商品价格由 250 下降为 220，将会增加其销售收入。

降价前，B 厂商的销售收入为：

$$TR_B = P_B \cdot Q_B = 250 \times 100 = 25\,000$$

降价后，B 厂商的销售收入为：

$$TR'_B = P'_B \cdot Q'_B = 220 \times 160 = 35\,200$$

经比较，$TR_B < TR'_B$，B 厂商的销售收入增加了，B 厂商的降价行为是一个正确的行为选择。

12．某咖啡制造公司对市场咖啡需求函数估计如下：

$$Q_c = 15 - 3p_c + 0.8m + 2p_t - 0.6p_s + 1.2A$$

式中，Q_c 为咖啡的需求量（百万斤）；p_c 为咖啡的价格（元/斤）；m 为个人可支配收入（千亿元）；p_t 为茶叶的价格（元/斤）；p_s 为糖的价格（元/斤）；A 为公司的广告支出（10 万元）。现假定 $P_c = 20$；$m = 25$；$P_t = 18$；$P_s = 5$；$A = 10$。求：

（1）咖啡的需求价格弹性。

（2）咖啡的需求收入弹性。

（3）咖啡需求对于茶叶价格的交叉弹性。

（4）咖啡需求对于糖的价格的交叉弹性。

【解题思路】按 $e_d = \dfrac{dQ_c}{dp_c} \cdot \dfrac{p_c}{Q_c}$；$e_m = \dfrac{dQ_c}{dm} \cdot \dfrac{m}{Q_c}$；$e_{ct} = \dfrac{dQ_c}{dp_t} \cdot \dfrac{p_t}{Q_c}$；$e_{cs} = \dfrac{dQ_c}{dp_s} \cdot \dfrac{p_s}{Q_c}$ 公式计算。

【本题答案】

（1）$e_d = \dfrac{dQ_c}{dp_c} \cdot \dfrac{p_c}{Q_c} = -3$

（2）$e_m = \dfrac{dQ_c}{dm} \cdot \dfrac{m}{Q_c} = 1$

（3）$e_{ct} = \dfrac{dQ_c}{dp_t} \cdot \dfrac{p_t}{Q_c} = 1.8$

（4）$e_{cs} = \dfrac{dQ_c}{dp_s} \cdot \dfrac{p_s}{Q_c} = -0.15$

13．在商品 X 市场中，有 10 000 个相同的个人，每个人的需求函数均为 $q_d = 12 - 2P$；同时又有 1 000 个相同的生产者，每个生产者的供给函数均为 $q_s = 20P$。

（1）推导商品 X 的市场需求函数和市场供给函数。

（2）求均衡价格和均衡产销量。

（3）假设政府对售出的每单位商品 X 征收 2 美元的销售税，这个决定对均衡价格和均衡产量有何影响？实际上谁支付了税款？政府征收的总税额为多少？

【解题思路】掌握弹性与税收负担间的关系：政府的税收是由买卖双方共同承担的，但税收更多的由缺乏弹性的一方来负担。

【本题答案】

（1）商品 X 的市场需求函数 $Q_D = 10\,000q_d = 10\,000 \times (12 - 2P)$

商品 X 的市场供给函数 $Q_S = 1\,000q_s = 1\,000 \times 20P = 20\,000P$

（2）由 $Q_D = Q_S$，可得：$P^* = 3$，$Q^* = 60\,000$

（3）征收销售税使每一销售者供给曲线向上移动，移动的垂直距离等于 2 美元。

此时单个生产者的供给函数变为 $q_s = 20(P - 2)$

市场供给函数变为 $Q_S = 1\,000q_s = 1\,000 \times 20(P - 2) = 20\,000P - 40\,000$

由 $Q_D = Q_S$，解得：

$$P^{*\prime} = 4，\quad Q^{*\prime} = 40\,000$$

即征税措施使均衡价格由 3 美元上升为 4 美元，均衡产量由 60\,000 单位减少到 40\,000 单位。

图 2.14 中 P_1 是消费者最终支付的价格，即市场价格 4 美元，P_0 是生产者最终得到的价格 2 美元。

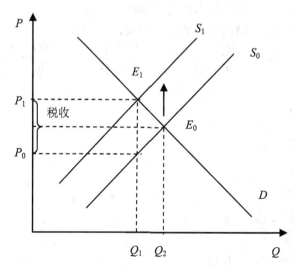

图 2.14 消费者最终支付价格

尽管政府是向销售者征收税款，但该商品的消费者分担了税额的支付。在实行征税后，消费者购买每单位商品 X 要支付 4 美元，而不是以前的 3 美元。同时每单位时期仅消费 40 000 单位，而不是 60 000 单位。生产者虽然收到每单位产品 4 美元的销售价格，但实际上仅留下 2 美元，其余 2 美元作为税金交给了政府。那么在这 2 美元的税额中，消费者与生产者各支付了一半，即税额的负担由二者平均承受。

2.3.4　简答与分析讨论题

1. 如果政府采取如下措施：

（1）对某种商品的所有生产者给予单位现金补贴，会对该商品的供给曲线产生什么影响？

（2）与上相反，对该商品的所有生产者征收单位销售税，会对该商品的供给曲线产生什么影响？

（3）对一种商品的所有生产者来说，实行最低限价或最高限价与给予单位补贴或征收单位销售税有何不同？

【解题思路】利用供需均衡分析进行分析对比。

【本题答案】（答案要点）

（1）生产者的供给曲线向右下方移动，移动的垂直距离等于单位现金补贴。

（2）生产者的供给曲线向左上方移动，移动的垂直距离等于单位销售税。

（3）最低限价或最高限价的实行是政府对市场机制的干预，其结果可能使商品的均衡点不能达到。前两种情况均衡点会改变，但仍然在供给与需求曲线的交点发生。这是说政府在通过市场起作用，而不是干涉市场的运行。

2.（1）某城市大量运输的需求的价格弹性估计为 1.6。城市管理者问你，为了增加大量运输的收入，运输价格应该增加还是应该降低，你应该怎样回答。

（2）有人说，气候不好对农民不利，因为农业要歉收。但有人说，气候不好对农民有利，因为农业歉收以后谷物要涨价，收入会增加。对这两种议论你有何评价？

（3）$Q=5\,000-0.5P$ 这一需求函数中的价格弹性是否为常数？为什么？

【解题思路】均衡分析和弹性分析结合运用。

【本题答案】（答案要点）

（1）运输价格应该降低，因为大量运输的需求的价格弹性约为 1.6，即其需求富于弹性，而根据需求的价格弹性与销售者收入之间的关系，我们知道，若某种商品或劳务的需求是富于弹性的（缺乏弹性的），则降低价格将为销售者带来较多的（较少的）收入，而提高价格会使销售者的收入较前减少（增加）。因此这里为了增加富于弹性的大量运输的收入，应当降低运输价格。

（2）气候不好的直接影响是农业要歉收，即产品的供给减少，供给曲线向左上方移动，假若此时需求状况不发生变化，则均衡价格上升。因为一般农产品的需求是缺乏弹性的，此时，农民的收入随均衡价格的上升而增加。若需求状况发生变化或需求不是缺乏弹性的，则农民的收入不一定增加。故对问题的讨论依赖于需求状况和弹性系数的假设。

（3）不是常数，具体原因为需求的价格弹性系数的一般表达式为 $e_d = \dfrac{\mathrm{d}Q}{\mathrm{d}P} \cdot \dfrac{P}{Q}$。

因为 $Q=5\,000-0.5P$，则 $\dfrac{\mathrm{d}Q}{\mathrm{d}P} = -0.5$，所以可得出 $e_d = \dfrac{\mathrm{d}Q}{\mathrm{d}P} \cdot \dfrac{P}{Q} = f(P)$，它是随价格 P 的变化而变化的（也可表示为 Q 的函数），也就是说，它随着需求曲线上所取点的位置不同而不同。它并不因其需求函数为线性关系、其斜率固定不变而为常数。

3. 假定对应价格 P 与需求量 Q 的连续可微的需求函数为 $P(Q)$，利用数理法说明需求价格弹性与收益的关系。

【解题思路】利用总收益函数，说明弹性大小与总收益变动之间的关系。

【本题答案】（答案要点）

$TR = PQ \rightarrow \mathrm{d}TR/\mathrm{d}P = \mathrm{d}(PQ)/\mathrm{d}P = Q + P*\mathrm{d}Q/\mathrm{d}P = Q(1- |e_d|)$，所以有：

$|e_d| > 1$ 时，$\mathrm{d}TR/\mathrm{d}P < 0$，收益与价格反方向变动。

$|e_d| = 1$ 时，$\mathrm{d}TR/\mathrm{d}P = 0$，收益不随价格变动。

$|e_d| < 1$ 时，$\mathrm{d}TR/\mathrm{d}P > 0$，收益与价格同方向变动。

4. 利用图阐述需求的价格弹性的大小与厂商的销售收入之间的关系，并举例加以说明。

【解题思路】需求的价格弹性销售收入之间的关系，需求价格弹性指需求量变化的百分率与价格变化的百分比百分率之比。

【本题答案】

厂商的销售收入等于商品的价格乘以商品的销售量。假定厂商的商品销售量等于市场上对其商品的需求量。则厂商销售收入等于=$P \cdot Q$。其中，P 表示商品的价格，Q 表示商品的销售量及需求量。商品的需求的价格弹性表示商品需求量的变化率对商品价格的变化率的反应程度。这就意味着，当一种商品的价格 P 发生变化时，这种商品需求量 Q 的变化情况，进而提供这种商品的厂商的销售收入 $P \cdot Q$ 的变化情况，将必然取决于该商品的需求的价格弹性大小，则在商品的需求价格弹性和提供该商品的厂商的销售收入之间存在密切的关系。这种关系可归纳为以下三种情况。

（1）对于 $e_d > 1$ 的富有弹性的商品，降低价格会增加厂商的销售收入；相反，提高价格会减少厂商的销售收入，即厂商的销售收入与商品的价格呈反方向运动。这是因为，$e_d > 1$ 时，厂商降价所引起的需求量的增加率会大于价格的下降率，所以，降价最终带来的销售收入 $P \cdot Q$ 值是增加的；相反，在厂商提价时，最终带来的销售收入 $P \cdot Q$ 是减少的，这种情况如图 2.15（a）所示。需求曲线上 a、b 两点是富有弹性的。两点之间的价格变动引起一个较大的需求量的变动率。当价格为 P_1、需求量为 Q_1

时，销售收入 $P \cdot Q$ 相当于矩形 OP_1aQ_1 的面积。当价格为 P_2、需求量为 Q_2 时，销售收入 $P \cdot Q$ 相当于矩形 OP_2bQ_2 的面积。显然，前者面积小于后者面积。若厂商从 a 点运动到 b 点，则降价的结果会使销售收入增加；若厂商从 b 点运动到 a 点，则提价的结果会使销售收入减少。

举例说明这种情况。假设某商品的 $e_d = 2$。开始时，商品的价格为 10 元，需求量是 100，厂商的销售收入=10 元×100=1 000 元，当商品的价格上升 1%，价格为 10.10 元时，由于 $e_d = 2$，所以，相应的需求量的下降率为 2%，既需求量下降为 98，厂商的销售收入=10.10×98=989.80 元。显然，厂商提价后的销售收入反而下降了。

（2）对于 $e_d < 1$ 的缺乏弹性的商品，降低价格会使厂商的销售收入减少；相反，提高价格会使厂商的销售收入增加，即销售收入与商品的价格呈同方向的变动。其原因在于，降价最终使销售收入 $P \cdot Q$ 值减少；相反，在厂商提价时，最终带来的销售收入 $P \cdot Q$ 值是增加的。用图 2.15（b）说明这种情况。图 2.15（b）中需求曲线上的 a、b 两点之间的需求是缺乏弹性的。当价格分别为 P_1 和 P_2 时，销售收入分别为矩形 OP_1aQ_1 的面积和矩形 OP_2bQ_2 的面积，且前者面积大于后者面积。这就是说，当厂商降价，即由 a 点运动到 b 点时，销售收入是减少的；相反，当厂商提价时，销售收入是增加的。

（3）对于 $e_d = 1$ 的单位弹性的商品，降低价格或提高价格对厂商的销售收入都没有影响。这是因为，无论厂商是降价还是提价。销售收入 $P \cdot Q$ 的值是固定不变的。如图 2.15（c）所示。图 2.15（c）中需求曲线上 a、b 两点之间为单位弹性。价格为 P_1 时的销售收入，即矩形 OP_1aQ_1 的面积等于价格为 P_2 时的销售收入，即矩形 OP_2bQ_2 的面积。显然，不管厂商是因降价由 a 点运动到 b 点，还是因提价由 b 点运动到 a 点，其销售收入量是不变的。

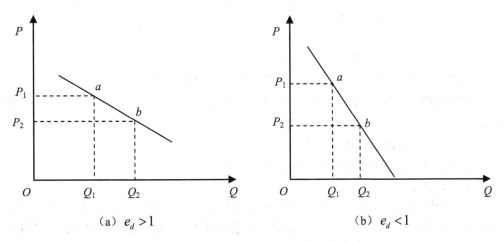

（a）$e_d > 1$ 　　　　　　　　（b）$e_d < 1$

图 2.15　需求价格弹性与销售收入的关系

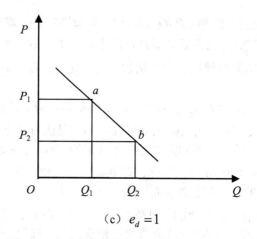

（c）$e_d = 1$

图 2.15　需求价格弹性与销售收入的关系（续）

5．如图 2.16 所示，考虑小麦生产者的两个援助农场计划。

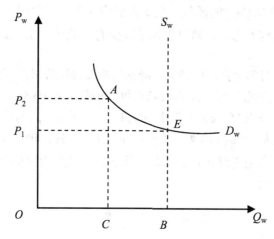

图 2.16　小麦生产者的两个援助农场计划

（1）政府把价格定在 P_2，并购买 P_2 价格下多余的小麦。

（2）政府让小麦在其均衡价格 P_1 出售，对出售的每单位小麦付给农场主 $P_2 - P_1$ 的补贴金。

试问，对政府来讲，哪个花费较大？

【解题思路】需求的价格弹性与消费者支出间的关系。

【本题答案】

对两个计划而言，作为种小麦的农民其总体收入是相等的，均为 OP_2 乘以 OB。在计划（1）里，农民总体收入的一部分是由消费者以 OP_2 的价格购买其 CB 数量的小麦而得，其金额为 OP_2 乘以 OC；另一部分是通过政府以 OP_2 的价格购买其 CB 数量的小麦而得，其金额为 OP_2 乘以 CB。这样，总收入为 $OP_2 \times OC + OP_2 \times CB = OP_2 \times OB$。

在计划（2）里，农民总体收入的一部分是由消费者以 OP_1 的价格购买其全部 OB 量的小麦而得，其金额为 $OP_1 \times OB$；另一部分是通过政府对农民出售的每一单位小麦补贴 $P_2 - P_1$ 而得，其金额为 $(OP_2 - OP_1) \times OB$。则总收入为 $OP_1 \times OB + (OP_2 - OP_1) \times OB = OP_2 \times OB$，等于计划（1）。

可见，无论哪个计划，农民的总收入均由消费者支付部分和政府支付部分组成。并且消费者支付部分越大，政府的花费就越小。从计划（1）到计划（2），出售的价格由 OP_2 降到 OP_1，消费者支付的部分由 $OP_2 \times OC$ 变为 $OP_1 \times OB$。由需求的价格弹性与消费者支出间的关系可知，若小麦的需求曲线 D_{w} 在 AE 弧上的每点都是富有弹性的，则在计划（2）中，消费者的费用大于计划（1），因此，对政府来说，计划（2）的花费小于计划（1）。若 D_{w} 在 AE 弧上各点弹性都不足，则在计划（1）中的消费者的花费较大，因此，对政府来说，计划（1）的花费小于计划（2）。若 D_{w} 在 AE 弧上的每点都是单一弹性的，则对政府来说，这两个计划的花费是一样的。

6．利用图 2.17 简要说明微观经济学的理论体系框架。

【解题思路】微观经济学的理论体系掌握一个粗略的概况。

【本题答案】（要点）

概括来说，微观经济学的基本框架是在三个层次上逐步深入展开的：如图 2.17 所示，左右两个方形分别表示居民户和企业。居民户指的是消费者，企业指的是厂商。根据概念可知，单个消费者和单个厂商分别以产品的需求者和产品的供给者的身份出现在产品市场上；又分别以生产要素的供给者和生产要素的需求者的身份出现在生产要素市场上。

第一个层次是研究单个主体的最优决策问题：图 2.17 的上方和下方分别表示产品市场和生产要素市场。图 2.17 中的一切需求关系都用实线表示，一切供给关系都用虚线表示。

从图 2.17 中的居民户方面看：出于对自身经济利益的追求，消费者的经济行为首先表现为在生产要素市场上提供生产要素，最后在消费中得到最大的效用满足。从图 2.17 中的企业方面看，同样也是出于对自身经济利益的追求，厂商的经济行为首先表现为在生产要素市场上购买生产所需的生产要素，最后通过商品的出售获得最大的利润。

第二个层次是研究单个市场的价格决定问题，如图 2.17 中单个产品市场或单个要素市场的均衡价格决定：从图 2.17 的上半部可以看出消费者对产品的需求和厂商对产品的供给相遇于市场产品，由此便决定了每一种产品市场的均衡价格和均衡数量。在图 2.17 的下半部，消费者对生产要素的供给和厂商对生产要素的需求相遇于生产要素市场，由此又决定了每一种生产要素市场的均衡价格和均衡数量。

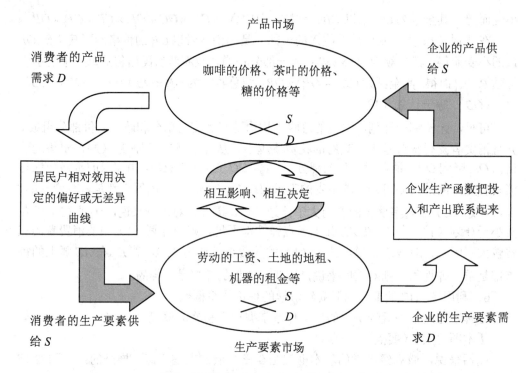

图 2.17　产品市场和生产要素市场的循环流动图

　　第三个层次是研究经济社会中所有市场同时达到均衡的价格决定：通过对图 2.17 的介绍可以清楚地看到，在完全竞争条件下，无论是在产品市场还是在生产要素市场，单个消费者和单个厂商的经济活动都表现为在市场机制的作用下各自追求自身经济利益最大化的过程。在这一过程中每个产品市场和每个生产要素市场都实现了供求相等的均衡状态，此时，消费者获得最大效用，厂商获得最大利润。

　　在以上内容的基础上微观经济学的一般均衡理论进一步证明完全竞争条件下，所有单个市场同时均衡的状态是可以存在的。福利经济学则以一般均衡理论为出发点进而论述一般均衡状态符合"帕累托最优状态"。这样，整个资本主义经济实现了有效的资源配置。

第3章 效 用 论

3.1 教学参考与学习指导

效用论又称消费者行为理论，它解释消费者最大化行为，是微观经济学的核心内容之一。它是经济人假设的具体体现，为产品市场需求曲线和要素市场供给曲线奠定理论逻辑基础。

效用论说明在特定的约束条件下，消费者如何选择购买商品（组合），以实现自己效用的最大化，并从中推导出消费者的需求曲线。效用论包括基数效用论和序数效用论两个部分。

本部分首先介绍基数效用论、边际效用递减规律及其对消费者均衡的解释，然后详细解释说明了序数效用论中无差异曲线和预算线这两个有力的分析工具，进而解释说明消费者均衡，并分析了价格和收入变动对消费者均衡的影响，介绍替代效应和收入效应分析方法。最后，简要介绍了不确定条件下消费者的期望效用最大化及其应用。

3.1.1 知识结构（见图 3.1）

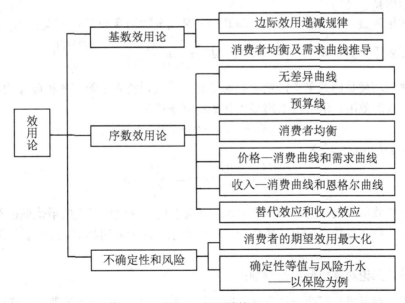

图 3.1 知识结构

3.1.2 内容指导

3.1.2.1 学习目的与要求

效用论以消费者效用最大化为出发点，分析消费者选择（商品组合）的一般性规律，进而解释产品市场的需求。

通过本部分的学习，要求掌握并学会运用基数效用论中的边际效用递减规律，重点理解、掌握并学会运用序数效用论中的无差异曲线和预算线的分析方法，理解掌握消费者均衡的约束条件和均衡条件、需求曲线的推导、替代效应和收入效应的含义和对不同商品价格效应的分解。

3.1.2.2 内容要点与难点

★基数效用论

商品的效用是指商品满足人的欲望的能力，或者说，效用是指消费者在消费商品时所感受到的满足程度。

基数效用论者认为，消费者的效用可以用具体的数量衡量。

边际效用递减规律：在其他商品的消费数量保持不变的条件下，随着消费者对某种商品消费量的增加，消费者从该商品连续增加的每一消费单位中所得到的效用增量即边际效用是递减的。

总效用函数：消费者的总效用与其对一种商品的消费数量 Q 有关：$TU = f(Q)$

边际效用函数：$MU = \dfrac{\Delta TU(Q)}{\Delta Q}$；$MU = \lim\limits_{\Delta Q \to 0} \dfrac{\Delta TU(Q)}{\Delta Q} = \dfrac{\mathrm{d}TU(Q)}{\mathrm{d}Q}$

消费者均衡是研究单个消费者如何把有限的货币收入分配在各种商品的购买中，以获取最大的效用。消费者效用最大化的均衡条件为：

$$P_1 X_1 + P_2 X_2 + \cdots + P_n X_n = I$$

其中 I 为既定的收入

$$\frac{MU_1}{P_1} = \frac{MU_2}{P_2} = \cdots = \frac{MU_n}{P_n} = \lambda$$

消费者效用最大化的均衡条件表示，消费者要选择效用最大的最优商品组合，应当使自己花费在各种商品上的最后一元钱所带来的边际效用相等，且等于货币的边际效用 λ。

基数效用论对需求曲线的推导：

考虑消费者要购买的一种商品，有 $\dfrac{MU}{P} = \lambda$，在收入既定的条件下，货币的边际

效用 λ 也为既定值。对于该商品的已购买数量 Q 越多，消费者对该商品的边际效用值 MU 越低，因此，愿意支付的价格 P 也就越低。因此，对于单个消费者而言，某商品的需求量和支付价格水平之间呈反向关系，即需求曲线向右下方倾斜，如图 3.2 所示。

消费者剩余（CS）是消费者在购买一定数量的某种商品时愿意支付的最高总价格和实际支付的总价格之间的差额，如图 3.3 所示。

$$CS = \int_0^{Q_0} P(Q^{\mathrm{d}}) dQ - P_0 Q_0$$

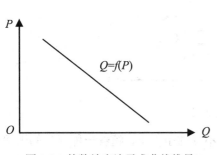

图 3.2 基数效应论需求曲线推导

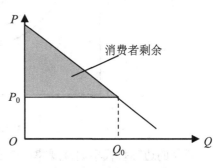

图 3.3 消息者剩余

注意：在福利经济学和政府微观经济政策评价中经常有消费者剩余的概念，它和另一个概念——生产者剩余构成了简单的社会福利评价指标。

★序数效用论

序数效用论是利用无差异曲线和预算线作为分析工具来考察消费者行为的。

消费者偏好是序数效用论的基本概念，它是指爱好或喜欢的意思。序数效用论认为，对于不同的商品组合，消费者的偏好程度是有差别的。

序数效用论认为，消费者偏好应遵循三个公理性假定，以保证消费者的理性：一是**偏好的完全性**，即消费者总是可以比较和排列所给出的不同商品组合；二是**偏好的可传递性**，即消费者的偏好比较符合逻辑一致；三是**偏好的非饱和性**，即对于某一种商品，消费者的偏好遵循多比少好的规则。

序数效用论用无差异曲线来考察消费者行为，**无差异曲线**表示消费者偏好相同的两种商品的所有组合点的轨迹，如图 3.4 所示。

无差异曲线和函数形式可表达为：$U = f(X_1, X_2)$。

无差异曲线的基本特征为：效用函数是连续的；任何两条无差异曲线不会相交；无差异曲线是凸向原点的。

商品的边际替代率（MRS）是在维持商品组合效用水平不变的前提下，消费者增加一单位的某种商品的消费所放弃的另一种商品的消费数量。可以表示为：

$$\mathrm{MRS}_{12} = -\frac{\Delta X_2}{\Delta X_1} \quad 或 \quad \mathrm{MRS}_{12} = -\frac{\mathrm{d}X_2}{\mathrm{d}X_1} = \frac{MU_1}{MU_2}$$

其中，$MU_1 = \dfrac{\partial U}{\partial X_1}$，$MU_2 = \dfrac{\partial U}{\partial X_2}$。

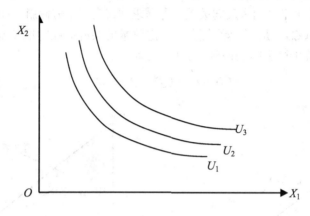

图 3.4　无差异曲线

商品的边际替代率递减规律：在效用水平不变的条件下，随着一种商品的消费数量的连续增加，消费者为得到每一单位的这种商品所需要放弃的另外一种商品的消费数量是递减的。边际替代率递减规律决定了无差异曲线的斜率的绝对值是递减的，即无差异曲线是凸向原点的。

预算线表示在消费者收入和商品价格既定条件下，消费者的全部收入 I 所能购买的所有商品组合点的轨迹，如图 3.5 所示（通常以两种商品组合为例）。

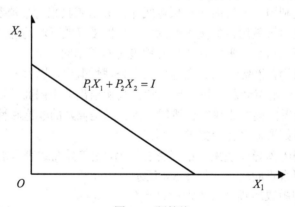

图 3.5　预算线

预算线方程可以表达为：

$$P_1X_1 + P_2X_2 + \cdots + P_nX_n = I$$

预算线的变动：

（1）收入 I 变动的情况：收入变动引起预算线平行移动，如图 3.6 所示。

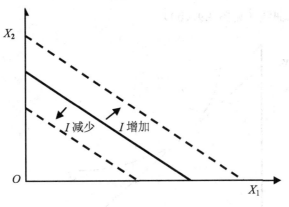

图 3.6　收入变动的预算线

（2）商品比价（$\frac{P_1}{P_2}$）变动。例如，价格 P_1 变动、P_2 不变的情况：某种商品价格变动引起预算线斜率变动，如图 3.7 所示。

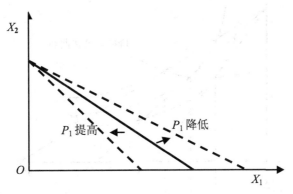

图 3.7　商品比价（$\frac{P_1}{P_2}$）变动的预算线

序数效用论的消费者均衡：（以两种商品的组合为例）消费者均衡点可以由无差异曲线和预算线的切点确定（如图 3.8 所示），对于切点处的均衡点，消费者均衡的条件可以表达为：

$$\mathrm{MRS}_{12} = \frac{MU_1}{MU_2} = \frac{P_1}{P_2} \quad \text{或} \quad \frac{MU_1}{P_1} = \frac{MU_2}{P_2} = \lambda$$

价格变化：价格—消费曲线

价格—消费曲线是在消费者的偏好、收入以及其他商品价格不变的条件下，与某一种商品（图 3.9（a）中假定为 X_1）的不同价格水平相联系得消费者效用最大化的均衡点的轨迹。

消费者的需求曲线（见图3.9（b））

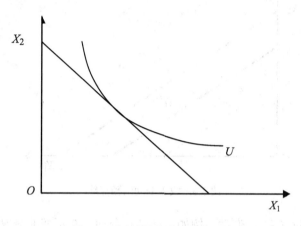

图 3.8　序数效用论的消费者均衡

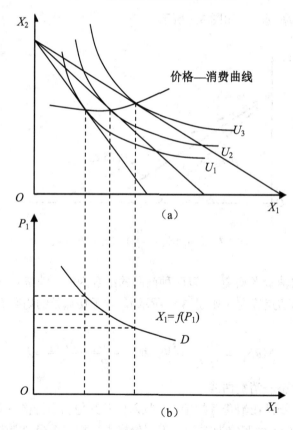

图 3.9　价格—消费曲线和消费者的需求曲线

序数效用论所推导的需求曲线一般是向右下方倾斜的，它表示商品的价格和需求量呈反方向变化。需求曲线上与每一价格水平相对应的商品需求量都是可以给消费者带来最大效用的均衡数量。

收入变化：收入—消费曲线（见图 3.10）

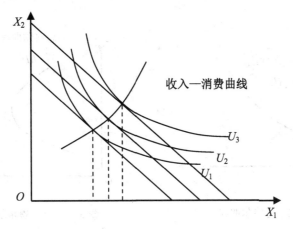

图 3.10　收入—消费曲线

收入—消费曲线是在消费者偏好和商品价格不变的条件下，与消费者的不同收入水平相联系的消费者效用最大化的均衡点的轨迹。

利用收入—消费曲线可以将商品区分为正常品和劣等品。如图 3.11 所示，在一定的收入水平上，某商品由正常品变为劣等品的情况。

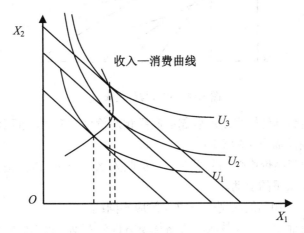

图 3.11　某商品由正常的变为劣等品的情况

恩格尔曲线（见图 3.12）：表示消费者在每一收入水平上对某商品的需求量。由消费者的收入—消费曲线，可以推导出消费者的恩格尔曲线。

利用收入—消费曲线也可以将商品区分为正常品和劣等品。如图 3.13 所示，在一定的收入水平上，某商品由正常品变为劣等品的情况。

收入效应与替代效应（希克斯分析方法）

商品价格变动的总效应 = 替代效应 + 收入效应（以商品 1 价格下降为例，如图 3.14 所示）

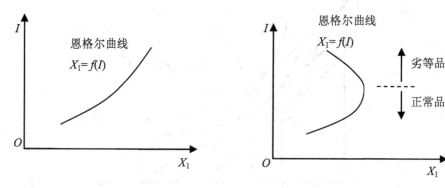

图 3.12　恩格尔曲线　　　　图 3.13　利用恩格尔曲线对商品区分

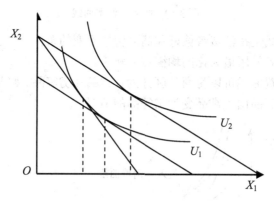

图 3.14　收入与替代效应

替代效应：由商品价格变动所引起的商品相对价格的变动，进而由商品的相对价格变动所引起的商品需求量的变动。

收入效应：由商品价格变动所引起的实际收入水平变动，进而由实际收入水平变动所引起的商品需求量的变动。

正常物品和低档物品的区别——收入效应不同：

对于正常物品而言，替代效应与价格呈反方向的变动，收入效应也与价格呈反方向的变动，在它们的共同作用下，总效应必定与价格呈反方向的变动。

对于低档商品来说，替代效应与价格呈反方向的变动，收入效应与价格呈同方向的变动，而且，在大多数的场合，收入效应的作用小于替代效应的作用，所以，总效应与价格呈反方向的变动，相应的需求曲线是向右下方倾斜的，如图 3.15 所示。

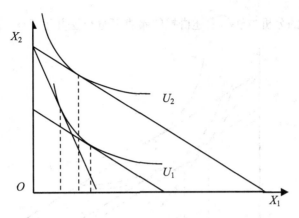

图 3.15 收入效应的不同

吉芬商品的替代效应和收入效应

吉芬商品是一种特殊的低档物品。作为低档物品，吉芬商品的替代效应与价格呈反方向的变动，收入效应则与价格呈同方向的变动。吉芬商品的特殊性就在于：它的收入效应的作用大，以至于超过了替代效应的作用，从而使得总效应与价格呈同方向的变动。这也就是吉芬商品的需求曲线呈现出向右上方倾斜的特殊形式的原因，如图 3.16 所示。

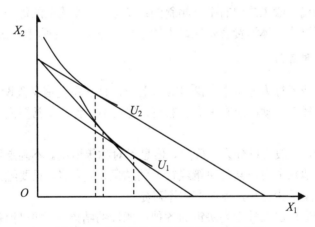

图 3.16 吉芬商品的替代效应与收入效应

* 希克斯分析法和斯拉茨基分析法的比较

斯拉茨基认为，实际收入水平不变是指消费者在得到收入补偿以后，依然可以买到原有的商品组合，即消费者在价格变动时需要补偿多少收入才能够买到原有的最优商品组合。与希克斯分析方法的不同在于，希克斯是以原有效用水平不变为标准作预算补偿线分析替代效用和收入效应的，而斯拉茨基分析法则是以保持原有实际收入水平不变（因为可购买原有商品组合）为标准作预算补偿线分析替代效应和收入效应的。

所以，斯拉茨基的分析方法与上述讲授的希克斯分析法并不相同，如图3.17所示。

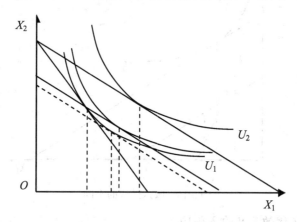

图3.17　希克斯分析法和斯拉茨基分析法的比较

★市场需求曲线

市场需求曲线是市场中所有单个消费者的需求曲线的水平加和。

$$Q^d = \sum_{i=1}^{n} Q_i^d = \sum_{i=1}^{n} f_i(P) = F(P) \qquad 其中 f_i(P) 为第 i 个消费者的需求函数$$

市场需求曲线一般也是向右下方倾斜的；市场需求曲线上的每个点都表示在相应的价格水平下可以给全体消费者带来最大的效用水平或满足程度的市场需求量。

★不确定性和风险

在前面的消费者行为分析中，我们实际上一直暗含**完全信息**假设，即所有经济主体都掌握了有关经济活动的所有信息。然而，现实中，我们常常要面对的是信息不完全的情况。

信息不完全，一般可以分为不确定、信息不对称等情况。**不确定性**是指经济主体在事先不能准确地知道自己某种决策或行为的结果，或者说，只要经济主体的一种行为决策的可能结果不止一种，就会产生不确定性。

在消费者知道自己某种行为决策的各种可能性的结果时，如果消费者还知道各种可能的结果发生的概率，则可以称这种不确定的情况为**风险**。

期望效用函数（冯·诺伊曼—摩根斯顿效用函数）：

$$E(U) = \sum_{i=1}^{n} p_i U(W_i) \qquad 其中，\sum_{i=1}^{n} p_i = 1$$

消费者追求期望效用最大化。

期望值的效用：$U(E) = U(\sum_{i=1}^{n} p_i W_i)$

消费者的风险态度可大体分为以下三种。
- 风险回避者：$U(E) > E(U)$
- 风险中立者：$U(E) = E(U)$
- 风险爱好者：$U(E) < E(U)$

* 确定性等值与风险升水

大多数情况下，人们是风险回避者。确定性等值 CE，如图 3.18 所示。

$$U(CE) = E(U) = \sum_{i=1}^{n} p_i U(W_i)$$

图 3.18 中 $E(W)$ 与 CE 之间的差额，称为风险升水（或称风险贴水），它反映人们为规避不确定的风险而愿意放弃的收益部分。**风险升水构成了保险公司利润的来源。**

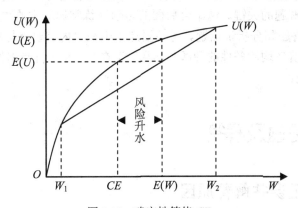

图 3.18　确定性等值 CE

3.1.2.3　基本概念和基本原理扩充检索

效用　基数效用论　总效用　边际效用　边际效用递减规律　（基数效用论的）消费者均衡　消费者均衡条件　货币的边际效用　（基数效用论的）需求曲线推导　消费者剩余　序数效用论　偏好　消费者偏好的三个假设　无差异曲线　效用函数　商品的边际替代率　边际替代率递减规律　预算线　预算线的变动　（序数效用论的)消费者均衡　价格—消费曲线　（序数效用论的)需求曲线　收入—消费曲线　恩格尔曲线　替代效应和收入效应　正常品、低档品和吉芬物品　市场需求曲线　不确定性　风险　期望效用（函数）　期望值的效用　消费者的风险态度　*确定性等值 *风险升水

3.2　考点分析

本部分作为微观经济学概论，也是经常被测试的内容。

本部分内容的考试形式多采取名词解释、判断与选择、计算及推导、简答等形式。

题型 1：名词解释。可根据上文"基本概念和基本原理扩充检索"复习掌握。

题型 2：判断和选择。本部分判断和选择的重点在于对基数效用论、序数效用论相关内容、原理的理解和掌握，强调对本部分逻辑体系的掌握和运用。主要的考点有：（1）基数效用论的消费者均衡条件的理解和运用；（2）序数效用论中的消费者均衡条件的理解和运用；（3）本章中一些重要概念的理解和计算。尤其是前两者最为重要。判断和选择大多不是考察概念和原理本身的记忆，而是考察对其的理解和运用。这部分内容请按照"内容要点与难点"的体系和脉络，结合教材认真揣摩，并通过后面精选的习题进行训练和测试、体会，务必做到理解透彻、运用自如。

题型 3：计算和推导。本部分的计算和推导的重点是对消费者均衡条件的理解和运用，这往往是解题的关键。请结合后面的习题训练掌握基本的题型和解题技能。

题型 4：简答题和分析讨论题。考核要点集中在"内容要点与难点"中，其中最为重要的仍是消费者均衡条件的理解和运用。请在学习时，注意对原理和一些一般性结论的理解和掌握。

3.3 典型习题及解答

3.3.1 判断正误并解释原因

1. 基数效用论采用的分析方法是无差异曲线分析法。（　　　）

2. 所谓效用，是指商品的功能。（　　　）

3. 同一商品的效用的大小也会因时、因人、因地而不同。（　　　）

4. 当消费者从物品消费中所获得的总效用不断增加时，边际效用是正的。（　　　）

5. 如果消费者从每一种商品中得到的总效用与它们的价格之比分别相等，他们将获得最大效用。（　　　）

6. 根据基数效用论，假定消费者的货币收入不变，则消费者获得效用最大化的条件中所指的货币的边际效用也不变。（　　　）

7. 假定商品价格不变，预算线的移动说明消费者的收入发生变化。（　　　）

8. 需求曲线上的每一个点都是在不同的价格水平下的消费者效用最大化的点。（　　　）

9. 价格效应可以分解为替代效应和收入效应，并且替代效应和收入效应是同向变化的。（　　　）

10. 低档物品和吉芬物品的关系是：吉芬物品一定是低档品，但低档物品不一定

是吉芬物品。（　　）

11．不确定性是指消费者在不完全信息的情况下，无法预知结果。（　　）

12．就经济学意义而言，任意两种商品的边际替代率等于该两种商品的边际效用之比。（　　）

【参考答案】

1．（×）解释：应是边际效用分析法，无差异曲线分析法是序数效用论中的。

2．（×）解释：效用是指人们消费商品时的满足程度，而不是商品的功能。

3．（√）解释：效用是人们的主观评价，会因时、因地、因人而异。

4．（√）解释：总效用不断增加说明增加消费单位商品的效用增量为正，即边际效用为正。

5．（×）解释：消费者均衡条件应是各种商品的边际效用与价格之比相等。

6．（√）解释：在消费者的收入只有货币收入的假定下，货币的边际效用取决于消费者拥有货币（收入）的数量。

7．（√）解释：商品价格不变，预算线的移动说明收入变化。

8．（√）解释：因为由价格—消费曲线推导需求曲线的过程中可以看到，价格—消费曲线上的每一点都是消费者均衡点，即消费者效用最大化的点。

9．（×）解释：只有正常物品的替代效应和收入效应是同向的。对低档商品来说，两者变动则是反向的。

10．（√）解释：吉芬商品是收入效应超过替代效应的低档物品，是低档物品中的特例。

11．（×）解释：不确定性是指无法准确确定结果，但各种可能的结果是已知的。

12．（√）解释：在维持商品组合效用水平不变的前提下，$\mathrm{MRS}_{12} = -\dfrac{\mathrm{d}X_2}{\mathrm{d}X_1} = \dfrac{MU_1}{MU_2}$。

3.3.2　选择题

1．总效用曲线达到最大时，（　　）。

　　A．边际效用曲线达到最大点　　　　　B．边际效用为零

　　C．边际效用为正　　　　　　　　　　D．边际效用为负

2．某个消费者的无差异曲线图包含无数条无差异曲线，因为（　　）。

　　A．收入有时高有时低　　　　　　　　B．欲望是无限的

　　C．消费者人数是无限的　　　　　　　D．商品的数量是无限的

3．无差异曲线为斜率不变的直线时，表示相结合的两种商品是（　　）。

　　A．可以替代的　　B．完全替代的　　　C．互补的　　　D．互不相关的

4. 某条无差异曲线是水平直线，这表明消费者（　　）的消费已达到饱和（设 X 由横轴度量，Y 由纵轴度量）

  A．商品 Y   B．商品 X

  C．商品 X 和商品 Y   D．商品 X 或商品 Y

5. 商品 X 和 Y 的价格以及消费者的收入都按同一比率同方向变化，预算线（　　）。

  A．向左下方平行移动   B．向右上方平行移动

  C．不变动   D．向左下方或向右上方平行移动

6. 已知消费者的收入是 100 元，商品 X 的价格是 10 元，商品 Y 的价格是 3 元，假定他打算购买 7 单位 X 和 10 单位 Y，这时商品 X 和 Y 的边际效用分别是 50 和 18，如果获得最大效用，他应该（　　）。

  A．停止购买   B．增购 X，减少 Y 的购买量

  C．减少 X 的购买量，增购 Y C．同时增购 X 和 Y

7. 假定 X、Y 的价格的价格 P_X、P_Y 已定，当 $MRS_{XY} > \dfrac{P_X}{P_Y}$ 时，消费者为达到最大满足，他将（　　）。

  A．增购 X，减少 Y   B．减少 X，增购 Y

  C．同时增购 X、Y   D．同时减少 X、Y

8. 若小王的 MRS_{XY} 小于小张的 MRS_{XY}，对小王来说，要想有所得，就可以（　　）。

  A．放弃 X 用以与小张交换 Y B．放弃 Y，从小张处换取 X

  C．或者放弃 X 或者放弃 Y D．什么都不做

9. MRS_{XY} 递减，MU_X 和 MU_Y 必定（　　）。

  A．递增   B．递减

  C．MU_X 递减，MU_Y 递增 D．MU_X 递增，MU_Y 递减

10. 下列哪种情况不属于消费者均衡的条件（　　）。

  A．$\dfrac{MU_X}{P_X} = \dfrac{MU_Y}{P_Y} = \cdots = \lambda$ B．货币在每种用途上的边际效用相等

  C．$MU = \lambda P$ D．各种商品的边际效用相等

11. 某些人在收入比较低的时候购买黑白电视，而在收入提高时，则去购买彩色电视机，黑白电视机对他们来说是（　　）。

  A．正常品 B．奢侈品 C．劣质品   D．吉芬商品

12. 某低档的价格下降，其他情况不变时，（　　）。

  A．替代效应和收入效应相互加强导致该商品需求量增加

  B．替代效应和收入效应相互加强导致该商品需求量减少

  C．替代效应倾向于增加该商品的需求量，收入效应倾向于需求量减少

D．替代效应倾向于减少需求量，收入效应倾向于增加该商品的需求量

13．当吉芬商品价格上升时，应该有（　　）。

A．替代效应为正值，收入效应为负值，且前者作用小于后者

B．替代效应为负值，收入效应为正值，且前者作用小于后者

C．替代效应为正值，收入效应为负值，且前者作用大于后者

D．替代效应为负值，收入效应为正值，且前者作用大于后者

14．恩格尔曲线是从（　　）导出。

A．价格—消费曲线　　　　　B．收入—消费曲线

C．需求曲线　　　　　　　　D．预算线

15．某消费者需求曲线上的各点（　　）。

A．表示该消费者的效用最大　B．不表示效用最大点

C．有可能表示效用最大点　　D．和效用最大无关

16．需求曲线斜率为正的充要条件是（　　）。

A．低档商品　　　　　　　　B．替代效应超过收入效应

C．收入效应超过替代效应　　D．低档商品且收入效应超过替代效应

17．如果某商品的价格—消费曲线平行于代表该商品消费量的坐标轴，可以推断该商品的需求曲线（　　）。

A．具有单位弹性　　　　　　B．富有弹性

C．缺乏弹性　　　　　　　　D．不能推断其弹性的性质

18．效用函数为 $U(X,Y)=XY$，则与之表示相同偏好次序的是（　　）。

A．$U=(X-5)\times(Y+5)$　　　B．$U=(X/5)\times(Y/5)$

C．$U=(X+5)\times(Y-5)$　　　D．$U=(X-5)\times(Y-5)$

19．其他条件不变，当消费者收入提高时，下述哪条曲线必然向右上方移动？（　　）

A．预算线　　B．无差异曲线　　C．成本曲线　　D．供给曲线

20．其他条件不变，基数效用论认为，商品的需求价格由（　　）决定。

A．消费者的收入　　　　　　B．消费者的偏好

C．该商品的边际效用　　　　D．该商品的生产成本

21．预算线反映了（　　）。

A．消费者的偏好　　　　　　B．消费者的收入约束

C．货币的购买力　　　　　　D．消费者人数

【参考答案】

1．B　2．B　3．B　4．B　5．C　6．C　7．A　8．A

9．C　10．D　11．C　12．C　13．B　14．B　15．A　16．D

17．A　18．B　19．A　20．C　21．B

3.3.3 计算题与证明题

1. 令消费者的需求曲线为 $p = a - bq$，其中 a、$b > 0$，并假定征收 $(100t)\%$ 的销售税，使得支付价格提高到 $p(1+t)$。证明他损失的消费者剩余超过企业因政府征税而提高的收益。

【解题思路】根据消费者剩余的定义和表达式进行推导。

【本题答案】

根据需求曲线，求得原有需求数量为：$q_1 = \dfrac{a - p}{b}$。

当价格为 $p(1+t)$ 时，新的需求数量为：$q_2 = \dfrac{a - (1+t)p}{b}$。

消费者剩余损失为：$\displaystyle\int_0^{q_1} (a - bq)\mathrm{d}q - pq_1 - \left[\int_0^{q_2} (a - bq)\mathrm{d}q - p(1+t)q_2\right]$。

企业因政府征税而提高的收益为：$(1+t)pq_2 - pq_1$。

消费者剩余损失–企业因政府征税而提高的收益 $= \dfrac{2tp + t^2 p}{2b}$。

由于 b、t、$p > 0$，$\dfrac{2tp + t^2 p}{2b} > 0$，因此，损失的消费者剩余超过企业因政府征税而提高的收益。

2. 已知某人每月收入 120 元，全部花费于 X 和 Y 两种商品，他的效用函数为 $U = XY$，X 的价格是 2 元，Y 的价格是 3 元。求：

（1）为使获得效用最大，他购买的 X 和 Y 各为多少？

（2）假如 X 的价格提高 44%，Y 的价格不变，为使他保持原有的效用水平，收入必须增加多少？

【解题思路】运用消费者均衡条件 $\dfrac{MU_X}{P_X} = \dfrac{MU_Y}{P_Y}$ 求解。

【本题答案】（解题过程，略）

（1）$X = 30$，$Y = 20$；

（2）$\Delta M = 24$。

* 3. 考虑某消费者购买商品 A 的替代效应与收入效应。假定该消费者关于商品 A 的需求函数为 $Q = 0.02M - 2P$，收入 $M = 6500$，商品 A 的价格 $P = 20$。如果目前商品 A 的价格上升为 $P = 40$。利用斯拉茨基分析方法求：商品 A 的价格变化的总效应是多少？其中，替代效应与收入效应又分别是多少？

【解题思路】本题由于并没有给出效用函数，故应采用斯拉茨基分析法，利用实际收入水平不变分析总效用中的替代效应和收入效应。

【本题答案】（必要时，读者也可以借助图形帮助自己理清解题思路）

A 商品的原消费量：由收入 M=6 500 和原价格 P=20，可得 A 商品原消费量 Q_0=90。

替代效应分析（斯拉茨基分析法）：当 A 商品价格上升为 40 元后，相当于实际收入水平下降。如果保持原有消费量 Q_0 不变，即维持实际收入不变，名义收入需要增加 Q_0(40-20)=1 800。而当名义收入为 M'=(6 500+1 800)=8 300 时，消费者事实上不会再购买 Q_0=90，而会（因价格上升）减少对 A 的购买，增加对其他（替代）商品的购买，这时购买量 Q_1=0.02×8 300-2×40=86，故替代效应为 86-90 =-4，即价格上升导致商品 A 的替代效应为减少了 4 单位购买量。

收入效应和总效应：由于价格上涨，最终商品 A 的购买量为 Q'=0.02×6 500-2×40=50，故总效应为 50-90=-40，收入效应=总效应-替代效应=-36。

4．某消费者的效用函数为 $U = X_1 X_2$，P_1=4 元，P_2=2 元，M=80 元。现在 P_1 下降到 2 元。试问：

（1）由商品 1 的价格 P_1 下降所导致的总效应，使得该消费者对商品 1 的购买量发生多少变化？

（2）由商品 1 的价格 P_1 下降所导致的替代效应，使得该消费者对商品 1 的购买量发生多少变化？

（3）由商品 1 的价格 P_1 下降所导致的收入效应，使得该消费者对商品 1 的购买量发生多少变化？

【解题思路】本题已给出效用函数，故应采用希克斯分析法，分析总效用中的替代效应和收入效应。

【本题答案】（必要时，读者也可以借助图形帮助自己理清解题思路）

首先，由消费者均衡条件：$\dfrac{MU_1}{MU_2} = \dfrac{P_1}{p_2}$，$MU_1 = \dfrac{\partial U}{\partial X} = Y$，$MU_2 = \dfrac{\partial U}{\partial Y} = X$ 可得：$X = 2Y$；再由预算方程 $XP_X + YP_Y = 40$，可得：$X + 2Y = 40$。联立两方程求解即得：$X = 20$，$Y = 10$。即在原有价格水平和收入条件下，消费者消费商品 1 为 20 单位，消费商品 2 为 10 单位，原有的消费者效用水平为 200。

其次，同理，当商品 1 的价格下降为 $P_1 = 2$ 时，由消费者均衡条件可得：$X = Y$；再由预算方程可得：$X + Y = 40$。两方程联立求解可得，X=20，Y=20。即当 Y 价格下降为 1 时，在收入不变的情况下，消费者商品组合调整为，消费商品 1 为 20 单位，消费商品 2 为 20 单位，此时消费者效用水平 400。

希克斯分析方法中，替代效应是指保持原有效用水平不变，当商品价格变动时，商品消费数量的变化。据此，我们知道，如果保持原有效用水平不变，即 $XY = 200$；又由消费者均衡条件可知，当 P_1 价格下降为 2 时，有 $X = Y$。联立两方程可得，$X = \sqrt{200}$，$Y = \sqrt{200}$。于是有：

（1）P_1 下降所导致的总效应，使得该消费者对商品 1 的多购买量是：$\Delta X_1 = 20 - 10 = 10$。

（2）P_1 的价格下降的替代效应使他买更多的 P_1，多购买的商品 1 的数量是：$\sqrt{200} - 10$。

（3）总效应中，扣除替代效应，即得收入效应。P_1 价格变动的总效应为 20-10，替代效用为 $\sqrt{200} - 10$，因此，收入效应为 $20 - \sqrt{200}$。

5. 消费者的效用函数为 $U = x^4 y^4$，则他在 Y 商品上的支出占总支出的比例是多少？对 Y 的需求与 X 的价格有什么关系？

【解题思路】利用消费者均衡条件推导变量之间的函数关系。

【本题答案】

由效用函数得出两种商品的边际效用：

$$U = x^4 y^4, \quad MU_x = \frac{\partial U}{\partial x} = 4x^3 y^4; \quad MU_y = \frac{\partial U}{\partial y} = 4x^4 y^3$$

利用消费者均衡等式：

$$\frac{MU_x}{MU_y} = \frac{p_x}{p_y} \Rightarrow \frac{y}{x} = \frac{p_x}{p_y} \Rightarrow p_x x = p_y y$$

由此可得 Y 商品上的支出占总支出的比例为：

$$\frac{p_y y}{p_x x + p_y y} = \frac{1}{2}$$

亦可得：$y = \dfrac{p_x}{p_y} x$，即当 X 的需求和 Y 的价格不变时，Y 的需求和 X 的价格成正比例变化。

6. 已知一件衬衫的价格为 80 元，一份肯德基快餐的价格为 20 元，在某消费者关于这两种商品的效用最大化的均衡点上，一份肯德基快餐对衬衫的边际替代率 MRS 是多少？

【解题思路】利用消费者均衡的定义即得。

【本题答案】

在消费者均衡点上有：$MRS_{肯德基、衬衫} = \dfrac{20}{80} = 0.25$。

7. 假设某消费者的均衡如图 3.19 所示。其中，横轴 OX_1 和纵轴 OX_2 分别表示商品 1 和商品 2 的数量，直线段为消费者的预算线，曲线 U 为消费者的无差异曲线，E 点为效用最大化的均衡点。已知商品 1 的价格 $P_1 = 2$ 元。

（1）求消费者的收入。

（2）求商品 2 的价格 P_2。

（3）写出预算线方程。

（4）求预算线的斜率。

（5）求 E 点的 MRS_{12} 的值。

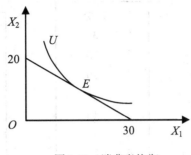

图 3.19　消费者均衡

【解题思路】按预算线的定义、预算线斜率所表达的比价关系和消费者均衡条件计算。

【本题答案】

（1）收入为 60 元。

（2）商品 2 价格为 3 元。

（3）预算线方程为：$2X_1+3X_2=60$。

（4）预算线的斜率为 $-2/3$。

（5）MRS_{12} 为 $2/3$。

8．已知某消费者每年用于商品 1 和商品 2 的收入为 540 元，两商品的价格分别为 $P_1=20$ 元和 $P_2=30$ 元，该消费者的效用函数为 $U=3X_1X_2^2$，该消费者每年购买这两种商品的数量应各是多少？每年从中获得的总效用是多少？

【解题思路】利用消费者效用最大化的均衡条件，结合收入预算约束条件求解。

【本题答案】

$$\frac{MU_1}{MU_2}=\frac{P_1}{P_2}=\frac{3X_2^2}{6X_1X_2}=\frac{20}{30}；\quad 20X_1+30X_2=540$$

两种商品的消费数量为：$X_1=9$，$X_2=12$。最大效用水平为 3 888。

9．假设某商品市场上只有 A、B 两个消费者，他们的需求函数各自为：$Q_A^d=20-4P$ 和 $Q_B^d=30-5P$。

（1）列出这两个消费者的需求表和市场需求表。

（2）根据（1），画出这两个消费者的需求曲线和市场需求曲线。

【解题思路】利用图表法表示函数；市场需求等于消费者需求的水平加和。

【本题答案】

（1）两个消费者的需求表和市场需求表（见图 3.20）

（2）两个消费者的需求曲线和市场需求曲线（见图 3.21）

10. 设某消费者的效用函数为柯布道格拉斯类型的，即 $U = x^\alpha y^\beta$，商品 x 和商品 y 的价格分别为 P_x 和 P_y，消费者的收入为 M，α 和 β 为常数，且 $\alpha + \beta = 1$。

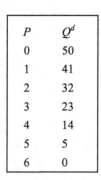

P	Q_A^d
0	20
1	16
2	12
3	8
4	4
5	0

（a）消费者 A 的需求表

P	Q_B^d
0	30
1	25
2	20
3	15
4	10
5	5
6	0

（b）消费者 B 的需求表

P	Q^d
0	50
1	41
2	32
3	23
4	14
5	5
6	0

（c）市场需求表

图 3.20　A、B 的需求表和市场需求表

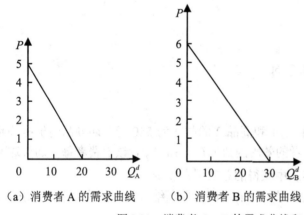

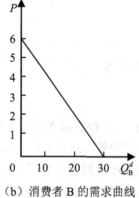

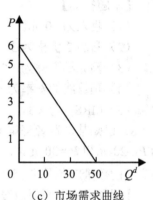

（a）消费者 A 的需求曲线　　（b）消费者 B 的需求曲线　　（c）市场需求曲线

图 3.21　消费者 A、B 的需求曲线和市场需求曲线

（1）求该消费者关于商品 x 和商品 y 的需求函数。

（2）证明当商品 x 和 y 的价格以及消费者的收入同时变动一个比例时，消费者对两种商品的需求关系维持不变。

（3）证明消费者效用函数中的参数 α 和 β 分别为商品 x 和商品 y 的消费支出占消费者收入的份额。

【解题思路】利用消费者均衡公式和预算约束公式推导变量之间的函数关系。

【本题答案】（要点）

（1）$\dfrac{MU_x}{MU_y} = \dfrac{P_x}{P_y} = \dfrac{\alpha x^{\alpha-1} y^\beta}{\beta x^\alpha y^{\beta-1}}$；$P_x x + P_y y = M$，二者联立根据数据整理可得：

商品 x 的需求函数为：$x = \dfrac{\alpha M}{P_x}$；商品 y 的需求函数为：$y = \dfrac{\beta M}{P_y}$

（2）根据题意可知：商品 x 和 y 的价格以及消费者的收入同时变动一个比例，相当于消费者的预算线变为：$\lambda P_x x + \lambda P_y y = \lambda M$，其中 $\lambda \neq 0$。

$\dfrac{MU_x}{MU_y} = \dfrac{P_x}{P_y} = \dfrac{\alpha x^{\alpha-1} y^{\beta}}{\beta x^{\alpha} y^{\beta-1}}$；$\lambda P_x x + \lambda P_y y = \lambda M$，二者联立根据数据整理可得：

商品 x 的需求函数为：$x = \dfrac{\alpha M}{P_x}$；商品 y 的需求函数为：$y = \dfrac{\beta M}{P_y}$

这表明，消费者在这种情况下对两种商品的需求关系维持不变。

（3）根据消费者对商品 x 的需求函数为 $x = \dfrac{\alpha M}{P_x}$ 与商品 y 的需求函数为 $y = \dfrac{\beta M}{P_y}$

可推出：$\alpha = \dfrac{P_x x}{M}$，$\beta = \dfrac{P_y y}{M}$；则关系式 $\alpha = \dfrac{P_x x}{M}$ 的右边是商品 x 的消费支出占消费者收入的份额，关系式 $\beta = \dfrac{P_y y}{M}$ 的右边正是商品 y 的消费支出占消费者收入的份额。

11．令某消费者的收入为 M，两种商品的价格分别为 p_1，p_2。假定该消费者的无差异曲线是线性的，且斜率为 $-a$。求：该消费者的最优商品消费组合。

【解题思路】请关注本题条件的特殊之处：从几何图形看，预算线与坐标轴构成的三角形区域为可行解区域，消费者的无差异曲线为一条直线，则最优解有两种情况：一种是唯一解，即边角解（预算线斜率与无差异曲线斜率不相等）；另一种是无穷解集，即边线解（预算线斜率与无差异曲线斜率相同，最大解集即为预算线上的全部商品组合）。

【本题答案】可根据以上思路借助图形（略），即可分析得：

如果 $a > \dfrac{p_1}{p_2}$，最优组合为 $x_1 = \dfrac{M}{p_1}$，$x_2 = 0$；

如果 $a < \dfrac{p_1}{p_2}$，最优组合为 $x_1 = 0$，$x_2 = \dfrac{M}{p_2}$；

如果 $a = \dfrac{p_1}{p_2}$，最优组合为 $\{(x_1, x_2) | x_1 \geq 0, x_2 \geq 0, p_1 x_1 + p_2 x_2 = M\}$

12．假定某消费者的效用函数为 $U = q^{0.5} + 3M$，其中，q 为商品的消费量，M 为收入。求：

（1）该消费者的需求函数。

（2）该消费者的反需求函数。

（3）当 $p=1/12$，$q=4$ 时的消费者剩余。

【解题思路】（1）和（2）利用消费者均衡条件 $\dfrac{MU}{p} = \lambda$ 即可求得；（3）利用消

费者均衡的积分计算公式得到。注意利用货币边际效用计算公式：$\lambda = \dfrac{\partial U}{\partial M}$

【本题答案】

（1）$q = \dfrac{1}{36p^2}$；（2）$p = \dfrac{1}{6\sqrt{q}}$；（3）$CS = \dfrac{1}{3}$。

13. 已知某人消费的两种商品 X 与 Y 的效用函数 $U = x^{\frac{1}{3}}y^{\frac{1}{3}}$，商品的价格分别为 P_x 和 P_y，收入为 M，请推导出某人对 X 和 Y 的需求函数。

【解题思路】此题有两种解法：第一种解法，可以根据拉格朗日乘数法推导；第二种解法，根据消费者均衡条件直接推导。（注意，两种解法本质上是一致的，更应该掌握的是后一种，也更简便）

【本题答案】

第一种解法：（拉格朗日乘数法）

预算方程：$P_x x + P_y y = M$

令 $U = x^{\frac{1}{3}}y^{\frac{1}{3}} + \lambda(M - P_x x - P_y y)$，分别对 X、Y、λ 求导，可得以下方程组：

$$\begin{cases} \dfrac{1}{3}x^{-\frac{2}{3}}y^{\frac{1}{3}} - \lambda P_x = 0 \\ \dfrac{1}{3}x^{\frac{1}{3}}y^{-\frac{2}{3}} - \lambda P_y = 0 \\ M - P_x \cdot x - P_y \cdot y = 0 \end{cases}$$

则，对 X 的需求函数为：$x = \dfrac{M}{2P_x}$；对 Y 的需求函数为：$y = \dfrac{M}{2P_y}$。

第二种解法：（消费者均衡条件解法）

将 $MU_x = \dfrac{1}{3}x^{-\frac{2}{3}}y^{\frac{1}{3}}$，$MU_y = \dfrac{1}{3}x^{\frac{1}{3}}y^{-\frac{2}{3}}$ 代入均衡条件等式 $\dfrac{MU_x}{P_x} = \dfrac{MU_y}{P_y}$ 整理可得：

$xP_x = yP_y$，将其代入 $P_x x + P_y y = M$，即得：$x = \dfrac{M}{2P_x}$ 和 $y = \dfrac{M}{2P_y}$，分别为两种商品的需求函数。

14. 如果一个消费者的效用函数为 $u = w^{0.5}$。设财产额为 $w_0 = 90\,000$，火灾后损失的财产数额为 $h = 80\,000$，火灾发生的概率为 $\alpha = 0.05$。求消费者愿意支付的保险价格 R 与保险公司在消费者支付 R 时的利润。

【解题思路】首先计算期望效用的确定性等值，财产额与确定性等值（CE）之间的差额即为消费者愿意支付的保险价格，而期望值与确定性等值之间的差额则为保险公司利润。

【本题答案】

由 $u(\text{CE}) = E(u) = 0.95(90\,000)^{\frac{1}{2}} + 0.05(10\,000)^{\frac{1}{2}}$，解得：CE=84 100。

由 $w_0 - R = \text{CE}$，可得消费者支付的保险价格为 $R = 5\,900$。

由 $R - \alpha h = 5\,900 - 0.05(80\,000) = 1\,900$，或 $E - \text{CE} = 0.95(90\,000) + 0.05(10\,000) - 84\,100 = 1\,900$，均可得保险公司利润为 $1\,900$。

15. 假定肉肠和面包是完全互补品。人们通常以一根肉肠和一个面包卷为比率做一个热狗，并且已知一根肉肠的价格等于一个面包卷的价格。

（1）求肉肠的需求的价格弹性。

（2）求面包卷对肉肠的需求的交叉弹性。

（3）如果肉肠的价格是面包卷的价格的两倍，那么，肉肠的需求的价格弹性和面包卷对肉肠的需求的交叉弹性各是多少？

【解题思路】利用消费者效用最大化及收入预算约束条件，结合需求弹性公式及需要交叉弹性求解。

【本题答案】

（1）令肉肠的需求为 X，面包卷的需求为 Y，相应的价格为 P_X、P_Y，且有 $P_X = P_Y$，收入为 M。该题目的效用最大化可以写为 $\max U(X,Y) = \min\{X,Y\}$。

预算线方程式为：
$$P_X \cdot X + P_Y \cdot Y = M$$

二者联立可整理出数据：
$$X = Y = \frac{M}{P_X + P_Y}$$

由此可得肉肠的需求的价格弹性为
$$e_{dX} = -\frac{\partial X}{\partial P_X} \cdot \frac{P_X}{X} = \frac{P_X}{P_X + P_Y} = \frac{1}{2}$$

（2）面包卷对肉肠的需求的交叉弹性为
$$e_{YX} = \frac{\partial Y}{\partial P_X} \cdot \frac{P_X}{Y} = -\frac{P_X}{P_X + P_Y} = \frac{1}{2}$$

（3）如果 $P_X = 2P_Y$，则根据上面（1）、（2）的结果，可得肉肠的需求的价格弹性为：
$$e_{dX} = -\frac{\partial X}{\partial P_X} \cdot \frac{P_X}{X} = \frac{P_X}{P_X + P_Y} = \frac{2}{3}$$

面包卷对肉肠的需求的交叉弹性为
$$e_{YX} = \frac{\partial Y}{\partial P_X} \cdot \frac{P_X}{Y} = -\frac{P_X}{P_X + P_Y} = -\frac{2}{3}$$

3.3.4　简答与分析讨论题

1．如果你有一辆需要四个轮子才能开动的车子，如果先有了三个轮子，那么当你有第四个轮子时，这第四个轮子的边际效用似乎超过了第三个轮子的边际效用，这是不是违反了边际效用递减规律？

【参考答案】

边际效用是指物品的消费量每增加（减少）一个单位所增加（减少）的总效用量，这里的"单位"是指一完整的商品单位，因此四个轮子的车才成为一完整单位，每个轮子都不是一个有效用的单位，所以不能说第四个轮子的边际效用超过第三个轮子。

2．钻石用处极小而价格昂贵，生命必不可少的水却非常便宜。请用边际效用的概念加以解释。

【参考答案】

人们从水的消费中所得的总效用远远大于从钻石中得到的总效用，但商品的价格是由 $P = \dfrac{MU}{\lambda}$ 决定的，由于世界上水的数量很大，因此水的边际效用很小，人们只愿意付非常低的价格，钻石用途虽不大，但数量小，边际效用高，因此价格昂贵。

3．为什么劣质商品的需求价格弹性可能为负、零或正？

【参考答案】

劣质商品的价格下降时，替代效用倾向于增加这种商品的需求量，而收入效用倾向于减少这种商品的需求量，两种作用同时发生。若替代效应大于收入效应，则随价格下降，商品的需求量增加，这时需求弹性是负的；若替代效应等于收入效应，价格下降，商品的需求量不发生变化，这时需求弹性为零；若替代效应小于收入效应，随价格下降，商品的需求量也减少，这时需求弹性为正的，这样的劣质品就是吉芬商品。

4．吉芬商品与劣质商品的相同之处和不同之处。

【参考答案】（要点）

相同之处：替代效果和收入效果的作用方向相反，两者互相抵消。

不同之处：吉芬商品的收入效应大于替代效用，是劣质商品中的特殊情况。

5．根据基数效用论的消费者均衡条件，若 $\dfrac{MU_1}{P_1} \neq \dfrac{MU_2}{P_2}$ ，消费者应如何调整两种商品的购买量？为什么？若 $\dfrac{MU_i}{P_i} \neq \lambda$ ，$i = 1, 2$ 又应如何调整？为什么？

【参考答案】（要点）

若 $\dfrac{MU_1}{P_1} > \dfrac{MU_2}{P_2}$ ，则消费者会减少对商品 2 的消费，增加对商品的消费；反之，则相反调整。

若 $\dfrac{MU_i}{P_i} > \lambda$，则消费者增加对商品 i 的消费；反之，则减少对商品 i 的消费。

6. 根据序数效用论的消费者均衡条件，在 $\mathrm{MRS}_{12} > \dfrac{P_1}{P_2}$ 或 $\mathrm{MRS}_{12} < \dfrac{P_1}{P_2}$ 时，消费者应如何调整两种商品的购买量？为什么？

【参考答案】（要点）

若 $\mathrm{MRS}_{12} > \dfrac{P_1}{P_2}$，则消费者减少对商品 2 的消费，增加对商品 1 的消费；反之，则相反调整。

7. 基数效用论是如何推导需求曲线的？

【参考答案】（要点）

收入条件既定，在只考虑一种商品的前提下，消费者实现效用最大化的均衡条件是 $MU/P = \lambda$，货币的边际效用 λ 一定，则随着商品消费数量的增加，商品的边际效用递减，因此，消费者愿意支付的价格水平 P 也逐步下降。消费者对每增加一单位商品所愿意支付的最高价格（即需求价格）也是递减的，即消费者对该商品的需求曲线是向右下方倾斜的。从消息者角度来看，他愿意支付价格的高低与商品的边际效用的大小是正相关，因此商品的需求价格取决于商品的边际效用。

8. 请画出以下各位消费者对两种商品（咖啡和热茶）的无差异曲线，同时请对（2）和（3）分别写出消费者 B 和消费者 C 的效用函数。

（1）消费者 A 喜欢喝咖啡，但对喝热茶无所谓。他总是喜欢有更多杯的咖啡，而从不在意有多少杯的热茶。

（2）消费者 B 喜欢一杯咖啡和一杯热茶一起喝，他从来不喜欢单独只喝咖啡，或者只不喝热茶。

（3）消费者 C 认为，在任何情况下，1 杯咖啡和 2 杯热茶是无差异的。

（4）消费者 D 喜欢喝热茶，但厌恶喝咖啡。

【参考答案】（要点）

（1）根据题意，对消费者 A 而言，热茶是中性商品，因此，热茶的消费数量不会影响消费者 A 的效用水平。消费者 A 的无差异曲线如图 3.22（a）所示。

（2）根据题意，对消费者 B 而言，咖啡和热茶是完全互补品，其效用函数是 $U = \min\{X_1, X_2\}$。消费者 B 的无差异曲线如图 3.22（b）所示。

（3）根据题意，对消费者 C 而言，咖啡和热茶是完全替代品，其效用函数是 $U = 2X_1 + X_2$。消费者 C 的无差异曲线如图 3.22（c）所示。

（4）根据题意，对消费者 D 而言，咖啡是厌恶品。消费者 D 的无差异曲线如

图 3.22（d）所示。

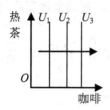

（a）消费者 A 无差异曲线

（b）消费者 B 无差异曲线

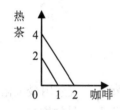

（c）消费者 C 无差异曲线

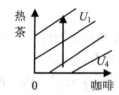

（d）消费者 D 无差异曲线

图 3.22　消费者无差异曲线图

9．用图说明序数效用论者对消费者均衡条件的分析，以及在此基础上对需求曲线的推导。

【参考答案】

（1）序数效用论者把无差异曲线和预算线放在一起进行分析。无差异曲线是用来表示消费者偏好相同的两种商品的全部组合的，其斜率的绝对值可以用商品的边际替代率 MRS 来表示。预算线表示在消费者收入和商品价格给定的条件下，消费者全部收入所能购买到的两种商品的全部组合，其斜率为 $-\dfrac{P_1}{P_2} < 0$。

（2）消费者效用最大化的均衡点发生在一条给定的预算线与无数条无差异曲线中的一条相切的切点上，于是，消费者效用最大化的均衡条件为 $\mathrm{MRS}_{12} = \dfrac{P_1}{P_2}$，或者 $\dfrac{MU_1}{P_1} = \dfrac{MU_2}{P_2}$。

（3）在（2）的基础上进行比较静态分析，即令一种商品的价格发生变化，这便可以得到该商品的价格—消费曲线。价格—消费曲线是在消费者的偏好、收入以及其他商品价格不变的条件下，与某一种商品的不同人价格水平相联系的消费者效用最大化的均衡点的轨迹，如图 3.23 所示。

（4）在（3）的基础上，把每一个 P_1 数值和相应的均衡点上的 X_1 数值绘制在商品的价格—数量坐标图上，便可以得到单个消费者的需求曲线（图略，见本章节图 3.9）。

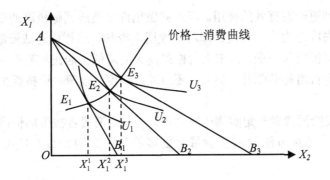

图 3.23 价格—消费曲线

10. 我国许多大城市由于水源不足，自来水供应紧张。请设计一种方案供政府来缓解或消除这一问题，并请回答如下问题。

（1）这种措施对消费者剩余有何影响？

（2）这种措施对生产资源的配置有何有利或不利的效应？

（3）对于城市居民的收入分配有何影响？能否采取什么补救的措施？

【参考答案】

可用提高自来水的价格来缓解这一问题。自来水的价格提高，一方面用户会节约用水，另一方面会增加自来水的供给。

价格的提高会减少消费者剩余。

图 3.24 中，横轴代表自来水的数量，纵轴代表自来水的价格。直线 d 代表自来水的需求曲线。当自来水的价格从 P_1 提高到 P_2 时，用户对自来水的需求量从 Q_1 下降到 Q_2。于是消费者剩余从 $\triangle P_1AC$ 减少为 $\triangle P_2BC$。

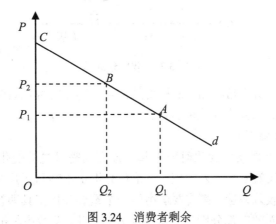

图 3.24 消费者剩余

对生产资源配置的有利效应是节约了用水，可使之用于人们更需要的用途上，从而使水资源得到更合理有效的使用。但这样做也许会造成其他资源的浪费。例如，工厂里本来用水来冷却物体，但现在却可能改用电冷却，这样便造成资源使用的代替。

如果城市居民收入不变，自来水价格提高无疑降低了居民实际收入，可以用增加工资或给予一定价格补贴弥补；另外，还应通过制度、政策、价格调整等加强对水资源的循环利用。

11．免费发给消费者一定实物（如食物）与发给消费者按市场价格计算的这些实物折算的现金，哪种方法给消费者带来更多的效用？为什么？试用无差异曲线来说明。

【参考答案】

用发现金的方法给消费者带来更多的效用。因为发了现金，消费者可以根据自己的偏好选择自己需要的商品；而发了实物，这些实物可能不是消费者最需要或迫切需要的，这时消费者就难以得到最大满足了。

如图 3.25 所示，直线段代表食物（y）和衣服（x）的价格一定时，发一笔现金所形成的预算线。如果发实物（如食物），消费者可以得到 y_1 的食物，所获效用为 u_1；如发现金，消费者消费 y_2 的食物和 x_2 的衣服，所获效用为更高的 u_2 水平。

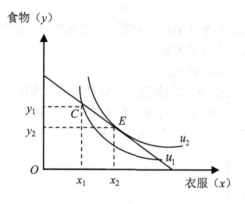

图 3.25　效用分析图

12．分别用图分析正常物品、低档物品和吉芬物品的替代效应和收入效应，并进一步说明这三类物品的需求曲线的特征。

【参考答案】（要点）

当一种商品的价格发生变化时所引起的该商品需求量的变化可以分解为两个部分，它们分别是替代效应和收入效应。无论是分析正常物品还是低档物品，甚至吉芬物品的替代效应和收入效应，都需要运用的一个重要分析工具即补偿预算线。正常物品的替代效应和收入效应都分别与价格呈反方向变化，总效应与价格一定呈反方向变化，由此可知，正常物品的需求曲线是向右下方倾斜的。低档物品和吉芬物品这两类商品的替代效应都与价格呈反方向变化，而收入效应都与价格呈同方向变化，其中，低档物品的替代效应大于收入效应，而吉芬物品的收入效应大于替代效应。因此，低档物品的总效应与价格呈反方向变化，相应的需求曲线向右下方倾斜，吉芬物品的总效应与价格呈同方向的变化，相应的需求曲线向右上方倾斜（图略，见本章节图 3.16）。

13. 说明风险回避者、风险爱好者和风险中立者的判断条件。

【参考答案】（要点）

风险回避者：$U(E) > E(U)$

风险中立者：$U(E) = E(U)$

风险爱好者：$U(E) < E(U)$

* 14. 假设某人的效用函数为 $U = y^2$，其中 y 代表年收入，单位：千美元。

（1）此人是风险中性的、风险规避型的，还是风险爱好型的？为什么？

（2）假设此人现在的年收入为 10 000 美元（即 $y=10$），该工作是稳定的，他也可以获得另外一份工作，收入为 16 000 美元的概率为 50%，收入为 5 000 美元的概率为 50%，他会做何选择？

【参考答案】

（1）此人是风险爱好者，因为，$\dfrac{\mathrm{d}U}{\mathrm{d}y} = 2y$，且 $\dfrac{\mathrm{d}\left(\dfrac{\mathrm{d}U}{\mathrm{d}y}\right)}{\mathrm{d}y} = 2 > 0$，说明效用函数的点斜率为正且随着收入增加不断增大。

（2）根据期望效用函数可得，在风险条件下，期望效用为：140.5。其确定性等值 CE 为 11.85 千美元。CE 显然大于 10，所以他会选择另一份工作，如图 3.26 所示。

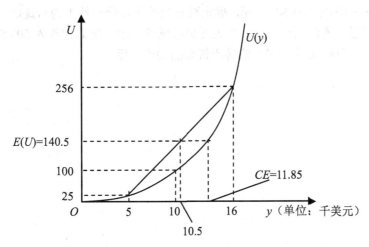

图 3.26 风险爱好者效用函数

15. 试画出一条展示对小赌博是风险爱好而对大赌博是风险规避的效用函数。

【参考答案】

假定消费者的效用函数为 $U=U(W)$，其中 W 代表财富，U 为增函数，即财富越多，效用水平越高。因此，如果一个人对小赌博是风险爱好而对大赌博是风险规避，那么其效用函数如图 3.27 所示。图中，在 W_1 以下为小赌博，而 W_1 以上为大赌博。

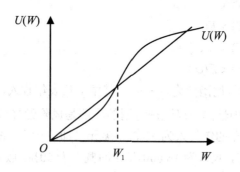

图 3.27　对小赌博是风险爱好而对大赌博是风险规避的效用函数

* 16. 某消费者是一个风险回避者，他面临是否参与一场赌博的选择：如果他参与这场赌博，他将以 5% 的概率获得 10 000 元，以 95% 的概率获得 10 元；如果他不参与这场赌博，他将拥有 509.5 元。那么，他会参与这场赌博吗？为什么？

【参考答案】

该风险回避的消费者不会参与这场赌博。该消费者不参与这场赌博，因为在无风险条件下，他可拥有一笔确定的货币财富量 509.5 元，风险条件下的财富量的期望值为 10 000×5%＋10×95%＝509.5 元，确定财富值等于风险条件下的财富值，由于他是一个风险回避者，所以在他看来，作为无风险条件下的一笔确定收入 509.5 元的效用水平，一定大于风险条件下这场赌博所带来的期望效用。

第 4 章　生　产　函　数

4.1　教学参考与学习指导

　　生产者行为理论研究在某些约束条件下，生产者如何通过优化要素组合实现利润最大化，并从中推导出市场供给的一般规律。微观经济学对生产者的最大化行为的阐述，包括投入要素与产量的关系、成本与收益的关系，以及产品的市场价格决定。也就是说，以下三部分内容——生产论、成本论和市场论（完全竞争市场、不完全竞争市场）是紧密联系在一起的，三者构成了分析生产者行为的基本理论框架。

　　生产论是生产者行为理论的基础部分。生产论从生产的技术方面考察生产者行为，分析短期生产函数和长期生产函数，说明要素投入和产量之间的数量关系。在分析方法上，与消费者行为分析相同，仍采用均衡分析方法。

4.1.1　知识结构（见图 4.1）

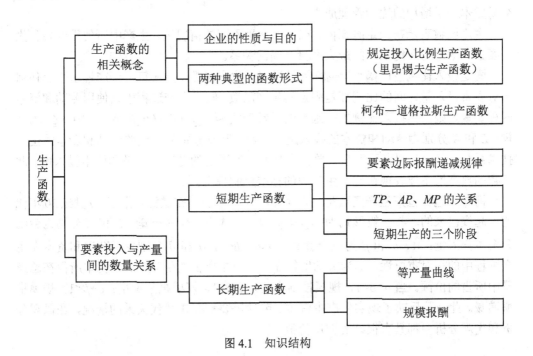

图 4.1　知识结构

4.1.2 内容指导

4.1.2.1 学习目的与要求

从物质形态方面理解和分析生产的一般规律，把握要素投入与产量之间的技术关系。

要求通过学习，理解和掌握生产函数的含义，理解掌握短期生产函数的特征、规律和含义，理解掌握长期生产函数的特征、规律和含义。

4.1.2.2 内容要点与难点

★企业的本质、生产目的与生产函数，以及两种常见的生产函数形式

生产者亦称厂商或企业，是指市场中能够做出统一的生产决策的单个经济单位，是运用要素生产商品的组织。厂商的组织形式分为个人企业、合伙制企业和公司制企业。**厂商的目标一般假定为追求利润最大化。**

西方经济学主要从交易成本的角度分析企业的本质：（1）通过内部交易降低交易成本；（2）交易成本是指围绕交易执行中产生的成本；（3）信息不对称增加了企业的管理成本，企业规模不能无限扩张；（4）根据科斯定理，企业边界为企业降低的边际交易成本等于增加的边际管理成本。

生产函数表示在一定时期内，在技术水平不变的情况下，生产中所使用的各种生产要素的数量与所能生产的最大产量之间的关系。

固定投入比例生产函数，也称为里昂惕夫生产函数，指在每一个产量水平上任何一对要素投入量之间的比例都是固定的生产函数。假定生产过程中只使用劳动和资本两种要素，则固定投入比例生产函数的通常形式为：$Q=\min(L/u,K/v)$。式中，Q 为产量；L 和 K 分别为劳动和资本的投入量；常数 u 和 v 分别为固定的劳动和资本的生产技术系数，它们分别表示生产一单位产品所需要固定的劳动投入量和资本投入量。此函数的典型性主要表现在现实生产中的标准化制程上。

柯布—道格拉斯生产函数是由数学家柯布和经济学家道格拉斯于 20 世纪 30 年代初一起提出来的。其一般形式为：$Q = AL^{\alpha}K^{\beta}$。式中，Q 为产量；L 和 K 分别为劳动和资本投入量；A、α 和 β 为三个参数，$0<\alpha$、$\beta<1$，α 和 β 分别表示劳动和资本在生产过程中的相对重要性，α 为劳动所得在总产量中所占的份额，β 为资本所得在总产量中所占的份额。当 $\alpha+\beta=1$，规模报酬不变；$\alpha+\beta>1$，规模报酬递增；$\alpha+\beta<1$，规模报酬递减。此函数反映了现实生产中资本、劳动等要素存在替代关系的情况，在微观分析和宏观分析中都具有很好的应用价值。

★生产要素

在西方经济学中，生产要素一般被划分为劳动、土地、资本和企业家才能这四种类型。劳动是指人类在生产过程中提供的体力和智力的总和。土地不仅是指土地本身，还包括地上和地下的一切自然资源。资本是指用于生产目的的一切人类生产的产品，可以表现为实物形态或货币形态。资本的实物形态又称为资本品或投资品。资本的货币形态通常称为货币资本。企业家才能是指企业家组织建立和经营管理企业的才能。

在初级教材中，通常将要素简化为两类，即资本要素和劳动要素，以便于讨论。

★生产的短期与长期

根据生产者在一定时期内是否能改变全部要素投入，将生产时期划分为短期和长期：**短期是指生产者来不及调整全部生产要素的数量，至少有一种生产要素是固定不变的时间周期；长期是指生产者可以调整全部生产要素的数量的时间周期，长期内所有生产要素都能够发生改变。**

★短期生产函数与生产决策

短期生产函数通常假定至少有一种生产要素为固定不变，因此，产量就成为可变要素的函数。**短期生产函数实质上揭示了每一种生产要素投入数量的变动对产量变动影响的一般规律。**

总产量（TP）是指与一定的可变要素的投入量相对应的最大产量。**平均产量（AP）**是总产量与所使用的可变要素的投入量之比。**边际产量（MP）**是增加一单位可变要素劳动投入量所增加的产量。（请注意三者的数量表达式和数量关系）

对于任何产品的短期生产来说，可变要素投入和固定要素之间都存在着一个最佳的数量组合比例。在技术水平不变的条件下，在连续等量地把某一种可变生产要素增加到其他一种或几种数量不变的生产要素上去的过程中，当这种可变生产要素的投入量小于某一特定值，增加该要素投入所带来的边际产量是递增的；当这种可变要素的投入量连续增加并超过这个特定值时，增加该要素投入所带来的边际产量是递减的，这就是**边际报酬递减规律。它是短期生产的基本规律。**

以劳动为可变要素为例，**TP_L、AP_L、MP_L 的相互关系为：**MP_L 是 TP_L 曲线的切线斜率，边际产出量大时总产出曲线斜率最大，边际产出为零时总产出最大。AP_L 是 TP_L 曲线上任一点与原点连线的斜率值，边际产出曲线与平均产出曲线相交于平均产出曲线的最高点，交点之左平均产出小于边际产出，交点之右平均产出大于边际产出。由此，可知**短期生产可划分为三个阶段，分界点分别为平均产出最高点和总产出最高点**：第一阶段，平均产量递增阶段；第二阶段，平均产量开始递减到边际产量为零的阶段；第三阶段，边际产量为负，总产量下降的阶段。**第二阶段是生产要素的合理投入区域，理性生产者会在第二阶段进行生产。**

★长期生产函数

对于长期生产函数，初级教材通常较为典型地采用两种可变要素（劳动和资本要素）的生产函数为例进行讲授。

等产量曲线是在技术水平不变的条件下生产同一产量的两种生产要素投入量的所有不同组合的轨迹。以常数 Q^0 表示既定的产量水平，则与等产量曲线相对应的生产函数为 $Q = f(L,K) = Q^0$。

边际技术替代率，是指在维持产量水平不变的条件下，增加一单位某种生产要素投入量时所减少的另外一种要素的投入数量。等产量线上的某一点斜率的绝对值，就是该点所对应的两种要素的边际技术替代率。边际技术替代率还可以表示为两要素的边际产量之比。

$$\text{MRTS}_{LK} = -\frac{\Delta K}{\Delta L}$$

$$\text{MRTS}_{LK} = \lim_{\Delta L \to 0} -\frac{\Delta K}{\Delta L} = -\frac{\mathrm{d}K}{\mathrm{d}L} = \frac{MP_L}{MP_K}$$

边际技术替代率递减规律：在维持产量不变的前提下，当一种生产要素的投入量不断增加时，每一单位的这种生产要素所能替代的另一种生产要素的数量是递减的，这一现象被称为边际技术替代率递减规律。这一规律的产生原因在于任何一种产品的生产技术都要求各要素投入之间保持适当比例，这意味着要素之间的替代是有限的。**边际技术替代率递减规律使得等产量曲线凸向原点。**等产量曲线的斜率即边际技术替代率，如果等于常数，则等产量曲线为斜直线，说明两要素具有完全替代的关系；如果两要素完全不可替代，等产量曲线成为直角折线。

等产量曲线斜率为负的区域属于生产经济区域。因为，如果等产量曲线的斜率为正值，表明要素的边际产量为负值。**连接所有等产量曲线上要素边际产量为 0 的点构成"脊线"。脊线区域内，两种要素的边际产量都处于递减阶段又都大于零，这个区域属于生产的二阶段。**

规模报酬变化是指在其他条件不变的情况下，企业内部各种生产要素按相同比例变化时所带来的产量变化。企业的规模报酬变化可以分规模报酬递增、规模报酬不变和规模报酬递减三种情况。由 $Q = f(L,K)$，如果 $f(\lambda L, \lambda K) > \lambda f(L,K)$，规模报酬递增；$f(\lambda L, \lambda K) = \lambda f(L,K)$，规模报酬不变；$f(\lambda L, \lambda K) < \lambda f(L,K)$，规模报酬递减。（另外一种常见的表达方式为 $f(\lambda L, \lambda K) = \lambda^n f(L,K)$，若 $n>1$，规模递增；$n=1$，规模不变；$n<1$，规模递减。）

* 联合生产、生产转换曲线和范围经济（扩展内容）

当一个企业生产两种或两种以上产品，并且这些产品在技术上是相互依赖的时候，我们就称生产过程为**联合生产过程**。假设一个企业，运用一种要素（或同样的资源量）X 同时生产两种产品 Q_1 和 Q_2，则 Q_1 和 Q_2 可以有不同产量组合。**生产转换曲线**是给定资源条件下不同产品产出量的最大组合点的轨迹（集合），如图 4.2 所示。生产转换线凹向原点，联合生产的最大收益应当对应于生产转换线与两种产品价格既定条件下的等收益线（直线）的切点所表示的产量组合。

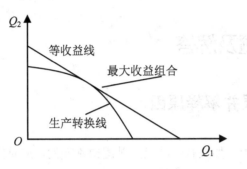

图 4.2　生产转换曲线

范围经济是与联合生产关联的。当一个企业以等量的资源量生产两种或两种以上的产品所取得的效益增进，称为范围经济。

4.1.2.3　基本概念和基本原理扩充检索

生产者（企业、厂商）　生产要素　生产函数　固定投入比例生产函数　柯布—道格拉斯生产函数　生产的短期与长期　边际产量　边际报酬递减规律　生产的三阶段　等产量线　边际技术替代率及其递减规律　等斜线　规模报酬　脊线　联合生产*　生产转换曲线*　范围经济*

4.2　考点分析

生产论是生产者行为理论的基础部分，也是微观经济学测试的重点之一。

本部分内容的考试形式多采取名词解释、判断与选择、计算及推导、简答等形式。

题型 1：名词解释。可根据上文"基本概念和基本原理扩充检索"复习掌握。

题型 2：判断和选择。判断和选择的重点在于基本概念和原理的理解和运用分析能力。常见的考点有：（1）基本概念、基本原理的掌握和理解；（2）短期生产函数中边际产量、平均产量与总产量之间的相互比较关系、生产三阶段的特征；（3）对生产者均衡条件的理解和掌握；（4）对长期生产中规模报酬变动规律的理解。

题型 3：计算和推导。生产论中，计算和推导的考核重点在于生产函数和生产者均衡，以及各种产量指标与要素投入关系。常见的考点有：根据给定的条件，如以图表给出的各个产量之间的关系，或给出函数的具体形式，计算（生产者均衡条件下）各种产量指标，或分析函数的投入产出特征。

题型4：简答题和分析讨论题。考核要点集中在"内容要点与难点"中，主要考察对基本概念、原理的理解、运用和分析能力。

4.3　典型习题及解答

4.3.1　判断正误并解释原因

1．在生产函数中，如果有一种投入是固定不变的，应是短期生产函数。（　　）

2．只要边际产量减少，总产量也一定减少。（　　）

3．当平均产量最大时，总产量最大。（　　）

4．只要边际产量上升，平均产量就上升；反过来说，只要平均产量上升，边际产量就上升。（　　）

5．边际报酬递减规律成立的原因是：可变要素和固定要素间有一个最佳比例关系。（　　）

6．等产量线一定是凸向原点的。（　　）

7．在生产的经济区域以外的区域，资本或劳动的边际产量必有一个为负。（　　）

8．只有长期生产函数才有规模报酬问题。（　　）

9．考虑到规模报酬问题，企业的规模越大越好。（　　）

10．规模报酬递增的厂商不可能也会面临要素报酬递减的现象。（　　）

11*．拥有范围经济的企业必定存在规模经济。（　　）

【参考答案】

1．（√）解释：因为短期即指至少有一种生产要素的数量是固定不变的时间周期。

2．（×）解释：边际产量减少，只要不为负数，总产量是增加的。

3．（×）解释：平均产量最大时，总产量处于上升阶段。

4．（×）解释：平均产量在最大点与边际产量相等，且交于边际产量的下降阶段。

5．（√）解释：相对于一定的技术条件，当连续增加某种可变要素的投入量时，在未达到最佳比例之前，边际报酬递增；超过最佳比例后，边际报酬递减。

6．（×）解释：当要素不能完全替代时，边际技术替代率递减，等产量线凸向原点，这是一般情况。当要素是完全替代时，等产量线为一斜直线。

7．（√）解释：在脊线外，劳动、资本同时增加，但总产量不变，因此，必有一个要素的边际产量为负。

8．（√）解释：规模报酬是指所有要素都发生变化，全要素的变动幅度与产量的变动幅度相比较的问题。

9．（×）解释：企业规模应扩大到规模经济最佳时为止。

10．（×）解释：规模报酬和可变要素报酬是两个不同层次的概念。

11．（×）解释：尽管大型企业往往同时具有范围经济和规模经济，但二者并无必然联系。

4.3.2　选择题

1．如果仅劳动是可变投入，以边际产量等于平均产量作为划分生产三阶段的标志，则（　　）不是第 II 阶段的特点。

  A．边际报酬递减　　　　　　　　B．平均产量不断下降

  C．总产量不断提高　　　　　　　　D．投入比例从比较合理到比较不合理

2．在以横轴表示劳动数量和纵轴表示资本数量的平面坐标系中，若劳动与资本的投入组合处于投入产出生产函数等产量线的切线为垂直的点，则（　　）。

  A．劳动与资本的边际产量都是负

  B．劳动的边际产量为 0，资本边际产量为正

  C．劳动与资本的边际产量都是 0

  D．劳动的边际产量为正，资本的边际产量为 0

3．根据生产三阶段论，生产应处于（　　）阶段。

  A．边际产出递增，总产出递增　　　B．边际产出递增，平均产出递增

  C．边际产出为正，平均产出递减　　　D．以上都不是

4．如果连续增加某种生产要素，在总产量达到最大值的时候，边际产量曲线与（　　）相交。

  A．平均产量曲线　　　　　　　　　B．纵轴

  C．横轴　　　　　　　　　　　　　D．总产量曲线

5．在总产量、平均产量和边际产量的变化过程中，下列（　　）首先发生。

  A．边际产量下降　　　　　　　　　B．平均产量下降

  C．总产量下降　　　　　　　　　　D．B 和 C

6．如果规模收益和投入的资本量不变，对于生产函数 $Q = f(L, K)$，单位时间里增加 10% 的劳动投入，产出将（　　）。

  A．增加 10%　　　　　　　　　　B．减少 10%

  C．增加小于 10%　　　　　　　　D．增加大于 10%

7．等产量曲线（　　）。

A．说明为了生产一个给定的产量而可能的各种要素投入组合

B．除非得到所有要素的价格，否则不能画出这条曲线

C．表明了投入与产出的关系

D．表明了无论投入的数量如何变化，产出量都是一定的

8．对于图 4.3 所示的等产量线，下列说法中错误的是（　　）。

A．规模报酬不变　　　　　　　B．固定比例生产函数

C．L 与 K 之间完全可以替代　　D．L 与 K 边际技术替代率为零

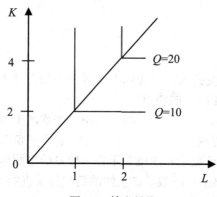

图 4.3　等产量线

9．如果一项投入品的平均产量高于其边际产量，则（　　）。

A．随着投入的增加，边际产量增加

B．边际产量将向平均产量趋近

C．随着投入的增加，平均产量一定增加

D．平均产量将随投入的增加而降低

10．在生产的有效区域内，等产量曲线（　　）。

A．凸向原点　　　　　　　　　B．不能相交

C．负向倾斜　　　　　　　　　D．上述说法都对

11．下列说法中正确的是（　　）。

A．生产要素的边际技术替代率是规模报酬递减规律造成的

B．边际报酬递减规律是规模报酬递减规律造成的

C．规模报酬递减是边际报酬递减规律造成的

D．生产要素的边际技术替代率递减是边际报酬递减规律造成的

12．凡是属于齐次的生产函数，都可能分辨其规模收益类型，这句话（　　）。

A．正确　　　　B．不正确　　　　C．可能正确　　　　D．不一定正确

13．如果某厂商增加一单位劳动使用量能够减少三单位资本，而仍生产同样的产出量，则 MRTS_{LK} 为（　　）。

A. 1/3   B. 3   C. 1   D. 6

【参考答案】

1. D 2. D 3. C 4. C 5. A 6. C 7. A 8. C 9. D 10. D 11. D
12. A 13. B

4.3.3 计算题与证明题

1. 表 4.1 所示是一种可变生产要素的短期生产函数的产量表。

表 4.1 可变生产要素的短期生产函数的产量表

可变要素的数量	可变要素的总产量	可变要素的平均产量	可变要素的边际产量
1		2	
2			10
3	24		
4		12	
5	60		
6			6
7	70		
8			0
9	63		

（1）在表 4.1 中填空。

（2）该生产函数是否表现出边际报酬递减？如果是，是从第几单位的可变要素投入量开始的？

【解题思路】根据要素投入与总产量、平均产量和边际产量之间的数量关系计算。

【本题答案】

（1）在表 4.1 中填空的结果如表 4.2 所示。

表 4.2 可变生产要素的短期生产函数的产量表答案

可变要素的数量	可变要素的总产量	可变要素的平均产量	可变要素的边际产量
1	2	2	2
2	12	6	10
3	24	8	12
4	48	12	24
5	60	12	12
6	66	11	6
7	70	10	4

可变要素的数量	可变要素的总产量	可变要素的平均产量	可变要素的边际产量
8	<u>70</u>	$8\dfrac{3}{4}$	0
9	63	<u>7</u>	<u>−7</u>

（2）表现出边际报酬递减规律。第 5 单位。

2．已知生产函数 $Q = f(L,K) = 2KL - 0.5L^2 - 0.5K^2$，假定厂商处于短期生产，且 $K=10$。

（1）写出在短期生产中该厂商关于劳动的总产量 TP_L 函数、劳动的平均产量 AP_L 函数和劳动的边际产量 MP_L 函数；

（2）分别计算当劳动的总产量 TP_L、劳动的平均产量 AP_L 和劳动的边际产量 MP_L 各自达到极大值时的厂商的劳动投入量；

（3）什么时候 $AP_L=MP_L$？它的值又是多少？

【解题思路】根据具体生产函数形式和已知条件推导计算短期产量指标以及计算极值。

【本题答案】

（1）将 $K=10$ 代入生产函数，即得：

短期生产函数
$$Q = 20L - 0.5L^2 - 50 = TP_L$$
$$AP_L = TP_L/L = 20 - 0.5L - 50/L$$
$$MP_L = \mathrm{d}TP_L/\mathrm{d}L = 20 - L$$

（2）利用一阶导数为 0（二阶导数为负），求产量指标函数的极值，可得：$L=20$ 时，总产量最大；$L=10$ 时，平均产量最大；$L=0$ 时，边际产量最大（由于 $MP_L = 20 - L$，所以，$L=0$ 时 MP_L 最大）。

（3）平均产量最大点，边际产量与平均产量相等，$L=10$，$AP_L = MP_L = 10$。

3．企业以变动要素 L 生产产品 X，短期生产函数为 $Q = 12L + 6L^2 - 0.1L^3$，求：

（1）AP_L 最大时，需雇用多少工人？

（2）MP_L 最大时，需雇用多少工人？

【解题思路】根据生产函数形式推导三个短期产量函数并计算极值。

【本题答案】

$$AP_L = TP_L/L = 12 - 6L - 0.1L^2, \quad MP_L = \mathrm{d}TP_L/\mathrm{d}L = 12 - 12L - 0.3L^2$$

（1）当 $AP_L=MP_L$ 时，AP_L 最大，$L=30$。

（2）当 $\mathrm{d}MP_L/\mathrm{d}L = 0$ 时，MP_L 最大 $L=20$。

4．已知生产函数为 $Q=\min(2L,3K)$。求：

（1）当产量 $Q=36$ 时，L 与 K 值分别是多少？

（2）如果生产要素的价格分别为 P_L=2，P_K=5，则生产 480 单位产量时的最小成本是多少？

【解题思路】特殊生产函数（固定投入比例生产函数形式）的计算。

【本题答案】

（1）生产函数 $Q=\min(2L,3K)$ 是一个固定投入比例生产函数，生产时，$Q=2L=3K$，因此，当 $Q=36$ 时，$L=18$，$K=12$。

（2）$Q=480$ 时，$L=240$，$K=160$；$C=P_L\times L+P_K\times K=2\times240+5\times160=1\,280$。

5．已知生产函数 $Q=AL^{1/3}K^{2/3}$。

判断：（1）在长期生产中，该生产函数的规模报酬属于哪一种类型？

（2）在短期生产中，该生产函数是否受边际报酬递减规律的支配？

【解题思路】 根据规模报酬变动的标准进行判断。

【本题答案】

（1）$f(\lambda L,\lambda K)=A(\lambda L)^{1/3}(\lambda K)^{2/3}=\lambda AL^{1/3}K^{2/3}=\lambda f(L,K)$，属于规模报酬不变的生产函数。

（2）由于函数对 L 和 K 的二阶偏导均小于 0，即 $\mathrm{d}MP_L/\mathrm{d}L<0$、$\mathrm{d}MP_K/\mathrm{d}K<0$（具体计算过程略），所以，该函数受边际报酬递减规律支配。

6．假设产品和生产要素的价格不变且利润 $\pi>0$，试证明：在生产要素投入的区域 I 中不存在使利润最大的点（见图4.4）。

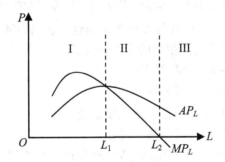

图 4.4 生产要素投入区域

【解题思路】按照利润函数和利润大于零的条件进行展开和证明。

【本题答案】

设厂商的生产函数为 $Q=f(L,K)$，则利润为 $\pi=PQ-(P_LL+P_KK)$，由 $\pi>0$，可知 $PQ>(P_LL+P_KK)$，两边同时除以 P 和 L，可得：

$$AP_L=\frac{Q}{L}>\frac{P_L}{P}+\frac{K}{L}\times\frac{P_K}{P}>\frac{P_L}{P}，\quad 即\frac{Q}{L}>\frac{P_L}{P}；$$

又因为在生产 I 阶段，有

$$MP_L>AP_L(L<L_1)，\quad 即\frac{\mathrm{d}Q}{\mathrm{d}L}>\frac{Q}{L}(L<L_1)；$$

所以，在生产 I 阶段有：$\dfrac{\mathrm{d}Q}{\mathrm{d}L} > \dfrac{Q}{L} > \dfrac{P_L}{P}$，即 $\dfrac{\mathrm{d}Q}{\mathrm{d}L} > \dfrac{P_L}{P}$ $(L<L_1)$；

继续整理可得：$P\dfrac{\mathrm{d}Q}{\mathrm{d}L} - P_L > 0$ $(L<L_1)$；

而由利润函数可知：$\dfrac{\mathrm{d}\pi}{\mathrm{d}L} = P\dfrac{\mathrm{d}Q}{\mathrm{d}L} - P_L > 0$ $(L<L_1)$；

即在生产 I 阶段，始终有 $\dfrac{\mathrm{d}\pi}{\mathrm{d}L} > 0$ $(L<L_1)$，

由此说明在生产 I 阶段，利润还在继续增加，不存在利润最大点。

7．假设某厂商的短期生产函数为 $Q = 35L + 8L^2 - L^3$。求：

（1）该企业的平均产量函数和边际产量函数。

（2）如果企业使用的生产要素的数量为 $L=6$，是否处于短期生产的合理区间？为什么？

【解题思路】根据生产函数形式推导三个短期产量函数并根据短期生产的三个区间的划分进行计算。

【本题答案】

（1）$AP_L = 35L + 8L - L^2$，$MP_L = \mathrm{d}TP_L / \mathrm{d}L = 35 + 16L - 3L^2$

（2）确定生产要素 L 投入量的合理区间：左端有 $AP_L = MP_L$，即 $35L + 8L - L^2 = 35 + 16L - 3L^2$，解得 $L=0$（不合理，舍去）和 $L=4$；右端有 $MP_L = 0$，即 $35 + 16L - 3L^2 = 0$，得合理解 $L=7$。由此可得，生产要素 L 投入量的合理区间为 $[4,7]$。因此，企业对生产要素 L 的使用量为 6 是处于短期生产的合理区间的。

8．假设生产函数 $Q = \min\{5L, 2K\}$。

（1）作出 $Q = 50$ 时的等产量曲线。

（2）推导该生产函数的边际技术替代率函数。

（3）分析该生产函数的规模报酬情况。

【解题思路】特殊生产函数（固定投入比例生产函数形式）的计算，边际替代率，规模报酬问题。

【本题答案】

（1）$Q = 50$ 时，$L=10$，$K=25$。等产量曲线如图 4.5 所示。

（2）由于该生产函数为固定投入比例，即 L 与 K 之间没有替代关系，所以，边际技术替代率 $MRTS_{LK}=0$。

（3）因为 $Q = f(L,K) = \min\{5L, 2K\}$，$f(\lambda L, \lambda K) = \min\{5\lambda L, 2\lambda K\} = \lambda \min\{5L, 2K\}$，所以该生产函数呈现出规模报酬不变的特征。

9．已知柯布—道格拉斯生产函数为 $Q = AL^{\alpha}K^{\beta}$，请讨论该生产函数的规模报酬情况。

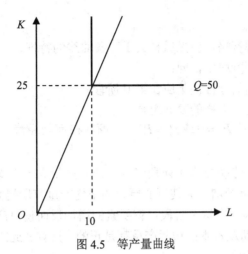

图 4.5 等产量曲线

【解题思路】根据规模报酬变动的标准进行判断。

【本题答案】

因为 $Q = AL^{\alpha} K^{\beta}$，所以 $f(\lambda L, \lambda K) = A(\lambda L)^{\alpha} (\lambda K)^{\beta} = \lambda^{\alpha+\beta} \cdot AL^{\alpha} K^{\beta}$

当 $\alpha + \beta > 1$ 时，该生产函数为规模报酬递增；当 $\alpha + \beta = 1$ 时，该生产函数为规模报酬不变；当 $\alpha + \beta < 1$ 时，该生产函数为规模报酬递减。

10. 令生产函数 $f(L, K) = \alpha_0 + \alpha_1 (LK)^{\frac{1}{2}} + \alpha_2 K + \alpha_3 L$，其中 $0 \leqslant \alpha_n \leqslant 1$，$n = 0,1,2,3$。

（1）当满足什么条件时，该生产函数表现出规模报酬不变的特征。

（2）证明：在规模报酬不变的情况下，相应的边际产量是递减的。

【解题思路】根据规模报酬变动的标准和边际产量的计算进行判断。

【本题答案】

（1）规模报酬不变：$f(\lambda L, \lambda K) = \lambda f(L, K)$（$\lambda > 0$），所以 $f(\lambda L, \lambda K) = \alpha_0 + \alpha_1 (\lambda L \cdot \lambda K)^{\frac{1}{2}} + \alpha_2 K + \alpha_3 \lambda L = \lambda f(L, K) = \lambda \alpha_0 + \lambda \alpha_1 (LK)^{\frac{1}{2}} + \alpha_2 K + \alpha_3 \lambda L$。当 $\alpha_0 = 0$ 时，对任意 $\lambda > 0$，有 $f(\lambda L, \lambda K) = \lambda f(L, K)$ 成立，即该生产函数表现出规模报酬不变的特征。

（2）规模报酬不变，即 $\alpha_0 = 0$ 时，生产函数为 $f(L, K) = \alpha_1 (LK)^{\frac{1}{2}} + \alpha_2 K + \alpha_3 L$，

$MP_L = \frac{1}{2} \alpha_1 \left(\frac{K}{L}\right)^{\frac{1}{2}} + \alpha_3$，$MP_K = \frac{1}{2} \alpha_1 \left(\frac{L}{K}\right)^{\frac{1}{2}} + \alpha_2$，且 $\frac{\mathrm{d}MP_L}{\mathrm{d}L} < 0$、$\frac{\mathrm{d}MP_K}{\mathrm{d}K} < 0$（具体计算过程略），所以，在规模报酬不变的情况下，相应的边际产量是递减的。

4.3.4 简答与分析讨论题

1. 用图说明短期生产函数 $Q = f(L, \overline{K})$ 的 TP_L 曲线、AP_L 曲线和 MP_L 曲线的特征

及其相互之间的关系。

【参考答案】（解答略，参见教材关于三条曲线的特征、关系讲解）

2．在生产的三个阶段中，问：

（1）为什么厂商的理性决策应在第 II 阶段？

（2）厂商将使用什么样的要素组合？

（3）如果 $P_L = 0$ 或 $P_K = 0$ 或 $P_L = P_K$，厂商应在何处经营？

【参考答案】

（1）厂商不会在劳动的第 I 阶段经营，边际产量大于平均产量，意味增加可变要素的投入引起总产量的增加会使可变要素的平均产量有所提高；厂商也不会在劳动的第 III 阶段经营，因为在这个阶段可变要素的增加反而使总产量减少，边际产量为负；在第 II 阶段，劳动及资本的边际产量都是正的，只有在此阶段才存在着使利润达到极大值的要素的最优组合。

（2）厂商将在生产的第 II 阶段，由 $\dfrac{MP_L}{P_L} = \dfrac{MP_K}{P_K}$ 决定的使既定产量下成本最小或既定成本下产量最大的点上进行生产。

（3）如果 $P_K = 0$，厂商将在使劳动有最大平均效率的点上进行生产（即在劳动第 II 阶段开始处，此时 AP_L 为最大且 $MP_K = 0$）；如果 $P_L = 0$，厂商将在资本第 II 阶段开始处进行生产（此时 AP_K 为最大且 $MP_L = 0$）；如果 $P_L = P_K$，厂商将在第 II 阶段内 MP_L 和 MP_K 相等的组合点上进行生产（由均衡条件 $\dfrac{MP_L}{P_L} = \dfrac{MP_K}{P_K}$，当 $P_L = P_K$ 时，$MP_L = MP_K$）。

3．区分边际报酬递增、不变和递减的情况与规模报酬递增、不变和递减的情况。

【参考答案】

区别如下：短期生产函数所讨论的是在该厂的规模已经固定下来，可变要素引起的产量（报酬）不变、递增及递减三种情况；而规模报酬问题论及的是一个厂商的规模本身发生变化，相应的产量是不变、递增还是递减，或者说厂商根据他的经营规模大小设计不同的生产规模。

4．怎样区分固定比例生产函数和规模报酬不变的投入与产出之间的数量关系？

【参考答案】

固定比例生产函数反映的是资本和劳动在技术上必须以固定比例投入的情形，其等产量线为一直角形式，表示劳动和资本完全不能替代，其函数形式可写成 $Q = f(L,K) = \min(aK, bL)$，由于 $f(\lambda L, \lambda K) = \min(a\lambda L, b\lambda K) = \min \lambda(aK, bL) = \lambda Q$，即当劳动和资本的投入都增加 λ 倍，所以固定比例生产函数是规模报酬不变的生产函数，但规模报酬不变的生产函数可以是固定比例生产函数，也可以是可变比例生产函数，因此，不可将规模报酬不变的生产函数与固定比例生产函数混为一谈。

第5章 成 本 论

5.1 教学参考与学习指导

成本是企业生产的主要考虑因素，成本分析是厂商生产决策的基本方法。成本论从成本与产量之间的关系方面考察生产者行为，即通过分析厂商的短期生产成本函数和长期生产成本函数，揭示成本与产量之间的依存关系。

成本论是生产者行为理论的重要组成部分，是从货币形态上讨论成本与产量之间关系的理论。成本论与生产论有着本质上的联系，生产论中的规律决定了成本论中的规律，从这种意义上讲，成本论是生产论的延伸和推论。同时，成本论的内容又为其后的市场论，尤其是完全竞争市场理论奠定了基础。成本论与生产论（要素投入与产量之间的关系）和市场论（不同市场组织形态下的产品价格决定）相互联系，共同解释生产者的利润最大化行为。

5.1.1 知识结构（见图 5.1）

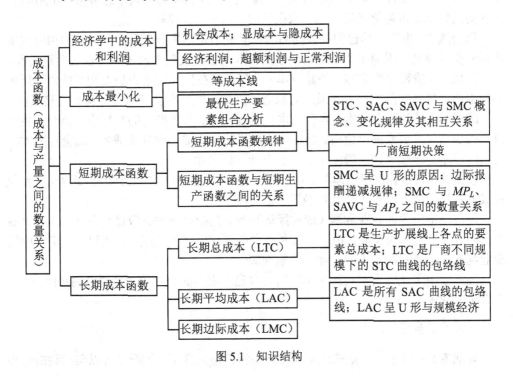

图 5.1 知识结构

5.1.2 内容指导

5.1.2.1 学习目的与要求

从货币形态上理解和掌握成本的结构、成本与产量之间的变动关系。

要求通过对成本论的学习，理解掌握经济学中的机会成本、经济利润等基本概念；掌握短期成本分类、变化规律及其相互关系；掌握三种长期成本曲线的特点及其理论含义；充分理解掌握成本变动规律与生产论中的生产规律之间的内在本质联系。

学习方法上，既要借助有关图例理解成本与产量之间的关系、领会成本的变化规律，也要掌握函数的推导以及变量之间的数量关系。

5.1.2.2 内容要点与难点

★经济学中成本和利润的概念

经济学是从资源配置的角度来解释生产一定数量的某种产品所必须支付的代价，因此经济学中的成本概念与日常会计成本概念有所不同，因为后者仅仅是从各项直接费用的支出来统计成本的。经济学所说的生产成本是机会成本的概念，它更全面地反映厂商为生产某商品所耗费的所有生产要素的使用代价，通常采用总价格（确切地说，是各要素使用权市场价格的总和）来衡量的。

机会成本：生产一单位的某种商品的机会成本是指生产者所放弃的使用相同的生产要素在其他生产用途中所能得到的最高收入。它不仅包含显成本，也包括隐成本。

显成本（或称显性成本、外显成本）是指厂商在生产要素市场上购买或租用所需要的生产要素的实际支出。显成本对应会计成本，能够在会计账簿中得到直接反映。

隐成本（或称隐含成本、内含成本）是指厂商本身所拥有的且被用于该企业生产过程的那些生产要素的总价格。经济学中所说的生产成本包括隐成本，而会计成本不包括隐成本。一般来说，隐成本包含在会计利润之中。

沉淀成本（或称沉没成本）是指一旦投入就不能回收或者至少在短期内无法回收的成本。沉淀成本反映了经济资源退出的难度。

经济学中所说的**企业利润（或称经济利润）**是指企业的总收益和总成本（含显成本和隐成本）之间的差额，由于正常利润在经济学中属于隐成本，所以，经济学中的企业利润（经济利润）也即企业的**超额利润**。

经济学中所说的**正常利润**是指厂商对自己所提供的企业家才能要素的报酬支付，它属于隐成本。

★成本最小化

等成本线：表示在既定的成本和生产要素价格条件下，生产者可以购买到的两种生产要素的各种不同量组合的轨迹。假设劳动价格，即工资率为 w，既定的资本的价格，即利息率为 r，厂商既定的成本支出为 C，则成本方程为：$C = wL + rK$ 或者 $K = -\dfrac{w}{r}L + \dfrac{C}{r}$。

最优生产要素组合：表示为成本一定条件下产量达到最大的投入组合或一定产量下成本最小的投入组合，也即厂商的均衡状态。**图形特征是等产量线与等成本线的切点处两要素的数量组合。数量条件表达为边际技术替代率等于两要素价格之比或两要素边际产量之比。**最优生产组合与利润最大化是一致的（证明略，读者可根据利润函数的最大化条件自己证明一下）。

$$\mathrm{MRTS}_{LK} = \frac{MP_L}{MP_K} = \frac{w}{r}$$，w 和 r 分别表示劳动和资本的价格水平。

所有等产量线和等成本线的切点都代表一定产量和成本的最优要素组合，这些切点都是均衡点，**连接这些均衡点的曲线称为生产扩展线（或膨胀线）。**

★ 短期成本

按照生产的短期与长期划分，短期内，由于至少有一种要素投入数量不变，因此，厂商的投入要素分为可变与不变要素，相应地，厂商的成本也就有不变（要素）成本和可变（要素）成本之分。具体讲，厂商的短期成本有以下七种：总不变成本（TFC，也称固定成本）、总可变成本（TVC，也称变动成本）、总成本（TC）、平均不变成本（AFC）、平均可变成本（AVC）、平均成本（AC）和边际成本（MC）。为了和后面的长期成本加以区分，这些短期成本的英文简写也常表达为 STC（短期总成本）、SAC（短期平均成本）、SMC（短期编辑成本）等。**初学者一定要注意：短期内只有可变成本、不变成本的概念。**

各成本量的表达式为：

$$\mathrm{STC} = \mathrm{TFC} + \mathrm{TVC}；$$

$$\mathrm{SAC} = \frac{\mathrm{STC}}{Q}；\quad \mathrm{AFC} = \frac{\mathrm{TFC}}{Q}；\quad \mathrm{AVC} = \frac{\mathrm{TVC}}{Q}；$$

$$\mathrm{SMC} = \frac{\mathrm{dSTC}}{\mathrm{d}Q} = \frac{\mathrm{dTVC}}{\mathrm{d}Q}$$

STC、SAC、SMC 曲线的几何特征（请结合数量表达式理解和掌握）：一定产量水平上，SMC 的值对应于 STC 曲线的点斜率，SAC 值对应于 STC 曲线上点与原点连线的斜率；SMC、SAC、SAVC 曲线呈 U 形，且 SMC 过 SAC、AVC 曲线的最低点。（图形略，请参考教材）

短期成本与短期产量有着本质上的联系：短期内，在要素价格既定的情况下，受生产要素边际报酬递减规律的作用，总成本和可变成本先以递减的速率增加，然后再以递增的速率增加，所以边际成本和平均成本呈 U 形。为了更清楚地说明这一特征，下面我们以两种要素生产为例，请大家认真斟酌体会。

一般地，我们假定生产中有两种要素投入：劳动（L）和资本（K）要素。短期内，假定资本要素不变（记为 $\bar{K}$），劳动要素可变，因此，短期产量函数和成本函数可以表达为：

$$Q = f(L, \bar{K})$$

$STC = wL + r\bar{K}$，其中 w、r 分别为工资率和利息率；

$$TFC = r\bar{K}；\quad TVC = wL；\quad STC = TFC + TVC；$$

$$SMC = \frac{dSTC}{dQ} = \frac{dTVC}{dQ} = \frac{d(wL)}{dQ} = w\frac{dL}{dQ} = \frac{w}{MP_L}；$$

$$AVC = \frac{TVC}{Q} = \frac{wL}{Q} = \frac{w}{AP_L}$$

这说明边际成本与边际产出之间、平均可变成本与平均产出之间存在反向变动关系，由于边际报酬递减规律，可变要素的边际产量先递增后递减，导致边际成本先递减后递增，体现了成本论与生产论的内在联系。

★长期成本

在长期内，厂商可以根据产量的要求调整全部的生产要素投入量，甚至进入或退出一个行业，因此，厂商所有的要素投入和要素成本都是可变的。厂商的长期成本可以分为长期总成本（LTC）、长期平均成本（LAC）和长期边际成本（LMC）。

长期内，厂商可以调整各种要素投入数量组合实现不同产量下的要素成本最小（要素最佳组合），厂商的长期总成本实质上是生产扩展线上各点（对应不同的产量水平）的要素总成本，因此，长期总成本曲线是所有（不同固定要素规模的）短期总成本曲线的包络线，即长期总成本总是不高于短期总成本。也因此，长期平均成本也总是不会高于短期总成本，长期平均成本曲线是短期平均成本曲线的包络线（另外，请读者结合教材认真理解并掌握三条曲线的推导过程和经济含义）。

长期内，厂商始终会选择要素的最佳配比组合（生产扩展线的实质）。长期平均成本曲线呈 U 形的原因，不是反映短期内的边际报酬递减规律，而是由于规模经济变动的作用。

在厂商生产扩张的开始阶段，往往由于扩大生产规模而使经济效益得到提高，称为**规模经济**。当生产扩张到一定的规模以后，厂商如果继续扩大生产规模，就会使经济效益下降，称为**规模不经济**。在规模经济阶段，随着生产规模的扩大，平均成本会逐渐降低，在规模不经济阶段，随着生产规模的扩大，平均成本会逐渐提高，所以 LAC 曲线呈现出先下降后上升的 U 形。

＊企业外在经济与外在不经济（扩展内容）

有的教材提到，企业外在经济和外在不经济也是影响企业长期成本变动的原因。**外在经济**是由于厂商的生产活动所依赖的外界环境得到改善而产生的。相反，如果厂商的生产活动所依赖的外界环境恶化了，则是企业的**外在不经济**。外在经济会使 LAC 曲线向下平移，外在不经济会使 LAC 曲线向上平移。

5.1.2.3　基本概念和基本原理扩充检索

机会成本　显成本（或称显性成本、外显成本）　隐成本（或称隐含成本、内含成本）　沉淀成本（或称沉没成本）　经济利润（超额利润）　正常利润　等成本线　最优生产要素组合　等斜线　扩展线　短期总成本　不变成本（固定成本）　可变成本　平均成本　平均不变成本　平均可变成本　边际成本　边际产量和边际成本的关系　平均产量和平均可变成本的关系　长期总成本　长期平均成本　长期边际成本　包络线　规模经济和规模不经济　外在经济和外在不经济＊

5.2　考点分析

成本论是生产者行为理论的重要组成部分，也是微观经济学测试的重点之一。

本部分内容的考试形式多采取名词解释、判断与选择、计算及推导、简答等形式。

题型 1：名词解释。可根据上文"基本概念和基本原理扩充检索"复习掌握。

题型 2：判断和选择。判断和选择的重点在于基本概念和原理的理解和简单运用分析能力，这部分内容请按照"内容要点与难点"的体系和脉络，结合教材认真揣摩，并通过后面精选的习题进行训练和测试、体会，务必做到理解透彻、运用自如。常见的考点有：（1）对经济学中的成本和利润的理解及其与会计中成本和利润的比较；（2）短期成本概念、曲线之间的联系与比较（包括图形和数量关系）；（3）短期生产规律与短期成本变动规律之间的本质联系；（4）长期成本曲线的变动规律及其原因；（5）长期成本与短期成本的比较与联系。

题型 3：计算和推导。成本论常见的考点有：（1）各种成本函数的推导及其极值的计算；（2）根据生产函数推导短期成本函数，并计算相关的极值；（3）根据生产函数和生产者均衡条件推导长期成本函数，并计算相关的极值；（4）对生产者均衡的理解和扩展运用能力。计算中常用的数学方法是对极值的求法，通用的方法为一阶导数求法。解题的方法往往有多种，但需要有清晰的解题思路。对此，请结合后面的习题多加训练和体会。

题型 4：简答题和分析讨论题。考核点多集中在对成本论"内容要点与难点"的掌握、理解上，综合运用能力的考察常见于长期平均成本变动及其原因的现实运用。

5.3 典型习题及解答

5.3.1 判断正误并解释原因

1. 机会成本是企业的一种成本，它可以衡量并单独反映到会计账表中。（　）
2. 显性成本与隐性成本的区别主要在于所用要素是否向市场购买。（　）
3. 某产品短期生产函数中要素的平均产量下降时，该产品短期成本函数中的平均可变成本必上升。（　）
4. 如果平均变动成本等于边际成本，则边际产量等于平均产量。（　）
5. 短期生产中，厂商增加一单位产量时所增加的可变成本等于边际成本。（　）
6. 在生产者理论中，当边际成本递增时，平均成本也是递增的。（　）
7. 在长期中无所谓固定成本与可变成本之分。（　）
8. 长期平均成本曲线是短期平均成本曲线的包络线，并且长期平均成本曲线与短期平均成本曲线的最低点相切。（　）
9. 长期总成本曲线上的每一点都与某一短期总成本曲线上的某一点相对应，但短期总成本曲线上并非每一点都与长期总成本曲线上的某一点相对应。（　）
10. 在要素 A 和 B 的当前使用水平上，A 的边际产量是 3，B 的边际产量是 2，每单位要素 A 的价格是 5，B 的价格是 4，由于 B 是较便宜的要素，厂商若减少 A 的使用量而增加 B 的使用量，社会会以更低的成本生产出同样多产品。（　）
11. 等成本线的斜率是两种生产要素的价格之比，因此，当要素价格发生变化时，等成本线的斜率一定发生变化。（　）
12. 生产扩展线上的要素组合最优。（　）
13. 若生产函数 $q = \sqrt{4L}\sqrt{9K}$ ，且 L、K 价格相同，则为实现利润最大化，企业应投入较多的劳动和较少的资本。（　）

【参考答案】

1.（×）解释：机会成本不仅包括显成本，还包括隐成本，而隐成本一般不在会计账表中单独反映出来。

2.（√）解释：一般来说，向市场购买或租用的要素的成本，是显性的，而厂商自有要素的使用代价不计入会计账表的，属于隐成本。

3.（√）解释：由 $\mathrm{AVC} = \dfrac{w}{AP_L}$ 可知。

4．（√）解释：由 $AVC = \dfrac{w}{AP_L}$ 和 $MC = \dfrac{w}{MP_L}$ 可知。

5．（√）解释：由 $SMC = \dfrac{dSTC}{dQ} = \dfrac{dTVC}{dQ}$ 可知。

6．（×）解释：平均成本可能递增也可能递减。

7．（√）解释：因为长期中，各种要素投入均是可变的，而且厂商总会选择要素的最佳组合。

8．（×）解释：只有在长期平均成本曲线的最低点才是如此。

9．（√）解释：长期总成本线是短期总成本线的包络线，而不是相反。

10．（×）解释：由于 $\dfrac{MP_B}{MP_A} < \dfrac{P_B}{P_A}$，为了补偿 1 元钱买进 A 所损失的产量，所需增加使用的 B 所费将大于 1 元钱，因而增加 B 使用量而同时减少 A 使用量只能使总成本增加而产量不变。

11．（×）解释：当要素价格同比例变动时，等成本线的斜率不变。

12．（√）解释：生产扩展线是由均衡点连接而成的。

13．（×）解释：由 $q = \sqrt{4L}\sqrt{9K}$，可得 $\dfrac{MPL}{MPK} < \dfrac{K}{L}$，又由 L、K 价格相等，可得 $\dfrac{w}{r} = 1$。因此，为利润最大化，$\dfrac{K}{L} = 1$。因此，企业投入的劳动和资本相等。

5.3.2　选择题

1．下列说法中正确的是（　　）。
   A．厂房设备投资的利息是可变成本
   B．贷款利息的支出是可变成本
   C．总成本在长期内可以划分为固定成本和可变成本
   D．补偿固定成本无形损耗的折旧费是固定成本

2．某厂商每年从自己企业的总收入中取出一部分作为自己所提供的生产要素的报酬，这部分资金被视为（　　）。
   A．显成本　　　　　B．隐成本　　　　　C．经济利润　　　　　D．超额利润

3．一般来说，经济成本和经济利润具有（　　）特征。
   A．前者比会计成本大，后者比会计利润小
   B．前者比会计成本小，后者比会计利润大
   C．两者都比相应的会计成本和会计利润小
   D．两者都比相应的会计成本和会计利润大

4. 某人决定自己创业，于是辞去月薪为 1 000 元的工作，并取出自己的存款 100 000 元（月息为 1%），创办了一个自己的企业，如果不考虑商业风险，则此人创业按月计算的机会成本为（　　）

　　A．2 000 元　　　　B．100 000 元　　　C．1 000 元　　　D．101 000 元

5. 在经济学中，生产的机会成本等于（　　）。

　　A．显成本加隐成本　　　　　　　B．销售收入减利润

　　C．会计成本加显成本　　　　　　D．销售收入减会计成本

6. 机会成本的经济含义是（　　）。

　　A．使用一种资源的机会成本是放弃这种资源另一种用途的收入

　　B．使用一种资源的机会成本是放弃这种资源在其他用途中所能得到的最高收入

　　C．使用一种资源的机会成本是将其用于次优用途的收入

　　D．使用一种资源的机会成本是保证这种资源在现用途继续使用而必须交付的费用

7. 对应于边际报酬的递增阶段，SMC 曲线（　　）。

　　A．以递增的速率上升　　　　　　B．以递增的速率下降

　　C．以递减的速率上升　　　　　　D．以递减的速率下降

8. 在从原点出发的射线与 STC 曲线的切点上，SAC（　　）。

　　A．是最小的　　　　　　　　　　B．等于 SMC

　　C．等于 AVC+AFC　　　　　　　　D．以上都正确

9. 短期内在每一产量上的 SMC 值应该（　　）。

　　A．是该产量上的 TVC 曲线的斜率，但不是该产量上的 STC 曲线的斜率

　　B．是该产量上的 STC 曲线的斜率，但不是该产量上的 TVC 曲线斜率

　　C．既是该产量上的 TVC 曲线斜率，又是该产量上的 STC 曲线斜率

　　D．是该产量上的 TFC 曲线的斜率，但不是该产量上的 TVC 曲线的斜率

10. 在短期内，随着产量的增加，AFC 会越变越小，于是，AC 曲线和 AVC 曲线之间的垂直距离会越来越小，最后两曲线（　　）。

　　A．相交　　　　　　　　　　　　B．决不会相交

　　C．平等　　　　　　　　　　　　D．不确定

11. 短期平均成本曲线呈 U 形的原因与（　　）。

　　A．规模报酬有关　　　　　　　　B．外部经济与外部不经济有关

　　C．要素的边际生产率有关　　　　D．固定成本与可变成本所占比重有关

12. 任何企业在短期内的固定成本包括（　　）。

　　A．购买投入品的所有成本

　　B．最优生产条件下生产一定产量的最小成本支出

  C．相当长的一段时间内都固定的成本，如工会组织的长期的工资合约

  D．即使不生产产品也要花费的总的费用

  13．某工厂 1 000 个单位的日产出水平，总的成本为 4 900 美元，如果产量减少 1 单位，则总的成本为 4 890 美元，在这个产出的范围以内（ ）。

  A．平均成本高于边际成本

  B．平均成本和边际成本大致相等

  C．边际成本高于平均成本

  D．由于给定条件中无法得到边际成本，因此不能比较平均成本和边际成本的大小

  14．如果边际成本在一定的产出范围内大于平均成本，那么在这一范围内，产出的增加将会使平均成本（ ）。

  A．升高   B．降低

  C．升高或降低将取决于可变成本的变化 D．保持不变

  15．下列说法中正确的是（ ）。

  A．在产量某一变化范围内，只要边际成本曲线位于平均成本曲线的上方，平均成本曲线一定向右下倾斜

  B．短期边际成本曲线达到一定产量水平后趋于上升，是由边际收益递减规律造成的

  C．长期平均成本曲线在达到一定的产量水平以后趋于上升，是由边际收益递减规律造成的

  D．在边际成本曲线上，与平均成本曲线交点以上的部分构成商品的供给曲线

  16．劳动的边际产量与厂商的边际成本之间的关系是（ ）。

  A．边际成本与边际产量呈正相关关系

  B．边际成本等于工资除以边际产量

  C．当边际产量的曲线向右下倾斜的时候，边际成本曲线也会向右下倾斜

  D．边际成本不变，而边际产量服从收益递减

  17．已知产量为 500 单位时，平均成本是 2 元，产量增加到 550 单位时，平均成本等于 2.50 元，在这个产量变化范围内，边际成本是（ ）。

  A．随着产量的增加而上升，并在数值上大于平均成本

  B．随着产量的增加而上升，并在数值上小于平均成本

  C．随着产量的增加而下降，并在数值上小于平均成本

  D．随着产量的增加而下降，并在数值上大于平均成本

  18．农场主投入土地和劳动进行生产，他种植了 40 亩地的谷物，收益递减的规律告诉我们（ ）。

  A．土地不变，增加劳动，最终土地的边际产量将会下降

B．土地不变，增加劳动，最终劳动的边际产量将会下降

C．短期内劳动的平均产量保持不变

D．短期内，没有可变的投入

19．等产量曲线和等成本曲线的切点表示的是（　　　）。

A．对任何的产出，可得到最低可能的等成本线，切点表明该产出水平下的最低成本

B．对任何的支出，可得到最高可能的等产量线，切点表明该支出水平下的最大产出

C．最大利润的产出水平

D．A 与 B 都是

20．等成本曲线在坐标平面上与等产量曲线相交，那么要生产等产量曲线所表示的产量水平（　　　）。

A．应该增加成本的支出　　　　　　B．不能增加成本的支出

C．应该减少成本的支出　　　　　　D．不能减少成本的支出

21．已知等成本曲线和等产量曲线既不能相交也不能相切，此时要达到等产量曲线所表示的产出的水平，应该（　　　）。

A．增加投入　　　　　　　　　　　B．保持原有的投入不变

C．减少投入　　　　　　　　　　　D．或 A 或 B

22．长期与短期的区别在于（　　　）。

A．短期中存在着不变的收益而长期中不存在

B．从长期来看，所有的投入都可变

C．三个月

D．平均成本在短期内是递减的，而长期成本在长期内是递增的

23．在任何产量上的 LTC 决不会大于该产量上由最优生产规模所决定的 STC。这句话（　　　）。

A．总是对的　　　　　　　　　　　B．肯定错了

C．有可能对　　　　　　　　　　　D．视规模经济的具体情况而定

24．若在某一产量上，LAC 曲线与一条代表一定生产规模的 SAC 曲线相切的，则在该产量上必定有（　　　）。

A．LMC 曲线和该生产规模的 SMC 曲线相交，LTC 曲线和该规模的 STC 曲线相切

B．代表该生产规模的 SAC 曲线达最低点

C．LAC 曲线达最低点

D．以上都对

25．若某个产量的长期平均成本等于短期平均成本，但高于长期边际成本，则可

推断（　　）。

  A．短期平均成本等于长期边际成本 B．长期平均成本正在下降

  C．短期边际成本等于长期边际成本 D．仅 B、C 正确

26．规模收益递增的概念是指（　　）。

  A．同时生产几种产品要比分别生产它们昂贵

  B．大规模生产要比小规模生产昂贵

  C．产量越大生产的平均成本也就越低

  D．边际成本线向下倾斜

27．在以横轴表示劳动数量和纵轴表示资本数量的平面坐标系中所绘出的等成本线的斜率为（　　）。w 和 r 分别表示劳动价格和资本价格。

  A．$\dfrac{w}{r}$ B．$-\dfrac{w}{r}$ C．$\dfrac{r}{w}$ D．$-\dfrac{r}{w}$

28．等成本线平行向外移动表明（　　）。

  A．产量提高了

  B．成本增加了

  C．生产要素的价格按相同比例提高了

  D．生产要素的价格按不同比例提高了

【参考答案】

1．D　2．B　3．A　4．A　5．A　6．B　7．D　8．D　9．C　10．B　11．C

12．D　13．C　14．A　15．B　16．B　17．A　18．B　19．D　20．C　21．A

22．B　23．A　24．A　25．D　26．C　27．B　28．B

5.3.3　计算题与证明题

1．表 5.1 是一张关于短期生产函数 $Q = f(L, \bar{K})$ 的产量表。

表 5.1　短期生产的产量表

L	1	2	3	4	5	6	7
TP_L	10	30	70	100	120	130	135
AP_L							
MP_L							

（1）在表 5.1 中填空。

（2）根据（1）作出 TP_L 曲线、AP_L 曲线和 MP_L 曲线。

（3）根据（1），并假定劳动的价格 $w=200$，完成相应的短期成本表（见表5.2）。

表5.2　短期生产的成本表

L	Q	$TVC = wL$	$AVC = \dfrac{w}{AP_L}$	$SMC = \dfrac{w}{MP_L}$
1	10			
2	30			
3	70			
4	100			
5	120			
6	130			
7	135			

（4）根据（3）中完成的短期成本表，在一张坐标图上作出 TVC 曲线，在另一张坐标图上作出 AVC 曲线和 SMC 曲线。

（5）根据（2）、（4），说明短期生产曲线和短期成本曲线之间的关系。

【解题思路】根据短期产量和短期成本的基本计算公式推算。

【本题答案】

（1）在表5.1填空的结果如表5.3所示。

表5.3　表5.1的答案

L	1	2	3	4	5	6	7
TP_L	10	30	70	100	120	130	135
AP_L	10	15	23.33	25	24	21.67	19.29
MP_L	10	20	40	30	20	10	5

（2）根据（1）作出的 TP_L 曲线、AP_L 曲线和 MP_L 曲线如图5.2所示。

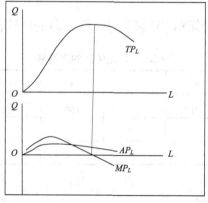

图 5.2　TP_L 曲线、AP_L 曲线和 MP_L 曲线

（3）完成的短期成本表如表 5.4 所示。

表 5.4　完成的短期成本表

L	Q	$TVC = wL$	$AVC = \dfrac{w}{AP_L}$	$SMC = \dfrac{w}{MP_L}$
1	10	200	20	20
2	30	400	13.33	10
3	70	600	8.57	5
4	100	800	8	6.67
5	120	1 000	8.33	10
6	130	1 200	9.23	20
7	135	1 400	10.37	40

（4）根据表 5.4 作出的 TVC 曲线、MC 曲线及 AVC 曲线如图 5.3 所示。

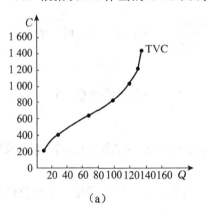
（a）

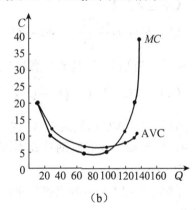
（b）

图 5.3　TVC 曲线、MC 曲线及 AVC 曲线

（5）当 AP_L 递减时，AVC 递增；当 AP_L 递增时，AVC 递减；当 AP_L 达到最大值时，AVC 最小。因此 AP_L 曲线的顶点对应 AVC 曲线的最低点。MC 与 MP_L 呈反比关系。由于 MP_L 曲线先上升，然后下降，所以 MC 曲线先下降，然后上升；且 MC 曲线的最低点对应 MP_L 曲线的顶点。

2．假定某企业的短期成本函数是 $TC = Q^3 - 5Q^2 + 15Q + 66$。

（1）指出该短期成本函数中的可变成本部分和不变成本部分；

（2）写出下列相应的函数：$TVC(Q)$、$SAC(Q)$、$AVC(Q)$、$AFC(Q)$、$SMC(Q)$。

【解题思路】根据给出的短期总成本函数，按照定义推算其他短期成本函数。

【本题答案】

（1）可变成本部分：$Q^3 - 5Q^2 + 15Q$；

不变成本部分：66。

（2）$\mathrm{TVC}(Q) = Q^3 - 5Q^2 + 15Q$；

$\mathrm{SAC}(Q) = Q^2 - 5Q + 15 + \dfrac{66}{Q}$；

$\mathrm{AVC}(Q) = Q^2 - 5Q + 15$；

$\mathrm{AFC}(Q) = \dfrac{66}{Q}$；

$\mathrm{SMC} = 3Q^2 - 10Q + 15$。

3．某企业短期总成本函数为$\mathrm{STC} = 1\,000 + 240Q - 4Q^2 + \dfrac{1}{3}Q^3$

求：（1）当 SMC 达到最小值时产量多少？

（2）当 AVC 达到最小值时产量多少？

【解题思路】根据定义求得 SMC 和 AVC，然后对函数求极值。

【本题答案】

（1）$\mathrm{SMC} = \dfrac{\mathrm{dSTC}}{\mathrm{d}Q} = 240 - 8Q + Q^2$，令 $\dfrac{\mathrm{dSMC}}{\mathrm{d}Q} = -8 + 2Q = 0$，可得 $Q = 4$。

所以，当 SMC 达到最小值时产量为 4。

（2）$\mathrm{AVC} = 240 - 4Q + \dfrac{1}{3}Q^2$，令 $\dfrac{\mathrm{dAVC}}{\mathrm{d}Q} = -4 + \dfrac{2}{3}Q = 0$，可得 $Q = 6$。

所以，当 AVC 达到最小时产量为 6。

4．已知某企业的短期总成本函数是$\mathrm{STC}(Q) = 0.04Q^3 - 0.8Q^2 + 10Q + 5$，求最小的平均可变成本值。

【解题思路】根据定义推出平均可变成本函数表达式，然后运用函数极值计算方法求解。

【本题答案】

$$\mathrm{AVC}(Q) = 0.04Q^2 - 0.8Q + 10$$

令 $\dfrac{\mathrm{dAVC}}{\mathrm{d}Q} = 0.08Q - 0.8 = 0$，可得 $Q = 10$，

带入 AVC 函数即得 $\mathrm{AVC}(Q)_{\min} = 6$

（本题易知 AVC 函数为 Q 的二次函数形式，也可采取配方法求极值。）

5．假定某厂商的边际成本函数$\mathrm{SMC} = 3Q^2 - 30Q + 100$，且生产 10 单位产量时的总成本为 $1\,000$。

求：（1）固定成本的值。

（2）总成本函数、总可变成本函数，以及平均成本函数、平均可变成本函数。

【解题思路】根据边际成本与总成本函数之间的关系，对 SMC 求积分，然后利用给定条件，确定积分函数的常数项（固定成本），即得总成本函数。其他成本函数

由总成本函数推出。

【本题答案】

（1）固定成本为 500；

（2）$TC(Q) = Q^3 - 15Q^2 + 100Q + 500$；

$$\text{TVC}(Q) = Q^3 - 15Q^2 + 100Q；$$

$$AC(Q) = Q^2 - 15Q + 100 + \frac{500}{Q}；$$

$$\text{AVC}(Q) = Q^2 - 15Q + 100。$$

6. 某公司用两个工厂生产一种产品，其总成本函数为 $C = 2Q_1^2 + Q_2^2 - Q_1Q_2$，其中 Q_1 表示第一个工厂生产的产量，Q_2 表示第二个工厂生产的产量。

求：当公司生产的产量为 40 时能够使得公司生产成本最小的两工厂的产量组合。

【解题思路】先根据给定的条件求得两个工厂各自的边际成本函数 MC_1 和 MC_2（分别为总成本函数对 Q_1 和 Q_2 的偏导）。由于厂商用两个工厂生产，两个工厂产量之间均衡的条件应当是边际成本相等，即 $MC_1 = MC_2$。再根据总产量为 40 的条件，方程联立即可求得两个工厂的产量。

【本题答案】

$$MC_1 = \frac{\partial C}{\partial Q_1} = 4Q_1 - Q_2；\quad MC_2 = \frac{\partial C}{\partial Q_2} = 2Q_2 - Q_1$$

公司达于最小成本时，必然有 $MC_1 = MC_2$。

联立方程：$\begin{cases} 2Q_1^2 + Q_2^2 - Q_1Q_2 = 40 \\ 4Q_1 - Q_2 = 2Q_2 - Q_1 \end{cases}$，解得 $Q_1 = 15$；$Q_2 = 25$。

（熟悉数学方法的同学也可以利用拉格朗日乘数法求解）

7. 假定厂商只有一种可变要素的劳动 L，生产一种产品，$Q = -0.2L^3 + 12L^2 + 24L$。

试求：（1）劳动的平均产量为极大值时雇用的劳动人数；

（2）劳动的边际产量为极大值时雇用的劳动人数；

（3）平均可变成本为极小值时的产量；

（4）假如每个人的工资 $W = 240$，产品的价格 $P = 10$，求利润最大时雇用的劳动数。

【解题思路】（1）、（2）根据定义得出 AP_L 和 MP_L 的表达式后求函数极值即得；（3）根据 $\text{AVC} = \dfrac{W}{AP_L}$ 可知，AVC 极小时，对应 AP_L 极大；（4）根据利润函数可以求得。

【本题答案】

（1）由生产函数 $Q = -0.2L^3 + 12L^2 + 24L$，可得

$$AP_L = -0.2L^2 + 12L + 24；$$

令 $\dfrac{\mathrm{d}AP_L}{\mathrm{d}L} = -0.4L + 12 = 0$，解得 $L = 30$

即劳动的平均产量极大时所雇用的劳动人数为 30 人。

（2）由生产函数 $Q = -0.2L^3 + 12L^2 + 24L$，可得

$$\mathrm{MPL} = -0.6L^2 + 24L + 24；$$

令 $\dfrac{\mathrm{d}MP_L}{\mathrm{d}L} = -1.2L + 24 = 0$，解得 $L = 20$

即劳动的边际产量极大时所雇用的劳动人数为 20 人。

（3）平均可变成本极小时，即 AP_L 极小时，$L = 30$，代入生产函数，则：

$$Q = -0.2L^3 + 12L^2 + 24L = 6\ 120$$

即平均可变成本最小时的产量为 6 120。

（4）利润函数为：

$$\pi = PQ - WL = 10 \times (-0.2L^3 + 12L^2 + 24L) - 240L = -2L^3 + 120L^2$$

令 $\dfrac{\partial \pi}{\partial L} = -6L^2 + 240L = 0$，解得 $L = 40$

所以，利润最大时雇用的劳动数为 40 人。

8. 假定某生产者的生产函数为 $Q = L^{0.5}K^{0.5}$，已知 $P_L = 10$，$P_K = 25$。且 K 投入量为 4，短期内固定不变。求：

（1）L 的投入函数 $L(Q)$；

（2）短期总成本函数、短期平均成本函数和短期边际成本函数；

（3）如果完全竞争市场产品价格为 40，生产者为了获得最大利润应生产多少产品及其利润？

【解题思路】利用生产函数及已知条件，先导出可变要素投入与产量之间的关系，然后带入总成本中，既可推导出成本函数。将成本函数代入利润函数，极值法求得最大利润及产量。（此类题型是典型的根据生产函数推导短期成本函数的题型）

【本题答案】

（1）由已知条件 $Q = L^{0.5}K^{0.5}$，可得 $Q = 2L^{0.5}$，$L = \dfrac{Q^2}{4}$

（2）$\mathrm{STC} = P_L L + P_K K = 100 + \dfrac{5}{2}Q^2$

$\mathrm{SAC} = \dfrac{5}{2}Q + \dfrac{100}{Q}$

$\mathrm{SMC} = \dfrac{\mathrm{dSTC}}{\mathrm{d}Q} = 5Q$

（3）利润函数为 $\pi = PQ - \mathrm{STC} = 40Q - 100 - \dfrac{5}{2}Q^2$，令 $\dfrac{\partial \pi}{\partial Q} = 40 - 5Q = 0$，解得

$Q=8$，$\pi=60$。

9. 已知生产函数 $Q=A^{\frac{1}{4}}L^{\frac{1}{4}}K^{\frac{1}{2}}$，各要素价格分别为 $P_A=1$，$P_L=1$，$P_K=2$；假定厂商处于短期生产，且 $\bar{K}=16$。

推导：该厂商短期生产的总成本函数、平均成本函数、总可变成本函数、平均可变成本函数、边际成本函数。

【解题思路】此题由于有两种可变要素，所以在由生产函数推导成本函数的过程中，需要用到两种可变要素的生产者均衡条件。

【本题答案】

根据已知条件，可得：$Q=4A^{\frac{1}{4}}L^{\frac{1}{4}}$，$MP_A=L^{\frac{1}{4}}/A^{\frac{3}{4}}$，$MP_L=A^{\frac{1}{4}}/L^{\frac{3}{4}}$。

由于 K 固定，厂商会选择 A 和 L 的要素组合使成本最小，均衡条件为：

$$\frac{MP_A}{P_A}=\frac{MP_L}{P_L}$$

可得 $A=L$，将此带入 $Q=4A^{\frac{1}{4}}L^{\frac{1}{4}}$，可得 $A=L=\frac{Q^2}{16}$，将其带入 STC $=A+L+32$，即得：

$$\text{STC}=\frac{Q^2}{8}+32，\quad \text{SAC}=\frac{Q}{8}+\frac{32}{Q}，\quad \text{TVC}=\frac{Q^2}{8}，\quad \text{AVC}=\frac{Q}{8}，\quad \text{SMC}=\frac{Q}{4}$$

注：对于此类题目，数学较好的同学也可以采用拉格朗日乘数法求解。

10. 已知某厂商的生产函数为 $Q=0.5L^{\frac{1}{3}}K^{\frac{2}{3}}$，资本的价格为 $P_K=10$，劳动的价格为 $P_L=5$。

求：（1）劳动的投入函数 $L(Q)$，资本的投入函数 $K(Q)$；

（2）长期总成本函数、长期平均成本函数和长期边际成本函数。

【解题思路】利用两种要素的生产者均衡条件求得两种要素投入的关系式，然后带入生产函数，求得劳动要素与产量关系式，将其带入成本函数即得。

【本题答案】

（1）根据生产者均衡条件 $\frac{MP_L}{P_L}=\frac{MP_K}{P_K}$，可得：$L=K$，将其带入生产函数分别可得：$L=2Q$，$K=2Q$。

（2）LTC $=P_LL+P_KK=10Q+20Q=30Q$；LAC $=30$；SMC $=30$。

11. 图 5.4 是某厂商的 LAC 曲线和 LMC 曲线图。

请分别在 Q_1 和 Q_2 的产量上画出代表最优生产规模的 SAC 曲线和 SMC 曲线。

【解题思路】由 LAC 是 SAC 曲线的包络线可知，在产量 Q_1 上，代表最优生产规模的 SAC 曲线与相切，且此时 LMC 等于 SMC，即两线在产量 Q_1 水平上相交。Q_2 同理。

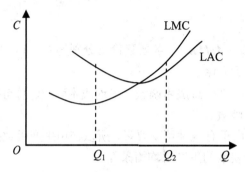

图 5.4　某厂的 LAC 曲线和 LMC 曲线

【本题答案】

根据题意作出的 SAC 曲线和 SMC 曲线如图 5.5 所示。

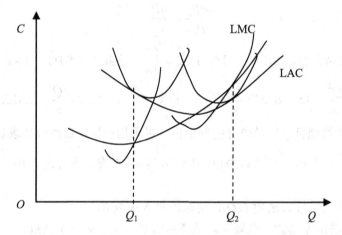

图 5.5　SAC 曲线和 SMC 曲线

12. 已知生产函数为：

（1）$Q = 5L^{\frac{1}{3}}K^{\frac{2}{3}}$；（2）$Q = \dfrac{KL}{K+L}$；（3）$Q = KL^2$；（4）$Q = \min(3L, K)$。

求：

（1）厂商长期生产的扩展线方程；

（2）当 $P_L = 1$，$P_K = 1$，$Q = 1\,000$ 时，厂商实现最小成本的要素投入组合。

【解题思路】根据已知生产函数和生产者均衡条件（$\dfrac{MP_L}{MP_K} = \dfrac{P_L}{P_K}$）推导生产扩展

线方程和计算。

【本题答案】（推导过程略）

（1）厂商的长期生产扩展线方程分别为：

$$K = (\frac{2P_L}{P_K})L\,;\quad K = (\frac{P_L}{P_K})^{\frac{1}{2}}L\,;\quad K = (\frac{P_L}{2P_K})L\,;\quad K = 3L\ （固定投入比例函数）$$

（2）将价格和产量值代入生产扩展线方程，并与原生产函数联立，解出 K、L 值：

$$L = \frac{200}{\sqrt[3]{4}}\,,\quad K = \frac{400}{\sqrt[3]{4}}\,;\quad L = 2\,000，K = 2\,000；\quad L = 10\sqrt[3]{2}\,,\quad K = 5\sqrt[3]{2}\,;\quad L = 1\,000/3，K = 1\,000$$

13．已知某企业的生产函数为 $Q = L^{\frac{2}{3}}K^{\frac{1}{3}}$，劳动的价格 $w=2$，资本的价格 $r=1$。求：

（1）当成本 $C=3\,000$ 时，企业实现最大产量时的 L、K 和 Q 的均衡值；

（2）当产量 $Q=800$ 时，企业实现最小成本时的 L、K 和 C 的均衡值。

【解题思路】根据生产者均衡条件（$\frac{MP_L}{MP_K} = \frac{w}{r}$），分别与（1）成本方程和（2）生产函数方程联立，进行计算。

【本题答案】

（1）$K=L=1\,000$　　$Q=1\,000$

（2）$K=L=800$　　$C=2\,400$

注：对有较好数学基础的同学，本题也可以采用拉格朗日乘数法进行计算（略）。

14．假定生产某产品的边际成本函数为 $MC=110+0.04Q$，求：当产量从 100 增加到 200 时总成本的变化量。

【解题思路】利用总成本和边际成本之间的关系，利用定积分求出总成本函数，固定成本不变，把产量 100 和产量 200 分别代入总成本公式，二者相减就可以求出总成本的变化量。

【本题答案】（要点）

$$STC(Q) = SMC(Q)dQ = \int(110 + 0.04Q)dQ\,;$$

$$STC = 0.02Q^2 + 110Q + TFC\,;$$

$$\Delta STC = (110 \times 200 + 0.02 \times 200^2) - (110 \times 100 + 0.02 \times 100^2) = 22\,800 - 11\,200 = 11\,600$$

15．假定某厂商短期生产的边际成本函数为 $SMC(Q) = 3Q^2 - 8Q + 100$，且已知当产量 $Q = 10$ 时的总成本 $STC=2\,400$，求：相应的 STC 函数、SAC 函数和 AVC 函数。

【解题思路】由总成本和边际成本之间的关系，利用定积分求出总成本函数。

【本题答案】（要点）

$$STC(Q) = SMC(Q)dQ = \int(3Q^2 - 8Q + 100)dQ = Q^3 - 4Q^2 + 100Q + TFC$$

把 $Q=10$，$STC=2\,400$ 代入上式，求 TFC 值，有

$$2\,400 = 10^3 - 4 \times 10^2 + 100 \times 10 + TFC$$

$$TFC = 800$$

进一步，可得到以下函数：

$$STC(Q) = Q^3 - 4Q^2 + 110Q + 800$$
$$SAC(Q) = Q^3 - 4Q^2 + 110Q + 800 / Q$$
$$AVC(Q) = Q^2 - 4Q + 100$$

5.3.4　简答与分析讨论题

1．试用图说明短期成本曲线相互之间的关系。

【参考答案】

短期总成本（STC）是短期变动成本（SVC）和固定成本（FC）之和。短期边际成本函数是 STC 短期总成本函数的一阶导数，所以当 STC 短期总成本处于拐点（二阶导数等于零）时，短期边际成本取最小值（如图 5.6 中 Q_1 所示）。短期平均成本（AC）和短期平均可变成本（AVC）分别是 STC 和 SVC 与产量 Q 的商。在 MC 与 AC 和 AVC 的交点上，AC 和 AVC 分别取得最小值（如图 5.6 中 Q_2 和 Q_3 所示），因为当 MC 小于 AC 和 AVC 时，AC 和 AVC 都处于下降阶段；当 MC 大于 AC 和 AVC 时，AC 和 AVC 都处于上升阶段，所以仅当 MC 等于 AC 和 AVC 时，它们才会取得最小值。另外，AC 和 AVC 也分别取得最小值的位置也是 STC 与 SVC 分别与原点引出的直线相切时的位置（如图 5.6 中 Q_2 和 Q_3 所示）。这是因为 STC 与 SVC 的切线的斜率即是 MC，从原点引出的直线的斜率是 C/Q，即平均成本 AC（或 AVC），二者重合即表示 MC 与 AC（或 AVC）相等，所以 AC 和 AVC 分别取得最小值。

2．试用图从短期总成本曲线推导长期总成本曲线，并说明长期总成本曲线的经济含义。

【参考答案】

在图 5.7 中三条短期总成本曲线 STC_1、STC_2 和 STC_3 分别代表三个不同的生产规模。短期总成本曲线的纵轴截距表示相应的总不变成本 TFC 的数量，因此，从图中我们可以看出 STC_1、STC_2 和 STC_3 的总不变成本是依次增加的，也就是说，它们的生产规模是不断增加的。当产量为 Q_1 时，比较各短期总成本曲线，只有与长期总成本曲线相切的 STC_1 是其中总成本最低的。所以，在长期内，如果企业可以调整不变成本，则在产量为 Q_1 时，企业必然会选择 STC_1 所代表的生产规模进行生产，即图中的 a 点。产量为 Q_2 和 Q_3 时，企业也必然会选择总成本最小的 STC_2 和 STC_3 所代表的生产规模进行生产，即图 5.7 中的 b 点和 c 点。

图 5.7 中只画出了三条短期总成本曲线，实际上我们可以假定有无数条这样的曲线，这样我们就可以在任何一个产量水平上找到总成本最低的短期生产规模。我们把类似 a、b、c 的各点连接起来，就构成了长期总成本曲线。显然，长期总成本曲线是

无数条短期总成本曲线的包络线。

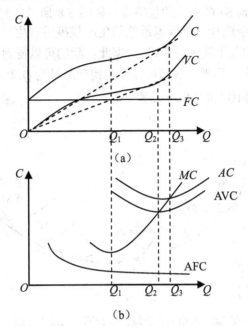

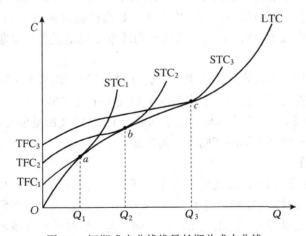

图 5.6　短期成本曲线相互之间的关系

图 5.7　短期成本曲线推导长期总成本曲线

从以上长期总成本曲线的推导可知，长期总成本曲线代表了在长期内，每一个产量水平上的最低生产成本。

3．试用图从短期平均成本曲线推导长期平均成本曲线，并说明长期平均成本曲线的经济含义。

【参考答案】

LAC 曲线是无数条 SAC 曲线的包络线，如图 5.8 所示。对应长期总成本曲线，当产量为 Q_1 时，厂商会选择一个成本最低的生产规模进行生产，这个最佳生产规模对应的短期平均成本曲线即图中的 SAC_1。据此，我们可以得到产量为 Q_1 时的长期平均成本，即图中的 a 点。同理，我们可以继续找到产量为 Q_2 和 Q_3 时企业在最佳生产规模时的平均成本，即图 5.8 中的 b 点和 c 点。

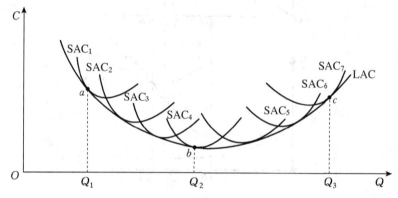

图 5.8　短期成本曲线推导长期平均成本曲线

理论上我们可以假定有无数条短期平均成本曲线，这样我们就可以在任何一个产量水平上找到最佳生产规模对应的平均成本。我们把类似 a、b、c 的各点连接起来，就构成了长期平均成本曲线。显然，长期平均成本曲线是无数条短期平均成本曲线的包络线。

由以上对短期平均成本曲线的推导我们可知，长期平均成本曲线代表了在每一产量水平上，厂商在实现最佳生产规模情况下的最小平均成本。

4. 短期平均成本 SAC 曲线与长期平均成本 LAC 曲线都呈现出 U 形特征。请问：导致它们呈现这一特征的原因相同吗？为什么？

【参考答案】

形成 SAC 曲线与 LAC 曲线呈 U 形的原因不相同。在短期生产中，边际报酬递减规律是导致 SAC 曲线呈 U 形特征的原因。一种可变要素的边际产量 MP 曲线表现出先上升达到最高点以后再下降的特征，相应地，这一特征体现在成本变动方面，便是决定了短期边际成本 SMC 曲线表现出先下降达到最低点以后再上升的 U 形特征。而 SMC 曲线的 U 形特征又进一步决定了 SAC 曲线必呈现出先降后升的 U 形特征。在长期生产中，在企业的生产从很低的产量水平逐步增加并相应地逐步扩大生产规模的过程中，会经历从规模经济（亦为内在经济）到规模不经济（亦为内在不经济）的变化过程，从而导致 LAC 曲线呈现出先降后升的 U 形特征。

5. 试用图从短期边际成本曲线推导长期边际成本曲线，并说明长期边际成本曲线的经济含义。

【参考答案】

如图 5.9 所示，当产量为 Q_1 时，厂商会选择一个成本最低的生产规模进行生产，这个最佳生产规模对应的短期平均成本曲线即图中的 SAC_1，对应的短期边际成本曲线为图中的 SMC_1。据此，我们可以得到产量为 Q_1 时的长期边际成本，即图中的 a 点。同理，我们可以继续找到产量为 Q_2 和 Q_3 时企业在最佳生产规模时的边际成本，即图 5.9 中的 b 点和 c 点。

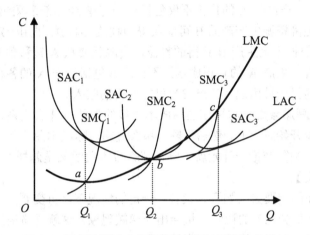

图 5.9　短期边际成本曲线推导长期边际成本曲线

理论上我们可以假定有无数条短期平均成本曲线，这样我们就可以在任何一个产量水平上找到最佳生产规模对应的平均成本和边际成本。我们把类似 a、b、c 的各点连接起来，就构成了长期边际成本曲线。

由此可知：LMC 曲线代表了厂商在每一产量下选择最佳生产规模时最低总成本和平均成本所对应的边际成本。

6．请解释经济学关于成本利润的概念与会计上的成本利润概念有何不同。

【参考答案】

西方经济学是从稀缺资源配置的角度来研究生产一定数量某种产品所必须支付的代价的。这意味着必须用"机会成本"的概念来研究厂商的生产成本。经济学上生产成本的概念与会计成本概念的区别，就在于后者不是从机会成本而是从直接各项费用的支出来统计成本的。会计成本一般仅对应于经济学所说的显成本，而经济学中的生产成本是指机会成本，既包含显成本，也包含隐成本。

经济学上的利润概念也不同于会计利润。会计利润是指经济学中的总收益减去显成本。而经济利润是指总收益减去机会成本。可见，会计利润中包括经济利润和正常利润（隐成本）。

7. 机会成本对决策分析有什么意义？为什么？

【参考答案】

机会成本是经济分析中一个非常重要的概念，它是人们在决策时必须考虑到的一个重要的因素，可以被推广到任何有关人类行为的决策过程中去。它是以放弃用同样资源来生产其他产品或将同样资源投入另外一种用途时所能获得的收入来衡量的。

经济学要从机会成本的概念来分析厂商的生产成本，是因为经济学是从稀缺资源配置的代价而不是会计学的意义上来考察成本的概念。当一定量的经济资源投入产品 A 的生产中时，生产产品 A 的代价不仅包括这一定量的经济资源的耗费，而且必须包括没有用这些经济资源生产产品 B 可能获得的收益。因为如果用一定量经济资源所生产 A 获得的利益抵不上生产 B 获得的收益，资源就要从 A 转移到 B。因此，从资源配置的角度来看，生产 A 的真正成本，不仅应该包括生产 A 的各种费用支出，而且应该包括放弃的另一种用途（生产 B）可能获得的收入。

8. 要素报酬递减规律与短期边际成本曲线的形状有什么联系？如果投入的可变要素的边际产量开始时上升，然后下降，那么短期边际成本曲线和短期平均成本曲线是怎样的？如果边际产量一开始就下降，那么成本曲线又是怎样？

【参考答案】

在短期，在固定要素（如资本设备）一定的情况下，可变要素逐渐增加，到一定阶段，该要素（如劳动）的边际产量会出现递减现象，这就是所谓的要素报酬递减规律。当要素报酬递减时，该要素生产的产品的边际成本就会上升。短期边际成本曲线之所以会出现 U 形，就是生产要素报酬先递增再递减的结果。

9. 为什么长期和短期的平均成本曲线都是 U 形？

【参考答案】

短期平均成本曲线呈 U 形，是因为先受边际收益递增，而后又受边际收益递减的影响。

长期平均成本曲线也会呈 U 形，是因为随着产量的扩大，使用的厂房设备的规模增大，因而产品的生产经历规模报酬递增的阶段，这表现为产品的单位成本随产量增加而递减。长期平均成本经历一段递减阶段以后，最好的资本设备和专业化的利益已全被利用，这时可能进入报酬不变，即平均成本固定不变阶段，而由于企业的管理这个生产要素不能像其他要素那样增加，因而随着企业规模的扩大，管理的困难和成本越来越增加，再增加产量长期平均成本将最终转入递增。

10. 什么是规模经济？如何确定企业的适度规模？

【参考答案】

规模报酬递增，是指产量增加的比例超过了要素投入量增加比例。例如，生产要素增加一倍，产量增加大于一倍。西方经济学把这种情况又称为规模经济。规模经济是指生产者采用一定生产规模而获得的经济利益。生产规模扩大后，厂商可以提高机器设备的利用率，可以提高劳动的专业化和分工的程度，可以相对地减少一般管理人员的比重和生产、购销的一般性费用的支出等，从而降低了单位成本，提高了生产效率，使产量增长更多。西方经济学家认为，一般而言，随着企业的生产规模的扩大，最初往往规模报酬递增，然后可能有一个规模报酬不变的阶段；如果厂商继续扩大生产规模，就会出现规模报酬递减。在长期内，追求利润最大化的厂商的主要任务是，通过生产规模的调整，尽可能使长期平均成本降低，享受规模经济所带来的利益，而避免由规模不经济遭受的损失。

11. 图 5.10 是某厂商的 LAC 曲线和 LMC 曲线图。

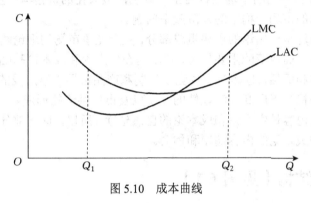

图 5.10 成本曲线

请分别在图 5.10 Q_1 和 Q_2 的产量上画出代表最优生产规模的 SAC 曲线和 SMC 曲线。

【参考答案】

根据题意作出的 SAC 曲线和 SMC 曲线如图 5.11 所示。

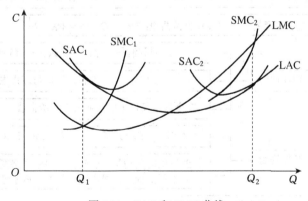

图 5.11 SAC 和 SMC 曲线

第 6 章　完全竞争市场

6.1　教学参考与学习指导

　　厂商的利润最大化行为涉及生产理论、成本理论以及产品在市场上的实现（即市场论）。市场论分析不同的市场结构对生产者利润最大化的价格与产量的制约和影响，并分析比较不同的市场结构下的经济效率问题。

　　完全竞争市场是市场论的重要组成部分。完全竞争市场的理论阐述了市场竞争机制对价格形成和厂商决策的重要作用，它既是在生产论和成本论基础上对厂商利润最大化行为的总结和概括，也是对市场竞争机制和产品市场供给形成的理论描述。它初步说明了在竞争机制下厂商经济理性的实现以及市场供给的形成。

　　这一部分的内容是生产论和成本论的自然延续。所以，这一部分的学习一定要紧密联系生产论和成本论的内容揣摩和体会。

6.1.1　知识结构（见图 6.1）

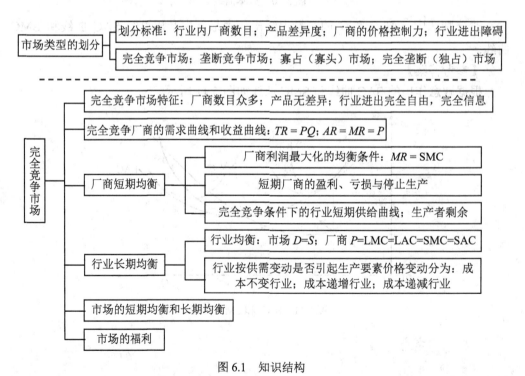

图 6.1　知识结构

6.1.2　内容指导

6.1.2.1　学习目的与要求

从总体上把握完全竞争机制下厂商的短期均衡和行业长期均衡的特征和含义。

要求理解完全竞争厂商的需求曲线和收益曲线；厂商实现利润最大化的均衡条件；完全竞争厂商的短期均衡以及厂商的短期供给曲线；完全竞争行业的短期供给曲线；完全竞争厂商长期均衡的实现；成本不变行业、成本递增行业、成本递减行业的长期供给曲线；会用生产者剩余结合前面所学的消费者剩余分析社会福利问题；在理解完全竞争市场长期均衡的基础上分析为什么完全竞争市场的效率是最高的。

对本部分的学习，建议结合成本论来理解完全竞争厂商实现利润最大化的产量决策及其均衡条件。注意掌握均衡条件、图形特征及其理论含义。

6.1.2.2　内容要点与难点

★市场理论

市场理论是研究厂商在各种市场结构中如何决定产品的价格和产量的理论。

市场与行业：市场是指商品交易的总和。一个市场可以是一个有形的买卖物品的交易场所，也可以是利用现代化通信工具进行物品交易的接洽点。从本质上讲，市场是物品买卖双方相互作用并得以决定其交易价格和交易数量的一种组织形式或制度安排。行业是指为同一个商品市场生产和提供商品的所有的厂商的总体。

市场类型的划分：市场类型划分的标准是市场竞争程度的强弱。而决定市场竞争程度强弱的有四个因素：第一，市场上厂商的数目。厂商数目越多，竞争程度越强。第二，产品的差别程度。产品的差别会形成垄断，因此差别越小，竞争越强。第三，单个厂商对市场价格的控制程度越小，市场的竞争程度越强。第四，厂商进入或退出一个行业的难易程度。厂商进入一个行业越难，越易形成垄断。根据以上市场竞争程度的强弱，微观经济学把市场划分为四个类型：完全竞争市场、垄断竞争市场、寡头垄断市场和垄断市场。这几个市场的竞争程度由强到弱。

★完全竞争市场

完全竞争市场是指竞争完全充分的市场。

完全竞争市场的条件：具备以下四个假定条件的称为完全竞争市场。第一，市场上有大量的买者和卖者，每一个买者和卖者都是市场价格的被动接受者。第二，市场上每一个厂商提供的商品都是同质的。第三，所有的资源具有完全的流动性，不存在同种资源之间的报酬差距；第四，市场上的信息是完全的，任何一个交易者都不具备信息优势。

完全竞争厂商的需求曲线：是一条由既定的市场均衡价格水平出发的水平线。即单个厂商面对的是一条完全无价格弹性的需求曲线。

完全竞争厂商的收益曲线：厂商的收益可以分为总收益、平均收益、边际收益。

总收益 TR：指按一定价格出售一定量产品时所获得的全部收入。用 P 表示产品的市场价格，以 Q 表示销售的总量，则总收益用公式表示就是：$TR = PQ$。总收益曲线是一条通过原点的直线，斜率为 P。

平均收益 AR：厂商在平均每一单位产品销售上所获得的收入。即：$AR = \dfrac{TR}{Q} = P$。平均收益曲线是一条水平线。

边际收益 MR：厂商每增加一单位产品销售上所获得的收入增加量。MR 就是对应的总收益曲线的斜率。即：$MR = \dfrac{\mathrm{d}TR}{\mathrm{d}Q} = P$。边际收益曲线是一条水平线。

$P = AR = MR$，完全竞争厂商的需求曲线、平均收益曲线、边际收益曲线重合。

★**完全竞争厂商的短期均衡**

完全竞争厂商实现最大利润的均衡条件：即厂商实现最大化利润的原则。厂商寻找能够带来最大利润的均衡产量，而这个均衡产量就是当 $MR = MC$ 时的产量。所以，$MR = MC$ 是厂商实现利润最大化的均衡条件。$MR = MC$ 这一利润最大化的条件，对于完全竞争市场和不完全竞争市场的长期生产和短期生产都是适用的。

完全竞争厂商的短期均衡及均衡条件：在短期，厂商是在假定不变的生产规模下，通过对产量的调整来实现 $MR = SMC$ 的利润最大化的均衡条件。由于 $MR=AR=P$，在短期均衡时，厂商可以获得最大利润，可以是利润为 0，也可以是亏损。

根据收益与成本的对比关系，厂商短期均衡可以分为以下四种情况：① 盈利最大。此时 $AR = P > SAC$，厂商获得经济利润（超额利润）$\pi > 0$；② 盈亏相抵，无经济利润。此时 $AR = P = SAC$，$\pi = 0$；③ 亏损最小，但厂商继续生产。此时 $AVC < AR = P < SAC$，厂商亏损，$\pi < 0$；④ 不足以弥补沉没成本，厂商停止生产。此时 $AR = P \leqslant AVC$，最低点为停止生产点。（参照图 6.2 理解）

盈亏平衡点（或称收支相抵点，图 6.2 中 A 点）：当厂商的需求曲线相切于 SAC 曲线的最低点，这一点是 SAC 曲线和 SMC 曲线的交点。这一点恰好也是 $MR=SMC$ 的利润最大化的均衡点，在均衡产量上，平均收益等于平均成本，厂商的经济利润为零，但厂商的正常利润实现了，由于在这一均衡点上，厂商既无利润，也无亏损，所以，该均衡点也被称为厂商的盈亏平衡点。

停止生产点（图 6.2 中 B 点）：厂商的需求曲线相切于 AVC 曲线的最低点，这一点是 AVC 曲线和 SMC 曲线的交点。这一点恰好也是 $MR=SMC$ 的利润最大化的均衡点。在均衡产量下，厂商是亏损的，此时，厂商的平均收益等于平均可变成本 AVC，厂商可以继续生产，也可以不生产，厂商处于关闭企业的临界点，所以，该均衡点也被称作停止生产点或关闭点。

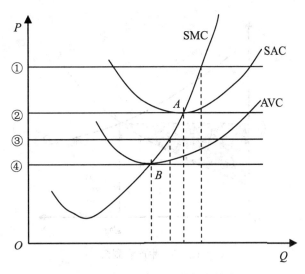

图 6.2　完全竞争厂商的短期均衡

★完全竞争厂商的短期供给曲线

完全竞争厂商的短期供给曲线：由于 AVC 最低点是厂商的停止生产点，所以厂商的短期供给曲线即是短期边际成本曲线上等于和高于平均可变成本 AVC 最低点的部分。它是向右上方倾斜的一条曲线，表示在其他条件不变情况下，生产者在每一个价格下愿意而且能够提供的产品的数量。更重要的是，生产者所提供的产品数量是在既定价格水平下能够给他带来最大利润或最小亏损的最优产量。

★生产者剩余

生产者剩余是指厂商在提供一定数量的某种产品时实际接受的总支付和愿意接受的最小总支付之间的差额。它通常用市场价格线以下，厂商的供给曲线以上的面积来表示，如图 6.3 所示。

$$PS = P_0Q_0 - \int_0^{Q_0} P(Q_S)\mathrm{d}Q$$

注意：在福利经济学和政府微观经济政策评价中经常有生产者剩余的概念，它和另一个概念——消费者剩余构成了简单的社会福利评价指标。

★完全竞争厂商的长期均衡

由于完全竞争市场进出完全自由，在长期内厂商可以自由调整全部的生产要素，当市场有超额利润时，便会吸引其他厂商进入，从而市场总供给增加，市场均衡价格下降，直到厂商超额利润为零；反之，当厂商长期内出现亏损，会有厂商退出该行业，市场供给减少，市场价格上升，直到厂商能够获得正常利润。

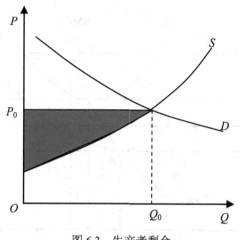

图 6.3　生产者剩余

完全竞争厂商长期均衡的条件：完全竞争厂商的长期均衡点出现在 LAC 曲线的最低点。完全竞争厂商长期均衡的条件为：$MR=LMC=SMC=LAC=SAC$，其中，$MR=AR=P$，此时，单个厂商的经济利润为 0。

★ **完全竞争行业的长期供给曲线**

根据生产要素价格的变化，长期供给曲线分为三种类型：对于成本不变的行业，长期供给曲线是水平的；对于成本递增的行业，长期供给曲线是向右上方倾斜的；对于成本递减的行业，长期供给曲线是向右下方倾斜。

成本不变行业：成本不变行业是指该行业的产量变化所引起的生产要素需求的变化，不对生产要素的价格发生影响。这可能是因为这个行业对生产要素的需求量只占生产要素市场需求量的很小一部分。

成本递增行业：成本递增行业是指该行业产量增加所引起的生产要素需求的增加，会导致生产要素价格的上升。

成本递减行业：成本递减行业是指该行业产量增加所引起的生产要素需求的增加，反而使生产要素的价格下降了。这可能主要是因为生产要素行业的产量的增加，使得行业内单个企业的生产效率提高，从而使得所生产出来的生产要素的价格下降。

* **消费者统治（扩展内容）**

消费者统治是指在一个经济社会中消费者在商品生产这一最基本的经济问题上

所起的决定性的作用。这种作用表现为：消费者用货币购买商品是向商品投"货币选票"。而生产者为了获得最大的利润，必须依据"货币选票"的情况来安排生产，决定生产什么、生产多少以及如何生产等。这说明生产者是根据消费者的意志来组织生产、提供产品的。

6.1.2.3 基本概念和基本原理扩充检索

市场　行业　完全竞争市场　垄断竞争市场　寡头垄断市场　完全垄断市场　完全竞争市场的条件　完全竞争厂商的需求曲线、平均收益曲线、边际收益曲线　完全竞争厂商的短期均衡条件　完全竞争厂商的短期供给曲线　完全竞争厂商短期内的盈亏平衡点、停止生产点　完全竞争市场的短期供给曲线　生产者剩余　完全竞争厂商长期均衡条件　完全竞争行业的长期供给曲线　成本不变行业　成本递增行业　成本递减行业　消费者统治*

6.2 考点分析

成本论是生产者行为理论的重要组成部分，也是微观经济学测试的重点之一。

本部分内容的考试形式多采取名词解释、判断与选择、计算及推导、简答等形式。

题型 1：名词解释。可根据上文"基本概念和基本原理扩充检索"复习掌握。

题型 2：判断和选择。判断和选择的重点在于基本概念和原理的理解和简单运用分析能力。常见的考点有：（1）市场类型的划分与完全竞争市场的条件，以及对完全竞争厂商收益曲线特征的理解；（2）完全竞争厂商的短期均衡。重点考查对均衡条件、短期均衡状态特征的把握和理解，以及厂商盈亏状况、短期供给曲线的理解；（3）完全竞争厂商和行业的长期均衡。重点考查对长期均衡的理解、厂商达到长期均衡时的均衡条件以及状态特征的把握和理解；（4）对行业长期供给曲线三种情况的理解。

题型 3：计算和推导。完全竞争市场部分常见的考点有：（1）根据厂商成本函数（的计算），考查对完全竞争厂商短期均衡的相关计算（产量、利润、盈亏平衡点、停止生产点等）以及完全竞争厂商短期供给曲线的计算；（2）根据厂商成本函数（的计算）考查对完全竞争厂商长期均衡的相关计算（市场均衡价格、市场供给量、厂商产量、厂商数目等）；（3）完全竞争市场短期与长期均衡状态的相关计算（短期市场供给曲线、长期市场供给曲线类型判断等），常用的数学方法是对极值的求法，通用的方法为一阶导数求法。解题的方法往往有多种，但需要有清晰的解题思路。对此，请结合后面的习题多加训练和体会。

题型 4：简答题和分析讨论题。考核点多集中在对本部分"内容要点与难点"的掌握、理解上。

6.3　典型习题及解答

6.3.1　判断正误并解释原因

1. 虽然很高的固定成本会是厂商亏损的原因，但永远不会是厂商关门的原因。
（　　）

2. 在长期均衡点，完全竞争市场中每个厂商的利润都为零。因而，当价格下降时，所有这些厂商就无法继续经营。（　　）

3. 当行业处于长期均衡状态时，同一行业的所有厂商必须只能获得正常利润。
（　　）

4. 如果一完全竞争行业的规模报酬不变，那么认为该行业的长期供给曲线就有着完全弹性。（　　）

5. 如果某一行业的产品是同质的，或者是相互之间有很好的替代性，则这一行业一定是竞争市场。（　　）

6. 对于完全竞争市场上的厂商来说，每个厂商都获得相同的利润率水平。（　　）

7. 厂商获得均衡状态的充分必要条件是 $MR=MC$。（　　）

8. 在短期内，完全竞争行业的供给曲线上的每一点都表示在相应价格水平下能够使全体厂商获得最大利润（或最小亏损）的行业短期供给量。（　　）

9. 在市场经济条件下，消费者统治的说法不论在什么条件下都是能够成立的。
（　　）

【参考答案】

1.（√）解释：在短期不管固定成本有多高，只要销售收益能补偿可变成本，厂商就可以营业。在长期，一切成本都是可变的，不存在固定成本高低的问题。

2.（×）解释：当价格下降时，会引起部分厂商退出该行业，那么该行业的供给量减少，供给曲线向左上方移动，会使价格恢复到原来水平，又会达到新的均衡，因此不能说当价格下降时，所有这些厂商就无法继续经营。

3.（√）解释：完全竞争的行业达于长期均衡时，市场均衡价格水平对应每一个厂商长期平均成本曲线的最低点，行业内所有厂商均无经济利润，只能获得正常利润。

4.（×）解释：假定该行业使用的要素的供给曲线向上倾斜，则该行业产品需求增加从而要素需求增加时，产品成本会上升，行业供给曲线会向上倾斜，尽管这时行业的规模报酬不变。

5.（×）解释：如果有很大的进出障碍，并且在位厂商对价格有较强的控制力或影响力，尽管产品同质，也不一定是竞争市场，如原油生产、提炼行业。

6．（×）解释：在要素市场完全竞争的条件下，长期内上述命题正确，但短期内厂商的利润率水平可能会有很大差异。

7．（×）解释：$MR=MC$ 只是必要条件而不是充分条件。

8．（√）解释：行业供给曲线是由单个厂商的短期供给曲线水平相加而成的。

9．（×）解释：对于短期内短缺经济的情况下，生产者有一定的控制能力。如垄断厂商可以影响或改变消费者的偏好。

6.3.2　选择题

1．完全竞争厂商所面临的需求曲线是一条水平线，它表示（　　　）。

　　A．厂商可以通过改变销售量来影响价格

　　B．厂商只能接受市场价格

　　C．厂商通过联合来改变市场价格

　　D．厂商通过改进生产技术获得经济利润

2．企业使其利润最大意味着（　　　）。

　　A．避免亏损

　　B．使平均成本最小

　　C．根据边际收益和边际成本相等来决定产出的水平

　　D．使产量最大

3．如果在厂商的短期均衡产量上，AR 小于 SAC，但大于 AVC，则厂商（　　　）。

　　A．亏损，立即停产　　　　　　　B．亏损，但继续生产

　　C．亏损，生产与否都可　　　　　D．获利，继续生产

4．若在最优产出水平上，市场均衡价格 P 超过 AVC，但小于 AC 时，则企业是在（　　　）。

　　A．获取利润　　　　　　　　　　B．亏损，但在短期内继续生产

　　C．亏损，应立即停产　　　　　　D．盈亏相抵

5．完全竞争厂商的短期供给曲线应该是（　　　）。

　　A．SMC 曲线上超过停止营业点的部分

　　B．SMC 曲线上超过收支相抵点的部分

　　C．SMC 曲线上停止营业点和超过停止营业点以上的部分

　　D．SMC 曲线的上升部分

6．假定完全竞争的条件下，如果厂商把产量调整到短期平均成本曲线最低点所对应的水平（　　　）。

A. 他将取得利润最大　　　　　B. 他没能获得最大利润
C. 他是否获得最大利润仍无法确定　　D. 他一定亏损

7. 假如某厂商的平均收益曲线由水平线变为向右下方倾斜的曲线，这说明（　　）。

A. 既有厂商进入也有厂商退出该行业　　B. 完全竞争被不完全竞争所取代
C. 新的厂商进入了该行业　　　　　D. 原有厂商退出了该行业

8. 短期出现下面哪种情况时，完全竞争企业停产？（　　）

A. 在所有可能的产量水平上，价格均低于平均成本
B. 没有边际收益和边际成本相等的点
C. 在所有的产量水平上，价格低于平均固定成本
D. 在所有的产量水平上，价格低于平均变动成本

9. 假定短期内在某一产量水平上，某厂商的平均成本达到了最小值，这意味着（　　）。

A. 边际成本等于平均成本　　　　B. 厂商获得了最大利润
C. 厂商获得了最少利润　　　　　D. 厂商的超额利润为零

10. 假定完全竞争行业内某厂商在目前产量水平上的边际成本、平均成本和平均收益均等于 1 美元，则这家厂商（　　）。

A. 只得到正常利润　　　　　　B. 没得到最大利润
C. 是否得到了最大利润还不能确定　　D. 得到了最小利润

11. 在完全竞争厂商的长期均衡产量上必然有（　　）。

A. MR=LMC≠SMC，其中 $MR=AR=P$
B. MR=LMC=SMC≠LAC，其中 $MR=AR=P$
C. MR=LMC=SMC=LAC≠SAC，其中 $MR=AR=P$
D. MR=LMC=SMC=LAC=SAC，其中 $MR=AR=P$

12. 完全竞争企业在长期均衡状态下，成本不变的行业中，产量的增加量（　　）。

A. 完全来自新企业
B. 完全来自原有企业
C. 要么完全来自新企业，要么完全来自原有企业
D. 部分来自新企业，部分来自原有企业

13. 某完全竞争行业的价格和供给量在长期内同方向变动，则该行业的长期供给曲线呈（　　）。

A. 水平的　　　　　　　　　　B. 向右下方倾斜的
C. 向右上方倾斜的　　　　　　D. 无法判断

14. 在完全竞争市场中，行业的长期供给曲线取决于（　　）。

A. SAC 曲线最低点的轨迹　　　B. SMC 曲线最低点的轨迹

  C．LAC 曲线最低点的轨迹   D．LMC 曲线最低点的轨迹

15．成本递减行业的长期供给曲线是（   ）。

  A．水平直线   B．自左向右上倾斜

  C．垂直于横轴   D．自左向右下倾斜

16．如果一个行业是成本递增行业，则（   ）。

  A．行业的长期供给曲线斜率为正 B．行业的长期供给曲线斜率为负

  C．短期平均成本曲线不是 U 形的 D．上述说法均不正确

17．如果具有 U 形的短期平均成本线的厂商通过将工厂的数目翻番而使产量翻番，且平均成本不变，那么长期供给曲线是（   ）。

  A．完全有弹性的   B．完全没有弹性的

  C．向上倾斜的   D．向右下倾斜的

【参考答案】

1．B 2．C 3．B 4．B 5．C 6．C 7．B 8．D 9．A 10．A 11．D
12．A 13．C 14．C 15．D 16．A 17．A

6.3.3 计算题与证明题

1．已知某完全竞争厂商的短期成本函数为 $STC = 0.1Q^3 - 2Q^2 + 15Q + 10$，试求：

（1）当市场上产品价格为 $P = 55$ 时，厂商的短期均衡产量和利润。

（2）当市场价格下降为多少时，厂商必须停产。

（3）厂商的短期供给函数。

【解题思路】根据完全竞争厂商的短期均衡条件、停止生产点以及厂商短期供给曲线的内容进行计算。

【本题答案】

（1）当完全竞争厂商达到均衡状态时，$P = MR = SMC = 55$。

由短期总成本函数知：$SMC = 0.3Q^2 - 4Q + 15 = 55$

解得：$Q = 20$

利润 $\pi = P \times Q - STC = 790$

（2）当市场价格下降到 AVC 的最低点以下时，厂商必须停产。

由短期总成本函数可知：$AVC = \dfrac{TVC}{Q} = 0.1Q^2 - 2Q + 15$

在 AVC 最低点，$\dfrac{dAVC}{dQ} = 0.2Q - 2 = 0$，解得：$Q = 10$

将 $Q = 10$ 代入 AVC 公式可得平均可变成本最低为 5，即价格下降到 5 以下时须停产。

（3）厂商的短期供给曲线是短期边际成本曲线高于平均可变成本之上部分，又由以上计算知道 $SMC = 0.3Q^2 - 4Q + 15$ ，所以厂商的短期供给函数是：$P = 0.3Q^2 - 4Q + 15(P \geq 5)$ 。

2. 假设某完全竞争行业有 100 个厂商，单个厂商的成本函数为 $STC = 0.1Q^2 + Q + 10$ （单位：美元）。

（1）求市场供给函数。

（2）假设市场需求函数为 $Q_D = 4\,000 - 400P$ ，求市场的均衡价格和产量。

（3）假定对单位产品征收 0.9 美元的税，新的市场均衡价格和产量又为多少？厂商和消费者的税收负担各为多少？

【解题思路】根据完全竞争厂商与该行业之间的关系进行计算。

【本题答案】

（1）由 $P = SMC = 0.2Q + 1$ ，可知 $Q = 5P - 5$ ，又知该行业有 100 个厂商，所以

$$Q_S = (5P - 5) \times 100 = 500P - 500(P \geq 0)$$

（2）市场短期供需均衡时 $Q_S = Q_D$ ，可得 $P = 5$ 美元，$Q_S = Q_D = 2\,000$ 。

（3）征收单位产品税，意味着单位产品的成本增加，从而供给价格上升，征税后 $Q'_S = 500(P - t) - 500 = 500(P - 0.9) - 500$ ，市场均衡 $Q'_S = Q_D$ 。

新的市场均衡价格 $P = 5.5$ 美元，新的均衡产量 $Q'_S = Q_D = 1\,800$ 。

产品的价格提高 0.5 美元，由消费者承担；厂商负担 0.4 美元。

3. 已知某完全竞争的成本递增行业的长期供给函数 $LS = 5\,500 + 300P$ 。试求：

（1）当市场需求函数为 $D = 8\,000 - 200P$ 时，市场的长期均衡价格和均衡产量。

（2）当市场需求增加，市场需求函数为 $D = 10\,000 - 200P$ 时，市场长期均衡价格和均衡产量。

（3）比较（1）、（2），说明市场需求变动对成本递增行业的长期均衡价格和均衡产量的影响。

【解题思路】根据供求定理进行计算。

【本题答案】

（1）成本递增行业期均衡时有 $LS = D$ ，解得 $P = 5$，$Q = 7\,000$ 。

（2）$P = 9$，$Q = 8\,200$ 。

（3）由（1）、（2）知，当市场需求增加时，成本递增行业的长期均衡价格和均衡产量都会增加。

4. 已知某完全竞争市场的需求函数为 $D = 6\,300 - 400P$ ，短期市场供给函数为 $SS = 3\,000 + 150P$ ；单个企业在 LAC 曲线最低处的价格为 6，产量为 50；单个企业的成本规模不变。

（1）求市场的短期均衡价格和产量。

（2）判断（1）中的市场是否同时处于长期均衡状态，并求行业内的厂商数量。

（3）如果市场的需求函数为 $D' = 8\,000 - 400P$，短期供给函数为 $SS' = 4\,700 + 150P$，求市场的短期均衡价格和产量。

（4）判断（3）中的市场是否处于长期均衡状态，并求行业内厂商数量。

（5）判断该行业属于什么类型。

（6）需求新加入多少企业，才能提供由（1）～（3）所增加的行业总产量？

【解题思路】根据完全竞争市场达到长期均衡时各个变量之间的关系进行计算。

【本题答案】

（1）完全竞争市场均衡时，有 $D = SS$，即：$6\,300 - 400P = 3\,000 + 150P$，可得：$P = 6$，$Q = 3\,900$。

（2）因为在 LAC 曲线最低处的价格正好等于市场价格，所以市场处于长期均衡状态，每个厂商的产量为 50，则厂商数量为：$3\,900 / 50 = 78$。

（3）由 $D' = SS'$ 可得：$P = 6$，$Q = 5\,600$。

（4）在（3）中的条件下，市场也处于长期均衡状态，厂商的数量为 $5\,600 / 50 = 112$。

（5）显然，该行业属于成本不变行业。

（6）需要新加入 $112 - 78 = 34$ 个企业，才能提供由（1）～（3）所增加的行业总产量。

5．在一个完全竞争的成本不变行业中单个厂商的长期成本函数为 $LTC = Q^3 - 40Q^2 + 600Q$，该市场的需求函数为 $Q^d = 13\,000 - 5P$。求：

（1）该行业的长期供给曲线。

（2）该行业实现长期均衡时的厂商数量。

【解题思路】根据完全竞争成本不变行业长期供给曲线是对应厂商长期平均成本的最低点且平行于数量轴的直线的特征来解答。

【本题答案】

（1）由于行业为成本不变行业的长期供给曲线对应厂商长期平均成本的最低点。根据厂商长期总成本曲线的方程，可得：

$$LAC = Q^2 - 40Q + 600$$

$$\frac{dLAC}{dQ} = 2Q - 40 = 0$$

解得：$Q = 20$，$LAC_{min} = 200$

所以，该行业长期供给曲线方程为 $P = 200$。

（2）当市场处于均衡时，将 $P = 200$ 代入市场需求函数，可得均衡数量为 $Q = 12\,000$，所以厂商的数目为 $N = 12\,000 / 20 = 600$。

6．一个完全竞争的厂商每天的利润最大化的收益为 5\,000 美元，此时厂商的平均成本是 8 美元，边际成本是 10 美元，平均变动成本是 5 美元。试求该厂商每天的产量和固定成本各是多少？

【解题思路】根据平均成本、边际成本、平均可变成本之间的换算关系计算。

【本题答案】

已知

$$TR = 5\,000，\quad SAC = 8，\quad SMC = 10，\quad AVC = 5$$

因为完全竞争厂商利润最大化条件为 $MR = P = SMC$，可知，$P = 10$。

又因 $TR = PQ = 5\,000$，所以 $Q = 500$。

由 $SAC = STC/Q = 8$ 可知，$STC = 4\,000$。

由 $TVC = AVC \cdot Q$ 可知，$TVC = 5 \times 500 = 2\,500$。

由 $TFC = STC - TVC$ 可知，$TFC = 4\,000 - 2\,500 = 1\,500$。

所以，该厂商每天的产量为 500，固定成本为 1 500 元。

7. 某完全竞争厂商使用劳动和资本从事生产，在短期内，劳动的数量可变，而资本的数量不变。厂商根据资本和劳动估计出的成本曲线如下：$LTC = \dfrac{2}{3}Q^3 - 16Q^2 + 180Q$，$STC = 2Q^3 - 24Q^2 + 120Q + 400$。

（1）厂商预期的长期最低价格是多少？

（2）如果要素价格不变，在短期内，厂商将继续经营的产品最低价格是多少？

（3）如果产品价格为 120 元，那么在短期内厂商将生产多少产品？

【解题思路】根据完全竞争厂商的停止营业点与价格的关系计算。

【本题答案】

（1）在长期内，厂商的价格不低于长期平均成本的最低点。

由 $LTC = \dfrac{2}{3}Q^3 - 16Q^2 + 180Q$ 可得：$LAC = \dfrac{LTC}{Q} = \dfrac{2}{3}Q^2 - 16Q + 180$，计算可得，LAC 最低点的产量为 $Q = 12$，$LAC_{min} = 84$，即 84 元是预期的最低价格。

（2）同样的道理，根据 STC 求得 $AVC = 2Q^2 - 24Q + 120 = 2(Q-6)^2 + 48$，可知，$AVC_{min} = 48$，厂商短期经营所要求的最低价格为 48 元。

（3）若 $P = 120$，根据 $P = LMC$ 的原则可得：$120 = 6Q^2 - 48Q + 120$，解得：$Q = 8$。即生产 8 单位的产品。

8. 假定某完全竞争市场的需求函数和供给函数分别为 $D = 22 - 4P$，$S = 4 + 2P$。求：

（1）该市场的均衡价格和均衡数量。

（2）单个完全竞争厂商的需求函数。

【解题思路】根据价格理论和完全竞争厂商的需求函数求解。

【本题答案】

（1）完全竞争市场的均衡条件为 $D(P) = S(P)$，故有 $22 - 4P = 4 + 2P$，解得：$P_e = 3$，$Q_e = 10$。

（2）单个完全竞争厂商的需求曲线是由给定的市场价格出发的一条水平线，在

$P=3$ 时，需求曲线 d 如图 6.4 所示。

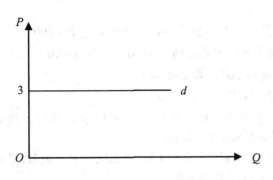

图 6.4　单个完全竞争厂商的需求曲线

9．已知某完全竞争的成本不变行业中的单个厂商的长期总成本函数 $LTC = Q^3 - 12Q^2 + 40Q$ 。试求：

（1）当市场商品价格为 $P=100$ 时，厂商实现 $MR=LMC$ 时的产量、平均成本和利润。

（2）该行业长期均衡时的价格和单个厂商的产量。

（3）当市场的需求函数为 $Q=660-15P$ 时，行业长期均衡时的厂商数量。

【解题思路】根据完全竞争厂商和行业的均衡进行计算。

【本题答案】

（1） $LMC = 3Q^2 - 24Q + 40$ ，且完全竞争厂商的 $P = MR$ ，所以 $MR = 100$ 。

根据利润最大化的原则 $MR = LMC$ ，有 $100 = 3Q^2 - 24Q + 40$ ，解得 $Q = 10$（已舍去负值）。

可得： $LAC = Q^2 - 12Q + 40 = 10^2 - 12 \times 10 + 40 = 20$ 。

利润 $= TR - TC = 100 \times 10 - (10^3 - 12 \times 10^2 + 40 \times 10) = 1\,721$ 。

（2）完全竞争行业长期均衡时的价格等于厂商的最小的长期平均成本，由 $LMC = LAC$ ，得 $Q = 6$ ，即单个厂商的产量为 4，$LAC=4$ ，所以行业长期均衡时的价格为 4。

（3）将 $P = 4$ 代入市场需求函数 $Q = 660 - 15P$ ，得到市场长期均衡数量为 600。而单个厂商的均衡产量 $Q = 6$ ，于是，行业长期均衡时的厂商数量 $= 600 \div 6 = 100$（家）。

10．已知完全竞争市场上单个厂商的长期成本函数为 $LTC = Q^3 - 20Q^2 + 200Q$ ，市场的产品价格为 $P = 600$ 。求：

（1）该厂商实现利润最大化时的产量、平均成本和利润各是多少？

（2）该行业是否处于长期均衡？为什么？

（3）该行业处于长期均衡时每个厂商的产量、平均成本和利润各是多少？

（4）判断（1）中的厂商是处于规模经济阶段，还是处于规模不经济阶段？

【解题思路】根据完全竞争厂商和行业的长期均衡进行计算。

【本题答案】

（1）由题意可得：$LMC = 3Q^2 - 40Q + 200$，且 $P = 600$。

由完全竞争厂商利润最大化原则 $P = LMC$，得 $Q = 20$（已舍去负值）。

由 $LAC = Q^2 - 20Q + 200$，得 $LAC = 200$。

利润：$\pi = P \cdot Q - LCT$，得 $\pi = 8\,000$。

（2）行业若处于长期均衡，则单个厂商的利润为零，而该行业中单个厂商 $\pi = 8\,000$，所以该行业不处于长期均衡。

（3）完全竞争厂商长期均衡条件 $LMC = LAC = P$。由 $LMC = LAC$，得 $Q = 10$，$LAC = P = 100$，$\pi = P \cdot Q - LCT = 0$。

（4）（1）中的厂商产量 $Q = 20$ 大于（3）中厂商的产量 $Q = 10$，即（1）中的单个厂商利润最大化的产量和价格组合发生在 LAC 曲线最低点的右边，LAC 曲线处于上升段，所以，单个厂商处于规模不经济阶段。

11．某完全竞争厂商的短期边际成本函数 $SMC = 0.6Q - 10$，总收益函数 $TR = 38Q$，且已知产量 $Q = 20$ 时的总成本 $STC = 260$，求该厂商利润最大化时的产量和利润。

【解题思路】根据完全竞争厂商的短期均衡进行计算。

【本题答案】

完全竞争厂商的短期均衡条件 $SMC = MR = P$，$TR = 38Q$，所以 $MR = P = 38$。

由均衡条件得 $Q6Q - 10 = 38$，得 $Q = 80$

再根据总成本函数与边际成本函数之间的关系，有

$$STC = \int SMC(Q)\,dQ = 0.3Q^2 - 10Q + TFC$$

又因为 $Q = 20$ 时的总成本 $STC = 260$，有 $TFC = 340$，所以 $STC = 0.3Q^2 - 10Q + 340$，于是有

$$\pi = P \cdot Q - STC = 38 \times 80 - (0.3 \times 80^2 - 10 \times 80 + 340) = 1\,580$$

即利润最大化时，产量 $Q = 80$，利润 $\pi = 1\,580$。

6.3.4　简答与分析讨论题

1．为什么完全竞争厂商的需求曲线、平均收益曲线和边际收益曲线是重叠的？

【参考答案】

市场上对某一个厂商的产品的需求状况，可以用该厂商所面临的需求曲线来表示，该曲线也被简称为厂商的需求曲线。在完全竞争市场上，由于厂商是既定市场价格的接受者，所以，完全竞争厂商的需求曲线是一条由既定市场价格水平出发的水平

线。假定厂商的销售量等于厂商所面临的需求量。这样，完全竞争厂商的水平的需求曲线又可以表示：在每一个销售量上，厂商的销售价格是固定不变的，于是，我们必然会有厂商的平均收益等于边际收益，且等于既定的市场价格的结论，即必有 $AR=MR=P$。所以完全竞争厂商的需求曲线、平均收益曲线和边际收益曲线是重叠的。

2．在完全竞争市场上，为什么厂商的需求曲线是一条和横轴平行的线，而行业需求曲线是一条自左向右下倾斜的曲线？为什么厂商和行业的短期供给曲线会是一条向右上倾斜的曲线？行业长期供给曲线是否也一定向右上倾斜？

【参考答案】

由于完全竞争条件下，每个厂商可以按照市场决定的价格销售任何数量的商品，因此厂商的需求曲线是一条水平线。而行业需求曲线是由所有消费该商品的个人需求加总而成，当价格上升时，需求量减少；价格下降时，需求量增加，因此行业需求曲线是一条自左向右下倾斜的曲线。

厂商供给曲线表达的是在不同的销售水平上厂商愿意生产和销售的数量。根据 $P=SMC$，供给曲线即是在不同的边际成本水平上厂商愿意生产并出售的商品量，由于 AVC 曲线以上的那段 SMC 曲线是向右上倾斜的，因此厂商的短期供给曲线是一条向右上倾斜的曲线，行业供给曲线是由行业内各个厂商的供给曲线水平加总而成，故也是一条向右上倾斜的曲线。

行业长期供给曲线不一定是右上倾斜的曲线，根据成本不变、递增、递减不同，长期供给曲线可以为水平、向右上倾斜和向右下倾斜的三种不同的形状。

3．为什么完全竞争厂商的短期供给曲线是 SMC 曲线上等于和高于 AVC 曲线最低点的部分？

【参考答案】

对完全竞争厂商来说，有 $P=MR$，所以，完全竞争厂商的短期均衡条件又可以写成 $P=SMC$。此式可以这样理解：在每一个给定的价格水平 P，完全竞争厂商应该选择最优的产量 Q，使得 $P=SMC$ 成立，从而实现最大的利润。这意味着在 P 和厂商的最优产量 Q 之间存在着一一对应的关系，而厂商的 SMC 曲线恰好准确地表明了这种商品的价格和厂商的短期供给量之间的关系。

但厂商只有在 $P \geq AVC$ 时，才会进行生产，而在 $P<AVC$ 时，厂商会停止生产。所以，厂商的短期供给曲线应该用 SMC 曲线上大于和等于 AVC 曲线最低点的部分来表示。

4．试述完全竞争厂商长期均衡的实现过程、长期均衡的条件。

【参考答案】

完全竞争市场长期均衡的实现过程如下：

市场的供给和需求决定市场的均衡价格和均衡产量。各厂商再根据市场的均衡价格调整厂房设备规模，与此同时，不断有新的厂商进入和亏损厂商退出该行业，市场的供给和需求随之发生变化，从而形成新的均衡价格。如果这一均衡价格等于厂商的最低长期平均成本，则该产品的价格、产量和留存的厂商数目不再发生变化，因为每个厂商既没有超额利润（从而不再扩大产量，新厂商也不再加入该行业），也不亏损（从而不再缩小生产，原来厂商也不再退出该行业），于是该行业处于长期均衡状态。完全竞争市场长期均衡状态的特点是：

第一，在行业达到长期均衡时生存下来的厂商都具有最高的经济效率、最低的成本。

第二，在行业达到长期均衡时生存下来的厂商只能获得正常利润。

第三，在行业达到长期均衡时，每个厂商提供的产量，不仅必然是其短期平均成本曲线的最低点的产量，而且必然是其长期平均成本曲线的最低点的产量。

完全竞争厂商长期均衡的条件：MR=LMC=SMC=LAC=SAC。

5. 完全竞争在现实经济生活中存在吗？为什么西方经济学家首先需要研究完全竞争模型？

【参考答案】

严格地讲，完全竞争在现实中并不存在。农产品市场也只是类似完全竞争市场而已。尽管完全竞争市场只是一种理想状况，但对一般厂商而言，当他们对市场价格几乎没有什么影响和控制作用时，也可近似为完全竞争厂商来看待，以便简化厂商均衡问题的分析。不仅如此，由于完全竞争市场理论是各种类型市场理论的基础，先弄清完全竞争市场中产品价格和产量如何决定，再分析其他市场类型产品价格和产量的决定也就不困难了。因此，经济学家分析厂商理论时首先总是分析完全竞争市场。

6. 某一彩电制造商认为他所在的行业是完全竞争行业。他觉得同其他彩电制造商之间存在激烈的竞争，其他彩电制造商一旦大做广告，采取降价措施或提高服务质量时，他也及时做出反应。请你根据所学的有关完全竞争知识判断彩电制造商所在行业是完全竞争行业吗？

【参考答案】

彩电制造商所在行业不是完全竞争行业。因为完全竞争假定存在许多卖者和买者，无须把其他人作为竞争对手，完全竞争市场中的产品是同质的，厂商之间没有必要进行广告、降价等方面的竞争，故彩电制造商所在行业不是完全竞争行业。

7. 厂商的 SMC 曲线在产量增加时常可画成向下倾斜然后向上倾斜。市场供给曲线是在单个厂商的 SMC 曲线基础上做出的。为什么产量增加时市场供给曲线从来不画成向下倾斜然后再向上倾斜？

【参考答案】

市场的供给量是由该行业内各个厂商的供给量加总而成的。而单个厂商的供给函数或者说供给曲线就是在不同价格水平上愿意提供的产量，这条供给曲线由该厂商边际成本曲线位于平均可变成本曲线以上的那一段构成。这是因为，完全竞争厂商均衡的条件是 P=SMC，但是，P<AVC 时，厂商将停止生产，因此，只有 AVC 曲线以上的那段 SMC 曲线才能代表厂商提供不同产量所要求的价格水平。成本理论告诉我们，

尽管 SMC 曲线和 AVC 曲线都呈 U 形，然而，SMC 曲线只能在递增时才会和 AVC 曲线相交，在交点上 AVC 达最小值。因此，无论是单个厂商的供给曲线，还是市场的供给曲线都不会画成先向下倾斜然后再向上倾斜。

8. 分别用图推导完全竞争市场条件下成本不变行业、成本递增行业和成本递减行业的长期供给曲线。

【参考答案】（文字略，如图 6.5～图 6.7 所示）

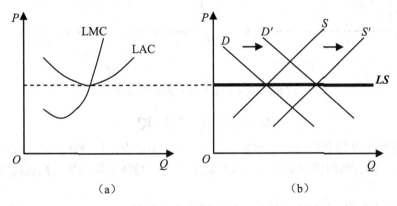

图 6.5　成本不变行业长期供给曲线

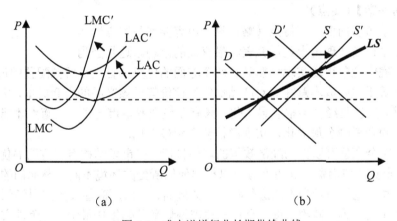

图 6.6　成本递增行业长期供给曲线

9. 怎样理解生产者剩余？

【参考答案】（要点）

生产者剩余是指厂商在提供一定数量的某种产品时实际接受的总支付和愿意接受的最小总支付之间的差额。它通常用市场价格线以下、厂商的供给曲线以上的面积来表示，如图 6.3 所示。

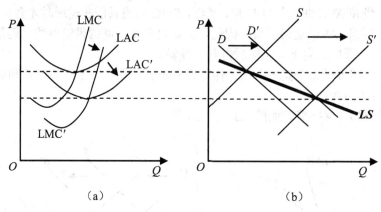

（a）　　　　　　　　　　（b）

图6.7　成本递减行业长期供给曲线

$$PS = P_0 Q_0 - \int_0^{Q_0} P(Q_S)\mathrm{d}Q$$

生产者剩余是福利经济学的概念，它所表示的实际上是厂商在交易过程中所得到的收益。这一概念和消费者剩余一起被广泛用于有关经济效率和社会福利问题的分析之中。

10. 如何理解完全竞争市场是一种最有效率的市场？

【参考答案】（要点）

完全竞争市场的含义和特点（略，见"内容要点与难点"）。

完全竞争市场在理论上是最完美、最有效的市场。这是因为：

第一，完全竞争市场实现均衡具有两个方面的优势。首先是资源配置的最优化。均衡点价格等于边际成本意味着对产品价值的评价等于该产品的机会成本，因此，资源配置最优。其次是经社会福利最大化。只有在完全竞争市场中，均衡点才能达到生产者剩余和消费者剩余最大化，实现净社会福利最大化。

第二，完全竞争可以作为经济政策的理想目标，该市场结构有三方面的优点。首先，由于完全竞争使消费者和生产者可以根据他们所处的环境不断调整他们的预期和供需状况，并对他们的行为不断进行收益上的判断，因而厂商能够始终灵活纠正其错误判断而产生的行为；其次，每一个竞争性市场均衡是帕累托最优，竞争性市场中的激励机制同样迫使生产者高效率地组织生产，否则"优胜劣汰"的法则会使其不能生存下去；再次，同样的激励机制将鼓励企业的技术创新，并将这些创新最佳地使用于社会生产活动中，并为企业带来更大的利益。

第三，完全竞争市场的资源利用最优。完全竞争市场的生产在技术上是最优的，因为企业利用了现有技术提供的最低的生产成本。另外，完全竞争市场的长期均衡是通过价格的自由波动来实现的。所以，当由于消费者的偏好、收入等因素变动引起市场需求发生变动或由于技术、要素供给等因素变动引起市场供给发生变动时，市场价格可以迅速做出反应，及时根据市场供求的状况进行调整。

第7章 不完全竞争市场

7.1 教学参考与学习指导

有垄断因素的市场称为不完全竞争市场。按照垄断程度由低到高可以将其划分为垄断竞争市场、寡头垄断市场和完全垄断市场三类市场结构。本部分的内容重点阐述了在这三类市场结构中的厂商生产决策的特征和规律。

垄断形成的原因很多，现实的市场往往或多或少地存在垄断因素，因此，本部分所阐述的三类市场结构是对现实很好的归纳、抽象和反映。在本部分的内容中，比较多地讨论了非价格竞争的问题，这也是对现实市场的真实反映。尤其是寡头市场中，我们可以看到厂商的决策越来越复杂，厂商之间的决策是相互影响，甚至相互决定的，体现出"决策互动"的特征。也因此，我们第 10 章内容引入了初步的博弈论知识，用以解释一些寡头厂商的行为特征，并启发大家贴近现实进行更多的学习和思考。

7.1.1 知识结构（见图 7.1）

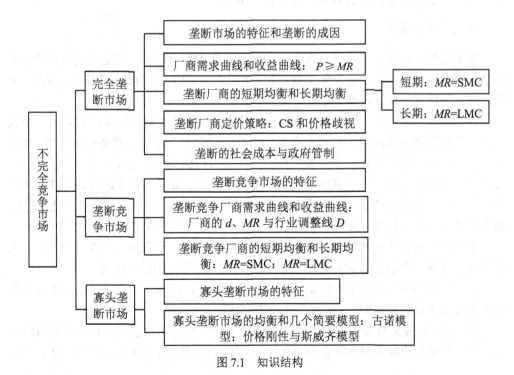

图 7.1 知识结构

7.1.2　内容指导

7.1.2.1　学习目的与要求

理解掌握垄断、寡头和垄断竞争这三种不完全竞争市场中厂商的产量和价格决定问题。

要求理解垄断市场的条件和垄断形成的原因；垄断厂商短期均衡和长期均衡的实现过程及其条件；垄断厂商实行价格歧视的条件以及价格歧视的类别；政府对自然垄断行业进行管制的方法；垄断竞争市场的条件；垄断竞争厂商的短期均衡和长期均衡的实现过程及其条件；垄断竞争厂商的非价格竞争方式；两个经典的寡头模型：古诺模型和斯威齐模型；在学习方法上，建议把完全竞争市场、垄断市场、垄断竞争市场以及寡头市场进行比较理解。

7.1.2.2　内容要点与难点

本部分分别考察了垄断、垄断竞争和寡头垄断这三种不完全竞争市场中厂商的需求曲线、供给曲线、收益曲线以及短期均衡、长期均衡的实现过程和实现条件。最后，还利用博弈论的初步知识对寡头市场进行了分析。

★完全垄断市场

垄断市场：指整个行业中只有唯一的一个厂商的市场组织。在这样的市场中，排除了任何的竞争因素，独家垄断厂商控制了整个行业的生产和市场的销售，所以，垄断厂商可以控制和操纵市场的价格。

自然垄断：有些行业的生产具有这样的特点，生产的规模经济效益需要在一个很大的产量范围和相应的巨大的资本设备的生产运行水平上才能得到充分的体现，以至于整个行业的产量只有由一个企业来生产时才有可能达到这样的生产规模。而且，只要发挥这一企业在这一生产规模上的生产能力，就可以满足整个市场对该种产品的需求。在这类产品的生产中，行业内总会有某个厂商凭借雄厚的经济实力和其他优势，最先达到这一生产规模，从而垄断了整个行业的生产和销售，这就是自然垄断。

垄断厂商的需求曲线和收益曲线：垄断市场中只有一个厂商，所以，市场的需求曲线就是垄断厂商所面陷的需求曲线，它是一条向右下方倾斜的曲线。

由于厂商的平均收益 AR 总是等于商品的价格 P，所以，垄断厂商的 AR 曲线和需求曲线 d 重叠，都是同一条向右下倾斜的曲线。

由于 AR 曲线是向右下方倾斜的，则根据平均量和边际量之间的相互关系可以推知，垄断厂商的边际收益 MR 总是小于平均收益 AR。因此，MR 曲线位于 AR 曲线的左下方，且 MR 曲线也向右下倾斜。

每一销售量上的边际收益 MR 值就是相应的总收益 TR 曲线的斜率，所以当 MR 大于 0 时，总收益曲线的斜率为正，当 MR 小于 0 时，总收益曲线的斜率为负，当 MR 等于 0 时，总收益曲线达到最大值。

垄断厂商的短期均衡：垄断厂商的短期均衡遵循 MR=MC 的原则，在短期内，垄断厂商无法改变不变要素的投入量，垄断厂商在既定的生产规模下通过对产量和价格的同时调整，来实现 MR=SMC。但并不是说在 MR=SMC 时的短期均衡点，厂商总能获利，在该点，厂商有时获利，有时也亏损，但这时的亏损是最小的。

垄断厂商的长期均衡：垄断厂商在长期内，通过调整生产规模，从而实现最大利润。在垄断厂商的 MR=LMC 的长期均衡产量上，代表最优生产规模的 SAC 曲线和 LAC 曲线相切，在均衡点上，SMC 曲线与 LMC 曲线和 MR 曲线三者相交于一点，所以垄断厂商的长期均衡条件为：MR=LMC=SMC，垄断厂商在长期均衡点上获得了最大利润。

价格歧视：垄断厂商由于能在一定程度上控制价格，为了增加垄断厂商的利润，所以会对同一种产品收取不同的价格，这种以不同价格销售同一种产品，被称为价格歧视。

价格歧视分为一级、二级和三级价格歧视。**一级价格歧视**是指厂商对每一单位产品都按消费者所愿意支付的最高价格出售，又被称为完全价格歧视。一级价格歧视下的资源配置是有效率的，尽管此时垄断厂商剥夺了全部的消费者剩余。**二级价格歧视**是指对不同的消费数量段制定不同的价格。实行二级价格歧视，垄断厂商利润增加，部分消费者剩余被垄断者占有。**三级价格歧视**是指垄断厂商对同一种产品在不同的市场上（或对不同的消费群）收取不同的价格。

值得注意的是，由于在一级价格歧视下，垄断厂商占据了全部的消费者剩余，因此，厂商的收益曲线也发生了变化：$TR = \int_0^{\bar{Q}} P(Q)\mathrm{d}Q$，而不再是 $TR = P(Q)Q$，$MR = \dfrac{\mathrm{d}TR}{\mathrm{d}Q} = P(Q)$，因此，此时厂商的均衡条件为：$MR = \mathrm{SMC}$ 或 $P = \mathrm{SMC}$。即此时厂商（市场）的需求曲线本身就是厂商的边际收益曲线。

★垄断竞争市场

垄断竞争市场：垄断竞争是这样一种市场组织结构，一个市场中有许多厂商生产和销售有差别的同种产品。垄断竞争市场的条件具体有三点：第一，在生产集团中有大量的企业生产有差别的同种产品，这些产品彼此之间都是非常接近的替代品。第二，一个生产集团的企业数量非常多，以至于每个厂商都认为自己的行为影响很小，不会引起竞争对手的注意和反应，也不会受到竞争对手的报复。第三，厂商的生产规模比较小，因此进入和退出一个生产集团比较容易。

非价格竞争：在垄断竞争市场上，由于每一个厂商生产的产品都是有差别的，所以，垄断竞争厂商往往通过改进产品品质、精心设计商标和包装、改善售后服务以及广告宣传等手段，来扩大自己产品的市场销售份额，这就是非价格竞争。

生产集团：在垄断竞争理论中，把市场上大量的生产非常接近的同种产品的厂商的总和称作生产集团。

垄断竞争厂商的需求曲线：垄断竞争厂商所面临的需求曲线有两种，通常被区分为 d 需求曲线（又称主观需求曲线）和 D 需求曲线（又称行业调整线或客观需求曲线）。d 需求曲线表示在垄断竞争生产集团中的某个厂商改变产品价格，而其他厂商的产品价格都保持不变时，该厂商的产品价格和销售量之间的关系。D 需求曲线表示，在垄断竞争生产集团的某个厂商改变产品价格，而且集团内的其他所有厂商也使产品价格发生相同变化时，该厂商的产品价格和销售量之间的关系。d 需求曲线的弹性大于 D 需求曲线，即前者较之于后者更平坦一些。

垄断竞争厂商的短期均衡：垄断竞争厂商短期均衡条件是：$MR=SMC$。在短期均衡的产量上，必定存在一个 d 曲线和 D 曲线的交点，它意味着市场上的供求是相等的。此时，垄断竞争厂商可能获得最大利润，可能利润为 0，也可能蒙受最小亏损。

垄断竞争厂商的长期均衡：在长期内，垄断竞争厂商不仅可以调整生产规模，还可以加入或退出生产集团。垄断竞争厂商的长期均衡条件为：$MR=LMC=SMC$，$AR=LAC=SAC$。在长期均衡产量上，垄断竞争厂商的利润为 0，且对应 d 需求曲线和 D 需求曲线的交点。

理想的产量和多余的生产能力：西方经济学家一般把完全竞争企业在长期平均成本 LAC 最低点上的产量称为理想的产量。把实际产量与理想产量之间的差额称为多余的生产能力。通常，垄断因素的存在会造成市场效率损失，出现多余的生产能力。

★寡头垄断市场

寡头市场：寡头市场又称为寡头垄断市场。它是指少数几家厂商控制整个市场的产品的生产和销售这样一种市场组织。它被认为是一种较为普遍的市场组织。按产品特征可以分为纯粹寡头行业和差别寡头行业两类。纯粹寡头行业中，厂商之间生产的产品没有差别。差别寡头行业是指厂商之间生产的产品是有差别的。按厂商的行动方式区分为有勾结行为的（即合作的）和独立行动的（不合作的）两种类型。

古诺模型：古诺模型是由法国经济学家古诺于 1838 年提出的。古诺模型是一个只有两个寡头厂商的简单模型，该模型也被称为"双头模型"。古诺模型的结论：在均衡状态中，甲、乙两个厂商的产量都为市场总容量的 $\frac{1}{3}$，即每个厂商的产量为 $\frac{1}{3}Q$，行业的总产量为 $\frac{2}{3}Q$，其中 Q 为市场总容量。古诺模型的结论很容易推广到三个或三

个以上的寡头厂商的情况中去，即每个寡头厂商的 均衡产量 = $\dfrac{1}{M+1}$ × 市场容量，

行业的均衡产量 = $\dfrac{M}{M+1}$ × 市场容量 （M 为寡头厂商的数量）。

斯威齐模型： 这一模型用来解释寡头市场上的价格刚性现象。斯威齐模型也被称为弯折的需求曲线。该模型由美国经济学家斯威齐于 1939 年提出。

如图 7.2 所示，有 d 需求曲线和 D 需求曲线，d 需求曲线表示该寡头厂商变动价格而其他寡头厂商保持价格不变时该厂商的需求状况，D 需求曲线表示行业内所有寡头厂商都以相同方式改变时的该寡头厂商的需求状况。假定开始时的市场价格为 D 需求曲线与 d 需求曲线的交点 B 所决定的价格 P_0，那么根据该模型的假设条件，该垄断厂商由 B 点出发提价所面临的需求曲线为 d 需求曲线上的 AB 段（其他厂商并不提价），降价所面临的需求曲线是 D 需求曲线上的 BC 段（其他厂商也跟着降价），于是，这两段共同构成的该寡头厂商的需求曲线为 ABC，很显然，这是一条弯折的需求曲线，折点是 B 点。这条弯折的需求曲线表示该寡头厂商从 B 点出发，在各个价格水平所面临的市场需求量。由弯折的需求曲线可以得到间断的边际收益曲线：MR_1 段（对应 d 需求曲线）和 MR_2 段（对应 D 需求曲线）。

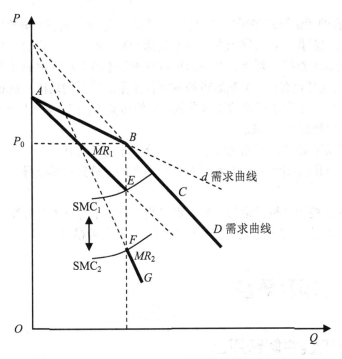

图 7.2　斯威齐模型

用间断的边际收益曲线，可以解释寡头市场上常见的价格刚性现象。根据边际收

益等于边际成本决定厂商的均衡产量和均衡价格。在边际收益的垂直间断范围内（$SMC_1 \leftrightarrow SMC_2$），（边际）成本的变动，不会引起均衡价格和均衡产量的变化。也就是说，此时的价格是有刚性的。只有成本发生很大的变化，才会影响均衡价格和均衡产量。

7.1.2.3　基本概念和基本原理扩充检索

不完全竞争市场　完全垄断市场　自然垄断　垄断竞争市场　寡头垄断市场　垄断厂商的需求曲线和收益曲线　垄断厂商的短期均衡　垄断厂商的长期均衡　价格歧视　一级价格歧视及其条件　二级价格歧视　三级价格歧视　非价格竞争　生产集团　垄断竞争厂商的需求曲线（d、D）　垄断竞争厂商的短期均衡　垄断竞争厂商的长期均衡　理想产量和多余的生产能力　古诺模型　斯威齐模型　斯塔克伯格模型*　价格领导模型*　卡特尔模型*

7.2　考点分析

本部分内容的考试形式多采取名词解释、判断与选择、简答与分析等形式。

题型 1：名词解释。可根据上文"基本概念和基本原理扩充检索"复习掌握。

题型 2：判断和选择。判断和选择的重点在于基本概念和原理的理解和简单运用分析能力。常见的考点有：（1）垄断市场的特征及垄断厂商的均衡，垄断厂商的利润及价格策略；（2）垄断竞争厂商的需求曲线，非价格竞争；（3）寡头厂商的理论模型；（4）不同市场的经济效率比较。

题型 3：计算和推导。不完全竞争市场部分常见的考点有：（1）不同市场条件下厂商均衡产量、利润的计算；（2）利用对厂商均衡的理解进行的推导与证明；（3）博弈论的初步知识。

题型 4：简答题和分析讨论题。考核点多集中在对本部分"内容要点与难点"的掌握、理解和运用上，尤其是几个重要的解释市场现象的模型。

7.3　典型习题及解答

7.3.1　判断正误并解释原因

1. 只有在纯粹竞争的条件下，才存在行业产出的供给曲线。（　　　）

2．在双寡头垄断的古诺模型中，如果两个厂商有不同的边际成本曲线，会存在一个稳定解。（　　）

3．弯折的需求曲线的寡头垄断模型意味着假定没有一个厂商在行业中占支配地位。（　　）

4．如果垄断者经营一个企业，该企业规模使得垄断者在取得利润最大化产出时具有最低的平均成本，则这个企业达到了长期垄断均衡。（　　）

*5．在一个有支配厂商的价格领导模型中，除支配厂商外，其他所有厂商的行为都像完全竞争市场中厂商的行为一样。（　　）

6．在完全竞争条件下，当平均可变成本曲线向下倾斜时，厂商不可能处于均衡状态；但在长期及垄断竞争条件下，除非它的平均成本曲线向下倾斜，厂商不可能处于均衡状态。（　　）

7．成为垄断者的厂商可以任意定价。（　　）

8．在长期，垄断竞争厂商得不到超额利润，所以，垄断竞争与完全竞争一样是一种有效的市场。（　　）

9．垄断竞争条件下厂商所面临的主观 d 需求曲线在所有价格水平下都更缺乏弹性。（　　）

【参考答案】

1．（√）解释：不完全竞争市场中，单个厂商对市场价格有一定的控制力量，它是通过对产量和价格的同时调整来实现 $MR=$SMC 原则的。相应地，随着单个厂商所面临的向右下方倾斜的需求曲线的位置移动，厂商的价格和产量之间不再必然存在如同完全竞争条件下的那种一一对应关系，因此，无法得到具有规律性的可以表示产量和价格之间一一对应关系的厂商和行业的供给曲线。

2．（√）解释：如果两个厂商有不同的边际成本曲线，则厂商就有不同的反应函数，但它们之间的交点仍然可以产生一个稳定的、尽管是不对称的解。

3．（√）解释：弯折需求曲线的提出，就是假定其他厂商不随着他提价，但随着降价，因此该厂商并不占支配地位。

4．（×）解释：判断企业是否达到长期均衡的必要条件是 $MR=$LMC。

*5．（√）解释：在价格领导模型中，价格由支配型厂商决定，非支配型厂商只是根据已定的价格出售他们想出售的数量，因此，这些非支配厂商的行为和完全竞争者一样。

6．（√）解释：这是由厂商所面临的需求曲线的特性及均衡的必要条件决定的。

7．（×）解释：理论上垄断者是价格的制定者，但实际定价过高，市场需求量、总收益和利润就会下降，同时市场也会被相似替代品夺走。

8．（×）解释：垄断竞争厂商需求曲线的有限弹性决定了垄断竞争市场的效率低于完全竞争市场。

9.（×）解释：垄断竞争条件下厂商所面临的主观 d 需求曲线在所有价格水平下都更具有弹性。

7.3.2　选择题

1. 如果在需求曲线某一点上的需求的价格弹性 $e_d = -2$，商品的价格 $P=20$，则相应的边际收益 MR 为（　　）。

    A．30   B．10   C．60   D．-10

2. 垄断厂商利润极大时（　　）。

    A．$P=MR=MC$ B．$P>MR=AC$ C．$P>MR=MC$ D．$P>MC=AC$

3. 完全垄断厂商达于长期均衡的条件是（　　）。

    A．$MR=MC$ B．$MR=SMC=LMC$

    C．$MR=SMC=LMC=SAC$ D．$MR=SMC=LMC=SAC=LAC$

4. 要得到古诺模型中的均衡，必须假定（　　）。

    A．行业中只有两个厂商   B．边际成本为零

    C．两个厂商有相同的反应函数   D．以上都不对

5. 对完全垄断厂商来说（　　）。

    A．提高价格一定能够增加收益

    B．降低价格一定会减少收益

    C．提高价格未必能增加收益，降低价格未必减少收益

    D．以上都不对

6. 完全垄断厂商的总收益与价格同时下降的前提条件是（　　）。

    A．$|E_d|>1$ B．$|E_d|<1$ C．$|E_d|=1$ D．$|E_d|=0$

7. 弯折需求曲线模型（斯威齐模型）是（　　）。

    A．假定一个厂商提高价格，其他厂商就一定跟着提价

    B．说明为什么每个厂商要保持现有价格，而不管别的厂商如何行动

    C．说明为什么均衡价格是刚性的，而不是说明价格如何决定

    D．假定每个厂商认为其需求曲线在价格下降时比上升时更有弹性

8. 完全垄断厂商的产品需求弹性为 1 时，（　　）。

    A．总收益最小   B．总收益最大

    C．总收益递增   D．总收益递减

*9. 卡特尔制定统一价格的原则是（　　）。

    A．使整个卡特尔的产量最大   B．使整个卡特尔的利润最大

    C．使整个卡特尔的成本最小   D．使整个卡特尔中各厂商的利润最大

10．当垄断市场的需求富于弹性时，*MR* 为（　　）。

　　A．正　　　　　　B．负　　　　　　C．0　　　　　　D．1

11．如果市场价格超过平均成本，边际收益大于边际成本，垄断厂商多卖 1 单位时（　　）。

　　A．对总利润没有影响，但会缩小边际收益和边际成本之间的差额

　　B．总利润会减少

　　C．厂商总收益会减少，其数额等于 $P-AC$

　　D．总利润会增加，其数额为 $MR-MC$，并缩小边际收益和边际成本之间的差额

12．完全垄断厂商的平均收益曲线为直线时，边际收益曲线也是直线。边际收益曲线的斜率为平均收益曲线斜率的（　　）。

　　A．2 倍　　　　　B．1/2 倍　　　　C．1 倍　　　　D．4 倍

13．如果非线性需求曲线是凹面的，那么非线性边际收益曲线位于价格轴和需求曲线之间距离的平分线的（　　）。

　　A．左边　　　　　B．中点　　　　　C．右边　　　　D．以上都不是

14．垄断利润或者说超额利润（　　）。

　　A．不是一种成本，因为它不代表生产中使用的资源所体现的替换成本

　　B．不能为垄断者在长期中获取，因为价格在最优产出水平上必须等于长期平均成本

　　C．为保证资本继续进入该行业所必需

　　D．能为完全竞争者和垄断者一样在长期中获取

15．市场需求增加时，垄断厂商会（　　）。

　　A．增加产量以增加收益　　　　　B．增加产量以提高价格

　　C．降低产量以增加边际成本　　　D．减少产量以降低价格

16．某厂商的平均收益曲线从水平线变为向右下方倾斜的曲线，这说明（　　）。

　　A．有厂商进入该行业　　　　　B．完全竞争被不完全竞争所取代

　　C．厂商间的竞争趋于激烈　　　D．原厂商退出了该行业

17．下列选项中，（　　）不是进入一个垄断行业的壁垒。

　　A．垄断利润　　　　　　　　　B．政府特许经营权

　　C．专利权　　　　　　　　　　D．资源控制

18．如果垄断者的长期平均成本超过市场价格，则厂商将（　　）。

　　A．停留在这一营业水平上，因为它使资本得到了一个正常报酬

　　B．停留在这一营业水平上，尽管其固定成本没有得到补偿

　　C．歇业并清理资产

　　D．暂时停业

19. 要能有效地实行差别定价，下列哪一条以外都是必须具备的条件？（   ）
    A. 分割市场的能力
    B. 一个巨大的无弹性的总需求
    C. 每个分市场上不同的需求价格弹性
    D. 保持市场分割以防止商品在较有弹性的需求时被顾客再售卖

20. 如果完全垄断厂商在两个分割的市场中具有相同的需求曲线，那么垄断厂商（   ）。
    A. 可以实行差别价格   B. 不能实行差别价格
    C. 既能也不能实行差别价格   D. 上述都不对

21. 完全垄断市场中如果 A 市场的价格高于 B 市场的价格，则（   ）。
    A. A 市场的需求弹性大于 B 市场的需求弹性
    B. A 市场的需求弹性小于 B 市场的需求弹性
    C. 两个市场的需求弹性相等
    D. 以上都正确

22. 垄断竞争市场上厂商的短期均衡发生于（   ）。
    A. 边际成本等于实际 D 需求曲线中产生的边际收益时
    B. 平均成本下降时
    C. d 需求曲线与 D 需求曲线相交，且边际成本等于 d 需求曲线中产生的边际收益时
    D. 主观 d 需求曲线与平均成本曲线相切时

23. 垄断竞争厂商短期均衡时（   ）。
    A. 厂商一定能获得超额利润
    B. 厂商一定不能获得超额利润
    C. 只能得到正常利润
    D. 取得超额利润、发生亏损及获得正常利润三种情况都可能发生

24. 垄断竞争厂商长期均衡时，必然有（   ）。
    A. 价格大于长期平均成本
    B. 在均衡点上，主观需求曲线上的弹性大于实际需求曲线上的弹性
    C. 资源在广告中浪费
    D. 边际成本等于实际需求曲线上的价格

25. 垄断竞争厂商长期均衡点上，长期平均成本曲线处于（   ）。
    A. 上升阶段   B. 下降阶段
    C. 水平阶段   D. 以上三种情况都可能

26. 寡头垄断与垄断竞争之间的差别是（   ）。
    A. 厂商的广告开支不同   B. 非价格竞争的数量不同

C．厂商之间相互影响的程度不同　　　　D．以上都不对

27．垄断竞争厂商实现最大利润的途径有（　　　）。

A．调整价格从而确定相应产量　　　　B．品质竞争

C．广告竞争　　　　　　　　　　　　D．以上途径都可能用

28．寡头垄断厂商的产品是（　　　）。

A．同质的　　　　　　　　　　　　　B．有差异的

C．既可以是同质的，也可以是有差异的　D．以上都不对

29．在弯折需求曲线模型中，拐点左右两边的需求弹性是（　　　）。

A．左边弹性大，右边弹性小　　　　　B．左边弹性小，右边弹性大

C．左右两边弹性一样大　　　　　　　D．以上都不对

30．当一个不完全竞争行业实现长期均衡时，每个企业（　　　）。

A．显成本和稳成本都得到补尝　　　　B．利润都为零

C．行业中没有任何厂商再进出　　　　D．以上说法都对

31．如果某厂商的边际收益大于边际成本，那么为了取得最大利润（　　　）。

A．他在完全竞争条件下应该增加产量，在不完全竞争条件下则不一定

B．他在不完全竞争条件下应该增加产量，在完全竞争条件下则不一定

C．任何条件下都应该增加产量

D．任何条件下都应该减少产量

32．在任何市场中，厂商的平均收益曲线可以由（　　　）。

A．他的产品供给曲线表示　　　　　　B．他的产品需求曲线表示

C．行业的产品供给曲线表示　　　　　D．行业的产品需求曲线表示

33．垄断竞争厂商的长期均衡与短期均衡的区别是长期均衡的（　　　）。

A．$P = AC_{\min}$

B．厂商的主观需求曲线与长期平均成本曲线相切

C．$P=AC$

D．主观需求曲线与客观需求曲线相交

34．寡头垄断厂商的产品是（　　　）。

A．同质的　　　　　　　　　　　　　B．有差异的

C．既可以是同质的，也可以是有差异的　D．以上都不对

35．完全竞争与不完全竞争两种产品市场相比较，生产要素的需求曲线（　　　）。

A．前者与后者重合　　　　　　　　　B．前者比后者陡峭

C．前者比后者平坦　　　　　　　　　D．无法确定

【参考答案】

1．B　2．C　3．B　4．D　5．C　6．B　7．C　8．B　*9．B　10．A　11．D

12．A　13．C　14．A　15．A　16．B　17．A　18．C　19．B　20．B　21．B

22．C　23．D　24．B　25．B　26．C　27．D　28．C　29．A　30．D　31．C
32．B　33．B　34．C　35．C

7.3.3　计算题与证明题

1．设垄断者的产品需求曲线为 $P=16-Q$，单位:美元。求:

（1）垄断者出售 8 单位产品的总收益为多少?

（2）如果垄断者实行一级价格歧视，垄断者的收益是多少? 他掠夺的消费者剩余为多少?

（3）如果垄断者实行二级价格歧视，对前 4 单位的商品定价为 12 美元，对后 4 单位的商品定价为 8 美元，垄断者掠夺的消费者剩余为多少?

【解题思路】一级价格歧视和二级价格歧视的定义及计算方法。

【本题答案】

（1）$TR=PQ=(16-Q)Q=64$ 美元。

（2）如果垄断者实行一级价格歧视，每单位索取不同的价格，根据 $P=16-Q$，
$TR=15+14+\cdots+8=92$ 美元，消费者剩余为 $92-64=28$ 美元。

（3）如果垄断者实行二级价格歧视，$TR=12\times4+8\times4=80$ 美元，消费者剩余为 $80-64=16$ 美元。

2．一垄断厂商生产一种同质产品，在能实行差别价格的两个市场出售，总成本为 $TC=\dfrac{Q^3}{3}-40Q^2+1800Q+5000$，成本单位为美元，产量单位为吨，两市场的需求函数为 $q_1=320-0.4p_1$，$p_2=A-Bq_2$，该垄断厂商利润极大时均衡的年总产量为 60 吨，年纯利润为 5000 美元，求 A 和 B 的数值为多少?

【解题思路】按照三级价格歧视，两市场均达到均衡的必要条件来计算。

【本题答案】

两市场达到均衡时有: $MR_1=MR_2=MC$

又由 TC 函数可得: $MC=Q^2-80Q+1800=600$

由 $MR_1=MC$ 可得: $q_1=40$，$p_1=700$，$q_2=20$

因为 $\pi=TR-TC$，可知 $TR=\pi+TC=46000$

$TR_2=TR-TR_1=46000-p_1q_1=18000$，$p_2=\dfrac{TR_2}{q_2}=900$

将 $q_2=20$，$p_2=900$ 代入 $p_2=A-Bq_2$，得 $900=A-20B$

将 $MR_2=600$，$q_2=20$ 代入 $MR_2=A-2Bq_2$，得 $600=A-40B$

最后可求得: $A=1200$，$B=15$

3．某垄断厂商的短期总成本函数为 $STC = 0.1Q^3 - 6Q^2 + 140Q + 3\,000$，反需求函数为 $P = 150 - 3.25Q$，求该厂商的短期均衡产量和均衡价格。

【解题思路】根据短期均衡条件 $MR=SMC$ 计算。

【本题答案】

由 $STC = 0.1Q^3 - 6Q^2 + 140Q + 3\,000$，得 $SMC = 0.3Q^2 - 12Q + 140$。

又由 $P = 150 - 3.25Q$，得 $MR = 150 - 3.25 \times 2Q = 150 - 6.5Q$。

令 $MR=SMC$，解得 $Q=20$，$P=85$。

4．假设：（1）只有 A、B 两寡头垄断厂商出售同质且生产成本为零的产品；（2）市场对该产品的需求函数为 $Q_d = 240 - 10P$，以美元计；（3）厂商 A 先进入市场，随之 B 进入。各厂商确定产量时认为另一厂商会保持产量不变。试求：

（1）均衡时各厂商的产量和价格为多少？

（2）与完全竞争和完全垄断相比，该产量和价格如何？

（3）各厂商取得利润是多少？该利润与完全竞争和完全垄断时相比情况如何？

（4）如果再有一厂商进入该行业，则行业均衡产量和价格会发生什么变化？如有更多厂商进入，情况又会怎样？

【解题思路】根据古诺模型解题。

【本题答案】

（1）根据假设条件，这两个厂商的行为属古诺模型。

根据古诺模型，又由产品需求函数 $Q_d = 240 - 10P$ 可知，这两个厂商利润极大时的产量 $= \dfrac{1}{3} \times 240 = 80$，整个市场的产量为 $Q = Q_A + Q_B = 80 + 80 = 160$，将其代入市场需求函数，可得，$P = 8$（美元）。

（2）完全竞争时，厂商数 n 越多，各厂商均衡产量的总和，即总产量 $= \dfrac{n}{n+1} \times 240$ 就越接近于 240，而价格则越接近于零，反之，完全垄断时，$n=1$。

因此，该厂商均衡产量 $= \dfrac{1}{1+1} \times 240 = 120$，价格 $P=12$（美元）。

（3）厂商 $\pi_A = TR_A - TC_A = PQ_A - 0 = 8 \times 80 = 640$（美元）

同样可求得：$\pi_B = 640$（美元）

完全竞争时，$\pi_A = PQ_A = 0$

完全垄断时，$\pi_A = PQ_A = 12 \times 120 = 1\,440$（美元）。

（4）再有一厂商进入该行业时，$QA = QB = QC = \dfrac{1}{4} \times 240 = 60$，总产量 $Q = 180$，将其代入需求函数，得 $P = 6$（美元）。

如有更多厂商进入，则各厂商的均衡产量越小，总产量越接近于 240，价格则越低。

5. 一个垄断厂商生产产品而在两个市场上销售，他的成本曲线和两个市场的需求曲线方程分别为：$TC = (Q_1 + Q_2)^2 + 10(Q_1 + Q_2)$；$Q_1 = 32 - 0.4P_1$；$Q_2 = 18 - 0.2P_2$。求：

（1）厂商可以在两市场之间实行差别价格，计算在利润最大化水平上每个市场上的价格、销售量以及他所获得的总利润量 R。

（2）如果禁止差别价格，即厂商必须在两市场上以相同价格销售。计算在利润最大化水平上每个市场上的价格、销售量以及他所获得的总利润。

【解题思路】按照三级价格歧视的均衡条件计算。

【本题答案】

（1）$TR_1 = P_1 Q_1 = 80Q_1 - 2.5Q_1^2$，$MR_1 = \dfrac{\mathrm{d}TR_1}{\mathrm{d}Q_1} = 80 - 5Q_1$

$TR_2 = P_2 Q_2 = 180Q_2 - 10Q_2^2$，$MR_2 = \dfrac{\mathrm{d}TR_2}{\mathrm{d}Q_2} = 180 - 20Q_2$

$MC = \dfrac{\mathrm{d}TC}{\mathrm{d}Q} = 2Q + 10 = 2Q_1 + 2Q_2 + 10$

按照 $MR_1 = MR_2 = MC$ 可得：$Q_1 = 8$，$Q_2 = 7$，代入生产函数，可得：$P_1 = 60$，$P_2 = 110$，利润为：$\pi = P_1 Q_1 + P_2 Q_2 - TC = 875$。

（2）总生产函数为 $Q = Q_1 + Q_2 = 50 - 0.5P$

$TR = PQ = 100Q - 2Q^2$，$MR = 100 - 4Q$，$MC = \dfrac{\mathrm{d}TC}{\mathrm{d}Q} = 2Q + 10$

按照 $MR = MC$ 的原则，可得：$Q = 15$，代入生产函数，可得：$P = 70$，利润为：$\pi = PQ - TC = 675$。

6. 假定某垄断厂商可以在两个分割的市场上实行价格歧视，两个分割的市场上该厂商面临的需求曲线分别表示为：$q_1 = a_1 - b_1 p_1$，$q_2 = a_2 - b_2 p_2$。假定厂商的边际成本与平均成本为常数 C，证明，垄断者无论是实行价格歧视（在两个市场收取不同的价格），还是不实行价格歧视（在两个市场收取相同的价格），这两种定价策略下的产出水平都是相同的。

【解题思路】按照三级价格歧视均衡条件及无价格歧视时厂商的均衡条件推证。

【本题答案】

证明：由 $q_1 = a_1 - b_1 p_1$，则 $p_1 = \dfrac{a_1}{b_1} - \dfrac{q_1}{b_1}$

$TR_1 = p_1 q_1 = \dfrac{a_1 q_1}{b_1} - \dfrac{q_1^2}{b_1}$，$MR_1 = \dfrac{a_1}{b_1} - \dfrac{2q_1}{b_1}$

由 $MR_1 = MC$ 可知：$q_1 = \dfrac{a_1}{2} - \dfrac{c}{2} b_1$，同理 $q_2 = \dfrac{a_2}{2} - \dfrac{c}{2} b_2$。

由上可得：$Q = q_1 + q_2 = \dfrac{a_1 + a_2}{2} - \dfrac{c}{2}(b_1 + b_2)$

不实行价格歧视时：$Q = a_1 + a_2 - (b_1 + b_2)p$，$TR = PQ$

根据 $MR=MC$ 可得：$Q = q_1 + q_2 = \dfrac{a_1 + a_2}{2} - \dfrac{c}{2}(b_1 + b_2)$

所以，垄断者无论是实行价格歧视还是不实行价格歧视，这两种定价策略下的产出水平都是相同的。

7. 王老汉和张老汉是自由市场上仅有的两个出售西红柿的人。西红柿的市场需求函数为 $Q = 3\,200 - 1\,600P$，$Q = Q_{\mathrm{w}} + Q_{\mathrm{z}}$，$Q_{\mathrm{w}}$ 和 Q_{z} 分别为王老汉和张老汉出售的西红柿的数量，两位老汉种植西红柿的边际成本都为 0.5 元。

（1）两位老汉每年春天决定西红柿种植数量，而且都知道西红柿的市场需求情况，也知道上一年对方卖掉多少西红柿。现假定两位老汉都认为对方今年出售的数量将与去年相同。如果张老汉在 $t-1$ 年出售的数量为 $Q_{\mathrm{z},t-1}$，而王老汉在 t 年春天出售的数量为 $Q_{\mathrm{w},t}$，那么，他推算的西红柿的市场价格是多少？他的边际收入是多少？

（2）王老汉为了实现利润最大化，在 t 年春天应该种植多少西红柿？

（3）王老汉和张老汉的反应函数分别是什么？达到均衡时，王老汉和张老汉的产量分别为多少？双方的利润为多少？市场价格是多少？这样的均衡是什么均衡？

（4）如果张老汉早播种两天，王老汉偷偷得知张老汉当年的产量将为 q，王老汉将做出怎样的决策？如果张老汉早已预料到王老汉的行为并知道王老汉的决策方法，张老汉将做出怎样的决策？达到均衡时，张老汉和王老汉的产量分别是多少？双方利润各为多少？市场价格是多少？这样的均衡是什么均衡？如果张老汉推迟种植时间，对自己是否有利？

（5）如果两位老汉进行合作，一起决定总产量，然后按边际成本分配各自产量，则市场价格、各自产量、各自利润为多少？这样的均衡是什么均衡？

【解题思路】分别根据古诺模型、斯塔克伯格模型*、共谋均衡等进行计算。

【本题答案】

（1）由 $Q = 3\,200 - 1\,600P$，可得：

$$P = 2 - \frac{1}{1\,600}(Q_{\mathrm{z}_{t-1}} + Q_{\mathrm{w}_t}), \quad MR = 2 - \frac{Q_{\mathrm{z}_{t-1}}}{1\,600} - \frac{Q_{\mathrm{w}_t}}{1\,600}$$

（2）由 $MR = MC$ 且 $MC = 0.5$，可得：$Q_{\mathrm{w}_t} = 1\,200 - \dfrac{Q_{\mathrm{z}}}{2}$

（3）由 $MC_{\mathrm{w}} = MR_{\mathrm{w}}$，$MC_{\mathrm{z}} = MR_{\mathrm{z}}$ 可得：

$$Q_{\mathrm{w}} = 1\,200 - \frac{Q_{\mathrm{z}}}{2}, \quad Q_{\mathrm{z}} = 1\,200 - \frac{Q_{\mathrm{w}}}{2}$$

解得：$Q_{\mathrm{w}} = Q_{\mathrm{z}} = 800$，$\pi_{\mathrm{w}} = \pi_{\mathrm{z}} = 400$，$P = 1$，此时达到古诺均衡。

（4）产量决策 $Q_\mathrm{w}=1\,200-\dfrac{Q_\mathrm{z}}{2}$ ，将在使其利润最大化下决定 Q_z 。

斯泰博格模型： $\pi_\mathrm{z}=Q_\mathrm{z}-\left[2-\dfrac{1}{1\,600}\left(Q_\mathrm{z}+1\,200-\dfrac{1}{2}Q_\mathrm{z}\right)\right]$

由 $MC_\mathrm{z}=MR_\mathrm{z}$ ，可得： $Q_\mathrm{z}=1\,200$ ， $Q_\mathrm{w}=600$ ， $P=\dfrac{7}{8}$ ，此时达到先行者均衡。

如果张老汉推迟种植时间对自己无利。

（5） $\pi=PQ-2TC$ ，令 $\pi'=0$ 可得： $Q=1\,200$

由 $MC_\mathrm{w}=MC_\mathrm{z}$ ，可得： $Q_\mathrm{w}=Q_\mathrm{z}=600$ ， $P_\mathrm{w}=P_\mathrm{z}=1.25$ ， $\pi_\mathrm{w}=\pi_\mathrm{z}=450$

这样的均衡是共谋均衡。

8．已知某垄断厂商的反需求函数为 $P=100-2Q+2\sqrt{A}$ ，成本函数为 $TC=3Q^2+20Q+A$ ，其中，A 表示厂商的广告支出。

求：该厂商实现利润最大化时 Q、P 和 A 的值。

【解题思路】根据利润最大化原则 $MR=MC$ 进行计算。

【本题答案】

由 $P=100-2Q+2\sqrt{A}$ ，可知 $TR=100Q+2Q^2+2Q\sqrt{A}$

又由 $TC=3Q^2+20Q+A$ ，可得：

$$MR_Q=\frac{\partial TR}{\partial Q}=100+2\sqrt{A}-4Q,\quad MC_Q=\frac{\partial TC}{\partial Q}=6Q+20$$

$$MR_A=\frac{\partial TR}{\partial A}=\frac{Q}{\sqrt{A}},\quad MC_A=\frac{\partial TC}{\partial A}=1$$

又由厂商实现利润最大化时有： $MR_Q=MC_Q$ ，且 $MR_A=MC_A$ ，即 $\dfrac{Q}{\sqrt{A}}=1$ ，联立解得： $Q=10$ ， $A=100$ ， $P=100$ 。

9．根据图7.3中线性需求曲线 d 和相应的边际收益曲线 MR，试求：

（1）A 点所对应的 MR 值。

（2）B 点所对应的 MR 值。

【解题思路】根据需求的价格点弹性的几何意义和 $MR=1-\dfrac{1}{e_d}$ 公式相结合进行计算。

【本题答案】

（1）A 点的需求的价格弹性值为： $e_d=\dfrac{15-5}{5}=2$ ，或 $e_d=\dfrac{2}{3-2}=2$

则 $MR=\left(1-\dfrac{1}{e_d}\right)=2\times\left(2-\dfrac{1}{2}\right)=1$

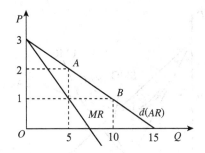

图 7.3 需求曲线与边际收益图

（2）B 点的需求的价格弹性值为：$e_d = \dfrac{15-10}{10} = \dfrac{1}{2}$，或 $e_d = \dfrac{1}{3-1} = \dfrac{1}{2}$

则 $MR = (1 - \dfrac{1}{e_d}) = 1 \times (1 - \dfrac{1}{\frac{1}{2}}) = -1$

10．图 7.4 是某垄断厂商的长期成本曲线、需求曲线和收益曲线。试在图中标出。

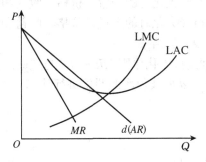

图 7.4 垄断厂商的长期成本曲线、需求曲线和收益曲线

（1）长期均衡点及相应的均衡价格和均衡产量。

（2）长期均衡时代表最优生产规模的 SAC 曲线和 SMC 曲线。

（3）长期均衡时的利润量。

【解题思路】根据垄断厂商长期均衡条件 $MR = LMC = SMC$ 作图 7.5 解答。

【本题答案】

（1）长期均衡点为 E 点，因为在 E 点有 $MR=LMC$。由 E 点出发，均衡价格为 P_0，均衡数量为 Q_0。

（2）长期均衡时代表最优生产规模的 SAC 曲线和 SMC 曲线，如图 7.5 所示。在 Q_0 的产量上，SAC 曲线和 LAC 曲线相切；SMC 曲线和 LMC 曲线相交，且同时与 MR 曲线相交。

（3）长期均衡时的利润量由图中 P_0HFG 的面积表示，即 $\pi=[AR(Q_0)-SAC(Q_0)] \cdot Q$。

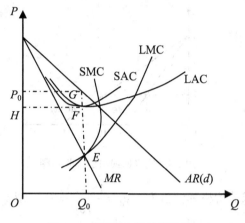

图 7.5　垄断厂商的长期均衡

11．已知某垄断厂商的短期成本函数为 $TC = 0.6Q^2 + 3Q + 2$，反需求函数为 $P = 8 - 0.4Q$。求：

（1）该厂商实现利润最大化时的产量、价格、收益和利润。

（2）该厂商实现收益最大化时的产量、价格、收益和利润。

（3）比较（1）和（2）的结果。

【解题思路】根据利润最大化原则 $MR = MC$ 与垄断厂商 d 曲线与 MR 曲线的纵截距相等，MR 曲线斜率是 d 曲线斜率的两倍进行计算；收益最大化利用二阶导数求最大值。

【本题答案】

（1）联立方程：
$$\left.\begin{array}{l} MC = 1.2Q + 3 \\ MR = 8 - 0.8Q \\ MR = MC \end{array}\right\} \Rightarrow 解得：Q = 2.5。$$

把 $Q = 2.5$ 代入 $P = 8 - 0.4Q$，解得：$P = 7$。

把 $Q = 2.5$ 和 $P = 7$ 分别代入 $TR = P \times Q$ 和 $\pi = TR - TC$，解得：$TR = 17.5$，$\pi = 4.25$。

（2）由于 $TR = 8Q - 0.4Q^2$，$MR = 8 - 0.8Q$，当 $MR = 0$，即 $Q = 10$ 时，TR 取得最大值。可得：$TR = 40$，$\pi = TR - TC = 40 - (60 + 30 + 2) = -52$。

（3）通过比较（1）和（2）可知：收益最大化并不意味着利润最大化，利润最大化是收益和成本两个变量共同作用的结果。

12．已知某垄断竞争厂商的长期成本函数为 $LTC = 0.001Q^3 - 0.51Q^2 + 200Q$；如果该产品的生产集团内的所有厂商都按相同的比例调整价格，那么，每个厂商的份额需求曲线为 $P = 238 - 0.5Q$。求：

（1）该厂商长期均衡时的产量与价格。

（2）该厂商长期均衡时主观需求曲线上的需求的价格点弹性值（保留整数部分）。

（3）如果该厂商的主观需求曲线是线性的，推导该厂商长期均衡时的主观需求函数。

【解题思路】根据垄断厂商实现利润最大化的长期均衡条件 $P=AR=$ LAC，求出产量与价格，再利用 $MR=$ LMC 和 $MR=(1-\dfrac{1}{e_d})$ 公式联立，解得：e_d，最后利用需求曲线的点几何意义即可求出该厂商长期均衡时的主观需求函数。

【本题答案】

（1）联立方程得：

$$\left.\begin{array}{l} P=AR=\mathrm{LAC} \\ \mathrm{LAC}=0.001Q^2-0.51Q+200 \\ P=238-0.5Q \end{array}\right\} \Rightarrow 解得 Q=200（已舍去负值）。$$

把 $Q=200$ 代入 $P=238-0.5Q$，解得价格 $P=138$。

（2）由于 $\mathrm{LMC}=0.003Q^2-1.02Q+200$，把 $Q=200$ 代入，得 $\mathrm{LMC}=0.003Q^2-1.02Q+200=116$。

由于 $MR=$ LMC，$MR=(1-\dfrac{1}{e_d})=116$，解得：$e_d \approx 6$，即该厂商长期均衡时主观需求曲线上的需求的价格点弹性值。

（3）设该厂商的线性主观需求曲线 d 的函数形式为 $P=A-BQ$，A 表示纵截距，$-B$ 表示斜率。$e_d=\dfrac{p}{A-P} \approx 6$，其中 $P=138$，求得 $A=161$。

根据几何意义，线性主观需求曲线 d 的斜率的绝对值可表示为：

$$B=\frac{A-P}{Q}=\frac{161-138}{200}=0.115$$

该厂商长期均衡时的主观需求函数：$P=A-BQ=161-0.115Q$。

13．在某垄断竞争市场，代表性厂商的长期成本函数为 $\mathrm{LTC}=5Q^3-200Q^2+2\,700Q$，市场的需求函数为 $P=2\,200A-100Q$。

求：在长期均衡时，代表性厂商的产量和产品价格，以及 A 的数值。

【解题思路】根据垄断厂商实现利润最大化的长期均衡条件 $P=AR=$ LAC 与 $MR=$ LMC 计算。

【本题答案】

$$\left.\begin{array}{l} \mathrm{LAC}=5Q^2-200Q+2\,700 \\ P=2\,200A-100Q \\ P=AR=\mathrm{LAC} \end{array}\right\} \Rightarrow 5Q^2-200Q+2\,700=2\,200A-100Q \qquad (1)$$

$$\left.\begin{array}{l} LMC = 15Q^2 - 400Q + 2\,700 \\ P = 2\,200A - 100Q \\ MR = LMC = P \end{array}\right\} \Rightarrow 15Q^2 - 400Q + 2\,700 = 2\,200A - 100Q \quad (2)$$

公式（1）与公式（2）联立解得：$Q = 10$，$A = 1$，把 $Q = 10$ 和 $A = 1$ 代入 $P = LAC = 2\,200A - 100Q = 1\,200$。

14．某寡头行业有两个厂商，厂商 1 的成本函数为 $C_1 = 8Q_1$，厂商 2 的成本函数为 $C_2 = 0.8Q_2^2$，该市场的需求函数为 $P = 152 - 0.6Q$。

求：该寡头市场的古诺模型解。（保留一位小数）

【解题思路】根据寡头厂商利润最大化的一阶条件和寡头厂商的反应函数进行计算。

【本题答案】

厂商 1 利润函数为 $\pi_1 = P \times Q_1 - C_1 = -0.6Q_1^2 + 144Q_1 - 0.6Q_1Q_2$，利用利润最大化的一阶条件求得厂商 1 的反应函数：$Q_1 = 120 - 0.5Q_2$。同理可求得厂商 2 的反应函数为 $2.8Q_2 = 152 - 0.6Q_1$。联立方程

$$\left.\begin{array}{l} Q_1 = 120 - 0.5Q_2 \\ 2.8Q_2 = 152 - 0.6Q_1 \end{array}\right\} \Rightarrow 解得 \left\{\begin{array}{l} Q_1 = 104 \\ Q_2 = 32 \end{array}\right.$$

15．某寡头行业有两个厂商，厂商 1 为领导者，其成本函数为 $C_1 = 13.8Q_1$，厂商 2 为追随者，其成本函数为 $C_2 = 20Q_2$，该市场的需求函数为 $P = 100 - 0.4Q$。

求：该寡头市场的斯塔克伯格模型解。

【解题思路】根据寡头厂商利润最大化的一阶条件和寡头厂商的反应函数进行计算。

【本题答案】

追随厂商的利润等式为：$\pi_2 = TR_2 - TC_2 = 80Q_2 - 0.4Q_1Q_2 - 0.4Q_2^2$，利用利润最大化的一阶条件求得追随厂商的反应函数：$Q_2 = 100 - 0.5Q_1$。同理可求出领导厂商的反应函数为 $0.4Q_1 = 46.2$。两者联立即可求出相应产量。

$$\left.\begin{array}{l} Q_2 = 100 - 0.5Q_1 \\ 0.4Q_1 = 46.2 \end{array}\right\} \Rightarrow \left\{\begin{array}{l} Q_1 = 115.5 \\ Q_2 = 42.25 \end{array}\right.$$

把 Q_1 和 Q_2 代入得：$P = 100 - 0.4Q = 100 - (115.5 + 42.25) = 36.9$。

16．某寡头厂商的广告对其需求的影响为：$P = 88 - 2Q + 2\sqrt{A}$，对其成本的影响为：$C = 3Q^2 + 8Q + A$，其中 A 为广告费用。

（1）求无广告情况下，利润最大化时的产量、价格与利润。

（2）求有广告情况下，利润最大化时的产量、价格、广告费用和利润。

（3）比较（1）与（2）的结果。

【解题思路】根据垄断厂商的长期均衡条件 $MR=LMC$ 与垄断厂商 d 曲线与 MR 曲线的纵截距相等，MR 曲线斜率是 d 曲线斜率的两倍进行计算。

【参考答案】

（1）无广告的情况下 $A=0$，MR 曲线斜率是 d 曲线斜率的两倍，可求出边际收益式：$MR=88-4Q$ 和长期边际成本公式 $LMC=6Q+8$，二者联立可解得：$Q=8$；把 $Q=8$ 代入，得 $P=88-2Q=72$，把 $Q=8$ 代入，得 $C=3Q^2+8Q=256$；$\pi=P\times Q-C=320$。

（2）有广告的情况下 $A>0$，$\pi=P\times Q-C=-5Q^2+80Q+2\sqrt{AQ}-A$，利用垄断厂商利润最大化的一阶条件求得：$\dfrac{\partial \pi}{\partial Q}=-10Q+80+2\sqrt{A}$，$\dfrac{\partial \pi}{\partial A}=QA^{-\frac{1}{2}}-1$，再利用两公式联立可求出：$Q=10$，$A=100$；把 $Q=10$，$A=100$ 代入，得 $P=88-2Q+2\sqrt{A}$，可算出 $P=88$，$Q=10$，$A=100$ 代入，得 $\pi=P\times Q-C=-5Q^2+80Q+2\sqrt{AQ}-A=400$。

（3）比较（1）与（2）的结果可知，有广告的情况下，产量、价格、利润都增加了。

17. 已知某垄断厂商利用一个工厂生产一种产品，其产品在两个分割的市场上出售，他的成本函数为 $TC=Q^2+14Q$，两个市场的需求函数分别为 $Q_1=50-P_1$，$Q_2=100-2P_2$。求：

（1）当该厂商实行三级价格歧视时，他追求利润最大化前提下的两市场各自的销售量、价格以及厂商的总利润。

（2）当该厂商在两个市场上实行统一的价格时，他追求利润最大化前提下的销售量、价格以及厂商的总利润。

（3）比较（1）和（2）的结果。

【解题思路】按照三级价格歧视的均衡条件 $MR_1=MR_2=MC$ 计算。

【本题答案】

（1）
$$TR_1=P_1Q_1=50Q_1-Q_1^2，\quad MR_1=\frac{\mathrm{d}TR_1}{\mathrm{d}Q_1}=50-2Q_1$$

$$TR_2=P_2Q_2=50Q_2-2.5Q_2^2，\quad MR_2=\frac{\mathrm{d}TR_2}{\mathrm{d}Q_2}=50-Q_2$$

$$MC=\frac{\mathrm{d}TC}{\mathrm{d}Q}=2Q+14$$

按照 $MR_1=MR_2=MC$ 可得：$Q_1=9$，$Q_2=4.5$。代入生产函数，可得：$P_1=44.5$，$P_2=44.5$。

在实行三级价格歧视的时候厂商的总利润为：

$$\pi = (TR_1 + TR_2) - TC = P_1Q_1 + P_2Q_2 - TC = 243$$

（2）总生产函数为 $Q = Q_1 + Q_2 = 150 - 3P$ ； $P = 50 - \dfrac{1}{3}Q$ ， $TR = PQ = 50Q - \dfrac{1}{3}Q^2$ ，

$MR = 50 - \dfrac{2}{3}Q$ ， $MC = \dfrac{\mathrm{d}TC}{\mathrm{d}Q} = 2Q + 14$

按照 $MR = MC$ 的原则，可得： $Q = 13.5$ ，代入生产函数，可得： $P = 45.5$ ，利润为： $\pi = PQ - TC = 243$

（3）比较以上（1）和（2）的结果，即将该垄断厂商实行三级价格歧视和在两个市场实行统一定价的两种做法相比较，可以清楚地看到，他在两个市场实行三级价格歧视时所获得的利润等于在两个市场实行统一定价时两个市场商品价格相等，所获得的利润相等。 $e_{d1} = e_{d2} = \dfrac{P}{50 - P}$ ，在每一价格水平两个市场需求价格弹性是相同的，不具备价格歧视的条件。

7.3.4 简答与分析讨论题

1．垄断势力的含义是什么？如何衡量？

【参考答案】

垄断势力是市场势力的形式之一。市场势力是卖方或买方影响商品价格的一种能力。在完全竞争市场中，任何一个卖方或买方只能按市场供求均衡来制定统一的价格买卖商品，但市场是不完全竞争，尤其存在卖方垄断或买方垄断时，垄断就有了影响价格的能力。

垄断势力的大小可以度量： $L = \dfrac{P - MC}{P} = \dfrac{1}{|E_d|}$ ，由此可见，厂商垄断势力大小由厂商的需求弹性决定，而决定厂商需求弹性的因素有三个：一是市场需求弹性；二是厂商数量；三是厂商间相互作用。

2．试述垄断竞争厂商的两条需求曲线的含义及其相互关系。

【参考答案】

垄断竞争厂商的需求曲线被分为 d 需求曲线和 D 需求曲线两种。 d 需求曲线表示单个垄断竞争厂商单独改变价格时所预期的市场对自己产品的需求量。 D 需求曲线表示每个垄断竞争厂商在每一市场价格水平所面临的市场需求量。当市场价格上升或下降时， d 需求曲线的位置会分别沿着 D 需求曲线向上或向下平移。 d 需求曲线和 D 需求曲线相交表示垄断竞争市场的供求相等状态。

3．试述古诺模型的主要内容和结论。

【参考答案】

古诺模型又称双头模型，他由法国经济学家古诺于 1838 年提出。该模型主要说明：假定两个寡头厂商的任何一方都是消极地以自己的产量去适应对方已确定的产量，那么，最终双方的产量会相等，每个厂商的产量都等于市场总容量的三分之一。

4．弯折的需求曲线模型是如何解释寡头市场上的价格刚性现象的?

【参考答案】（图形略）

该模型的基本假设条件是：如果一个寡头厂商提高价格，行业内的其他寡头厂商都不会跟着改变自己的价格；如果一个寡头厂商降低价格，行业中的其他寡头厂商会将价格下降到相同的水平。该模型说明，只要厂商边际成本曲线位置的变动不超出边际收益曲线的垂直间断范围，寡头厂商的均衡价格和均衡数量都不会发生变化。据此，该模型解释了寡头市场上较为普遍的价格刚性的现象。

5．试述垄断市场、垄断竞争市场和寡头市场都不存在具有规率性的厂商的供给曲线的原因。

【参考答案】

由于带有垄断性质的厂商的需求曲线是向右下方倾斜的，在短期均衡状态下，有可能出现一个价格水平对应几个不同的产量水平；也有可能出现一个产量水平对应几个不同的价格水平的情况。所以垄断厂商不存在具有规律性的供给曲线。

6．试比较不同市场组织的经济效率。

【参考答案】

经济效率是指利用经济资源的有效性。

通过对不同市场条件下厂商的需求曲线的形状及其在长期均衡时与长期平均成本 LAC 曲线的关系的分析，可比较不同类型厂商的长期均衡价格水平和长期均衡产量水平。得出结论：完全竞争市场的经济效率最高，垄断竞争市场较高，寡头市场较低，垄断市场最低。

一个行业在长期均衡时是否实现了价格等于长期边际成本，也是判断该行业是否实现了有效的资源配置的一个条件。完全竞争厂商在长期均衡时实现了 $P=LMC$，而其他类型市场的厂商的长期均衡时都是 $P>LMC$，它意味着这些行业的商品供给不足。

此外，对不同市场的经济效率的比较还涉及以下几个方面：关于垄断市场与技术进步的关系；关于规模经济；关于产品的差异；关于广告支出。

7．说明与比较垄断市场和寡头市场形成的原因。

【参考答案】

垄断市场的主要条件是：第一，市场上只有唯一的一个厂商生产和销售商品；第二，该厂商提供的商品没有任何相近的替代品；第三，其他厂商加入该行业极为困难或不可能。在垄断市场条件下，垄断厂商可以控制和操纵市场。

垄断形成的主要原因有：独家厂商控制了生产某种商品的全部或基本资源的供给；独家厂商拥有生产某种产品的专利权；政府的特许和自然垄断等。

寡头市场是少数几家厂商控制整个市场的产品生产和销售的市场组织。寡头市场的成因和垄断市场是相似的，只是程度上有所差别。

8．试阐明电力公司在高峰时期如何定价才能减少用电负荷？

【参考答案】（要点）

电力公司生产的是不可储存的产品——电力，为了减少用电高峰时期的电力负荷，可以采取差别价格政策。在高峰期收取较高的电价，在非高峰期收取较低的电价。这样，一方面高峰期所需生产能力的成本转嫁到在高峰期用电的消费者身上，另一方面减少了高峰期的需求量，将这些需求从高峰期转向非高峰期，这样就可以降低高峰期的电力负荷。

9．为什么垄断厂商的需求曲线是向右下方倾斜的？并解释相应的 TR 曲线、AR 曲线和 MR 曲线的特征以及相互关系。

【参考答案】（图形略）

由于垄断市场上只有一个厂商，所以，垄断厂商的需求曲线就是市场的需求曲线，向右下方倾斜。AR 曲线与需求曲线 d 重叠，是同一条向右下方倾斜的曲线；MR 曲线向右下方倾斜，位于 AR 曲线的左下方；TR 曲线先上升，达到最高点以后再下降；每一产量上的 MR 值就是 TR 双曲线上相应的点的斜率。

10．说明向右下方倾斜的需求曲线为线性时该需求曲线与相应的 MR 曲线之间的相互关系。

【参考答案】（图形略）

当向右下方倾斜的需求曲线为线性时，MR 曲线和需求曲线 d 在纵轴上的截距是相等的，而且 MR 曲线平分由纵轴到需求曲线 d 之间的任何一条水平线。

11．为什么完全垄断厂商制订三级差别价格时要假定分市场有不同的边际收益曲线？

【参考答案】

如果分市场有相同的边际收益曲线，说明各分市场有相同的需求函数，即分市场上的消费者如果购买相同数量的商品只愿付相同的价格，而不肯付不同的价格。

12．为什么需求的价格弹性较高，导致垄断竞争厂商进行非价格竞争？

【参考答案】

垄断竞争厂商的产品之间有较大的替代性，因而其需求的价格弹性较高，需求曲线接近于水平线。当垄断竞争厂商提高价格时，他的销售市场会缩小更快，使利润减少；反之，当垄断竞争厂商降价时，其他的厂商也跟着降价，他的销售量只会稍有增加，因此，垄断竞争厂商之间一般不愿意进行价格竞争，而宁肯进行非价格竞争（包括改进品质、包装、商标、做广告等）。

13．画图说明垄断厂商短期和长期均衡的形成及其条件。

【参考答案】（要点）

（1）关于垄断厂商的短期均衡。

垄断厂商在短期内是在给定的生产规模下，通过产量和价格的调整来实现 MR=SMC 的利润最大化原则。如图 7.6 所示，垄断厂商根据 MR=SMC 的原则，将产量和价格分别调整到 P_0 和 Q_0，在均衡产量 Q_0 上，垄断厂商可以盈利，即 $\pi > 0$，如图 7.6（a）所示，此时 AR>SAC，其最大的利润相当于图中的阴影部分面积；垄断厂商也可以亏损即 $\pi < 0$，如图 7.6（b）所示，此时 AR<SAC，其最大的亏损量相当于图中的阴影部分。在亏损的场合，垄断厂商需要根据 AR 与 AVC 的比较来决定是否继续生产：当 AR>AVC 时，垄断厂商继续生产；当 AR<AVC 时，垄断厂商必须停产；而当 AR=AVC 时，垄断厂商处于生产与不生产的临界点。在图 7.6（b）中，由于 AR<AVC，故该垄断厂商是停产的。

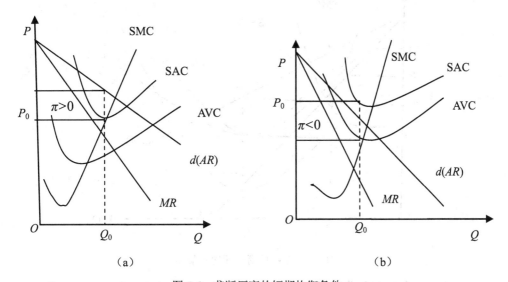

（a）　　　　　　　　　　　（b）

图 7.6　垄断厂商的短期均衡条件

由此可得垄断厂商短期均衡的条件是：MR=SMC，其利润可以大于零、小于零或等于零。

（2）关于垄断厂商的长期均衡。

在长期，垄断厂商是根据 MR=LMC 的利润最大化原则来确定产量和价格的，而且垄断厂商还通过选择最优的生产规模来生产长期均衡产量。所以，垄断厂商在长期可以获得比短期更大的利润。

在图 7.7 中，在市场需求状况和厂商生产技术状况给定的条件下，先假定垄断厂商处于短期生产状态，尤其要注意的是，其生产规模是给定的，由 SAC$_0$ 曲线和 SMC$_0$ 曲线所代表，于是，根据 $MR=SMC$ 的短期利润最大化原则，垄断厂商短期利润最大化的均衡点为 E_0，短期均衡产量和价格分别调整为 Q_0 和 P_0，并且由此获得的短期利润相当于图中较小的那块阴影部分的面积 P_0ABC。下面再假定垄断厂商处于长期生产状态，则垄断厂商首先根据 $MR=LMC$ 的长期利润最大化的原则确定长期利润最大化的均衡点为 E，长期的均衡产量和均衡价格分别为 Q^* 和 P^*，然后，垄断厂商调整全部生产要素的数量，选择最优的生产规模（由 SAC* 曲线和 SMC* 曲线所代表），来生产长期均衡产量 Q^*。由此，垄断厂商获得的长期利润相当于图中较大的阴影部分的面积 P^*DGF。显然，由于垄断厂商在长期可以选择最优的生产规模，而在短期只能在给定的生产规模下生产，所以，垄断厂商的长期利润总是大于短期利润。此外，在垄断市场上，即使是长期，也总是假定不可能有新厂商加入，因而垄断厂商可以长期保持其高额的垄断利润。

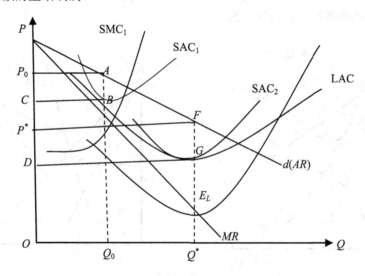

图 7.7　垄断厂商长期均衡条件

14. 完全竞争厂商和垄断厂商都根据利润最大化原则 $MR=MC$ 对产品定价，请分析他们所决定的价格水平有什么区别？

【参考答案】（要点）

在完全竞争市场条件下，产品的价格是由供求双方决定的，厂商的需求曲线是一条水平线，而且厂商的长期利润为零，根据厂商长期均衡条件可知，产品的均衡价格对于厂商来说是最低的，它等于最低的平均生产成本，但产品的均衡产量是最高的。

　　在垄断市场条件下，垄断厂商可以在一定程度上控制自己产品的价格，垄断厂商的需求曲线是一条向右下方倾斜的曲线，相对地比较接近完全竞争厂商的水平形状的需求曲线。由于垄断厂商的 MR 曲线的位置低于 d 需求曲线的位置，即在每一产量水平上都有 $P>MR$，又由于垄断厂商是根据利润最大化原则 $MR=MC$ 来决定产量水平的，所以，在每一个产量水平上均有 $P>MC$。这就是说，垄断厂商的产品价格是高于产品的边际成本的。而且，在 MC 曲线给定的条件下，垄断厂商的 d 需求曲线以及相应的 MR 曲线越陡峭，即厂商的垄断程度越强，由利润最大化原则 $MR=MC$ 所决定的价格水平 P 高出边际成本 MC 的幅度就越大。

第 8 章　生产要素价格的决定

8.1　教学参考与学习指导

生产要素价格决定理论，在西方经济学中又称分配论。它在解释了要素价格（即要素报酬）供需决定的同时，也就说明了社会总产品在不同要素所有者之间的分配问题。在要素价格的供需决定中，消费者（自然人）作为要素所有者，是原始要素的供给者，按照其效用最大化原则决定要素供给数量，生产者（厂商）作为要素使用者按照其利润最大化的原则决定要素的使用数量（需求数量），由此构成了要素市场供需两方面的力量，共同决定要素市场的均衡价格和均衡数量。

厂商是利用要素生产产品的组织，因此，厂商是要素的需求者和使用者，其对要素使用数量的选择服从于其利润最大化的目标和原则。消费者同时又是要素最终所有者，是原始要素的供给者。其对要素供给数量的决定服从于其自身效用最大化的目标和原则。本部分就是从这两个基本点进行展开，结合不同的厂商类型，阐述说明要素市场的需求方面；结合不同的要素种类，阐述说明要素市场的供给方面。

8.1.1　知识结构（见图 8.1）

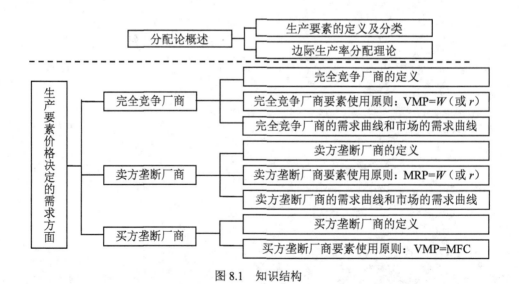

图 8.1　知识结构

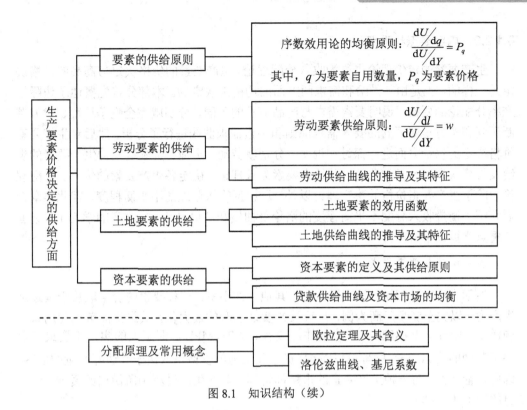

图 8.1　知识结构（续）

8.1.2　内容指导

8.1.2.1　学习目的与要求

作为整个市场体系的重要组成部分，对要素市场的考察将丰富我们对厂商以及作为要素所有者的消费者或家庭行为的理解，同时也为全面评价市场体系的运转效率以及为理解一定时期的收入分配格局提供了理论背景或理论基础。

本部分要求熟练掌握不同类型厂商的要素需求原则，深刻把握边际生产率分配论的实质；掌握由厂商要素需求曲线导出市场要素需求曲线的方法；掌握要素供给的原则，熟知劳动、土地、资本三种生产要素的供给曲线及价格决定，了解欧拉定理、洛伦兹曲线和基尼系数。学习过程中，注意将本部分内容与第 6、7 章部分的内容联系起来，结合产品市场的均衡理论来理解和分析要素市场的价格决定，认真体会厂商的要素需求行为与产品供给行为的一致性。

学习方法上，建议将三种厂商类型的要素使用原则理解为厂商"边际成本等于边际收益"利润最大化原则的具体形式，将消费者的三种要素供给原则理解为消费者效用最大化原则的具体形式，学会概括总结、举一反三。

8.1.2.2 内容要点与难点

生产要素的定价理论也称为收入分配理论。生产要素的价格决定与商品的价格决定是一样的，也是由其供给和需求两方面的均衡来决定的。本部分首先概述了边际生产率分配论的要旨，说明要素需求与产品需求的不同，分别就完全竞争厂商、卖方垄断厂商和买方垄断厂商的要素需求原则和要素需求曲线进行了分析；然后对生产要素价格决定的供给方面进行探讨和说明，分别就劳动、土地、资本这三种生产要素的供给及价格决定进行具体分析，并结合要素需求理论，确定各生产要素的价格。分配理论中除了生产要素价格的决定理论以外，还包括收入分配的不平衡程度，因此本章最后介绍了衡量收入分配不平衡程度的洛伦兹曲线和基尼系数。在本章的学习中，读者应重点掌握以下方面。

★ **分配论与要素需求**

边际生产率分配论：该理论认为，其他条件不变，一种要素的价格取决于其边际生产力。以完全竞争厂商为例，厂商要想实现利润的最大化，其最优的劳动使用量必须满足 $\text{VMPL} = P \cdot \text{MPL} = W$ 的条件，故有 $W / P = \text{MPL}$，即工人的实际工资最终取决于劳动的边际产量。同理可以得到，资本和土地的价格也取决于其边际产量的多寡。因此，看上去，每一种生产要素的报酬都将等于其在生产过程中所做出的贡献（即各自的边际生产率）。

生产要素通常被分为四类：土地、劳动、资本与企业家才能，其价格分别被称为地租、工资、利息和利润。

厂商对生产要素的需求本质上是消费者对产品需求的引致需求。

生产要素通常是结合使用的，现实中厂商更多面临的是多种要素共同使用的问题。这就使得我们在这里讨论的内容实际上又与前面所讲的要素的优化组合结合在一起。

★ **不同的厂商类型**

完全竞争厂商是指厂商在产品市场和要素市场上都是完全竞争者。

卖方垄断厂商是指厂商在产品市场上是垄断者，在要素市场上是完全竞争者。

卖方垄断厂商是指厂商在产品市场上是完全竞争者，在要素市场上是垄断者。

★ **厂商确定要素需求量的原则**

为实现利润最大化的目标，厂商必须在要素的边际收益和要素的边际成本相等的地方确定其要素需求量。

对于完全竞争厂商而言，其要素使用原则可表示为 $\text{VMP} = W$，这里的 VMP 可以是任一种要素的边际收益，即边际产品价值，W 则为相应要素的市场价格。

对于卖方垄断厂商而言，其要素使用原则可表示为 $\text{MRP} = W$，其中 $\text{MRP} = MR \cdot MP$，

称为要素的边际收益产品，MP 即要素的边际产品。

买方垄断厂商的要素使用原则可表示为 $VMP = MFC$，其中 MFC 被称为边际要素成本。以劳动要素为例，$MFC = \dfrac{\mathrm{d}TC}{\mathrm{d}L} = W(L) + L \cdot \dfrac{\mathrm{d}W}{\mathrm{d}L}$。

三类厂商的要素使用原则虽然具体形式不同，但本质上是统一的。以劳动要素为例，上述三种形式都是 $\dfrac{\mathrm{d}TR}{\mathrm{d}L} = \dfrac{\mathrm{d}TC}{\mathrm{d}L}$ 的具体形式。

★ 要素需求曲线的推导

与前面我们在由个别需求曲线导出市场需求曲线时的做法类似，在由个别厂商的要素需求曲线得到市场的要素需求曲线的时候，也可以用水平加总的办法。但考虑到不同厂商的行为的相关性（当所有厂商根据要素价格的变化同时调整其要素需求量时，它们的 VMP 线不是相互独立的），市场的要素需求曲线不能直接由各厂商的 VMP 线水平相加得到。须先对个别厂商的 VMP 作调整得到行业调整线，然后再水平相加。

★ 要素供给

要素供给及要素供给者：要素供给是指在各种价格水平下，生产要素所有者愿意并且能够提供的生产要素的数量。要素供给者既包括生产者也包括消费者，生产者是中间要素的提供者，消费者是原始要素的提供者。对中间要素的供给要根据生产者利润最大化的行为来讨论，对原始要素的供给要根据消费者效用最大化的行为来讨论。其中，前者与一般产品的供给一样已经学过，所以本部分探讨的是后者，即从消费者的效用最大化行为出发来建立要素供给量与要素价格之间的关系。

要素供给原则：即消费者效用水平最大化的条件。可以从以下两个方面得出结论：

以基数效用论为基础得出的条件是：要素供给的边际效用等于自用资源的边际效用，即

$$\frac{MU_l}{MU_Y} = -\frac{\mathrm{d}Y}{\mathrm{d}l} = w \text{（以劳动要素为例）}$$

以序数效用论为基础得出的条件是：无差异曲线的斜率等于预算线的斜率，即

$$\frac{\mathrm{d}Y}{\mathrm{d}l} = w \text{（以劳动要素为例）}$$

要素供给曲线：生产要素的供给表现为各种要素所有者在不同要素价格下愿意而且能够供给的要素数量。生产要素供给曲线反映的是要素供给量与要素价格之间的关系。它是由价格扩展线推导而来的。要素供给曲线的形状一般是向右上方倾斜的，也可以是垂直的或向右下方倾斜的，其形状究竟如何取决于消费者效用函数的特点。

★ 工资的决定

劳动供给曲线：劳动供给问题是消费者如何决定其全部资源在闲暇和劳动供给两

种用途上的分配问题。劳动供给曲线反映的是劳动要素供给量与其价格（工资）之间的关系。与一般供给曲线不同，单个消费者的劳动供给曲线有一段"向后弯曲"的部分：当工资较低时，随着工资的上升，消费者为较高的工资吸引将增加劳动供给量，这时劳动供给曲线同一般供给曲线一样向右上方倾斜；当工资增加到一定程度后，再增加工资，劳动供给量会减少，这时劳动供给曲线开始向后弯曲。将所有单个消费者的劳动供给曲线水平相加，可以得到市场的劳动供给曲线，它同一般的供给曲线一样，是向右上方倾斜的。

劳动供给曲线向后弯曲的原因：经济学上用闲暇的需求曲线来说明劳动供给曲线的形状。由于替代效应，闲暇需求量与闲暇价格反方向变化；由于收入效应，闲暇需求量与闲暇价格同方向变化，且收入效应大于替代效应，因此导致闲暇需求量与闲暇价格的变化方向相同，需求曲线向前上斜，于是劳动供给曲线在较高的工资水平上开始向后弯曲。

工资的决定：由于社会往往存在失业，市场的劳动供给一般随工资的上升而增加。劳动要素价格水平，即工资率，是由市场的劳动需求曲线和供给曲线共同决定。

★ 地租的决定

土地供给曲线：土地供给问题是土地所有者如何将既定数量的土地资源在保留自用和供给市场两种用途上进行分配以获得最大效用的问题。假定土地只有供给市场的一种用途，而没有自用用途，则土地供给曲线是垂直的。

地租的决定：土地要素价格，即地租，是由市场的土地供给曲线和需求曲线共同决定的。

几个重要的理论概念：租金、准租金和经济租金。**租金**是资源的市场服务价格，即使用权价格。**准租金**是对供给量暂时固定的生产要素的支付，即固定生产要素的收益，它是固定总成本与经济利润之和，即总收益扣除总可变成本后的剩余。如果从要素收入中减去一部分收入后并不影响要素供给，则这部分要素收入就是**经济租金**，它的几何解释类似于生产者剩余，是要素价格以下、要素供给曲线以上的区域。

地租全部都是经济租金。

★ 利息的决定

资本供给曲线：资本供给问题同土地和劳动的供给问题一样，涉及的是既定资本资源如何在资本供给和自用两种用途之间的分配问题。如果假定资本的自用价值等于零，则既定资本资源的供给也是固定的，其供给曲线为一条垂直线。

最优资本拥有量（长期消费决策）：由于资本数量是可变的，所以资本供给问题不单单是最优资本量的供给问题，还有如何确定最优的资本拥有量的问题。最优资本拥有量问题实际上就是确定最优储蓄量的问题，可以归结为既定收入在消费和储蓄之间进行分配的问题，也可以看成是在现在消费和未来消费之间进行选择的问题。这就是消费者的长期消费决策问题。由消费者的长期消费决策可以推导出其储蓄或贷款供给曲线，也就是最优资本拥有曲线。它反映的是利率与最优资本拥有量之间的关系，其形状与劳动供给曲线相同：随着利率的上升，人们的储蓄会增加，曲线向右上方倾斜；当利率很高时，曲线又出现向后弯曲的现象。

利率的决定：资本的价格，也即利率，是由资本市场的供给和需求两方面共同决定的。

★欧拉定理、洛伦兹曲线和基尼系数

欧拉定理（又称**社会产品分配净尽定理**）：指在完全竞争条件下，如果规模报酬不变，则全部产品正好足够分配各个生产要素，不多也不少。假如社会只使用劳动和资本两种生产要素，则 $Q = L \cdot MP_L + K \cdot MP_K$。欧拉定理只有在规模报酬不变的条件下才是适用的。

在规模报酬递增情况下，产量会不够分配给各个生产要素，即 $Q < L \cdot MP_L + K \cdot MP_K$。在规模报酬递减情况下，产量在分配给各个生产要素后有剩余，即 $Q > L \cdot MP_L + K \cdot MP_K$。

洛伦兹曲线和基尼系数：它们均是反映收入分配的不平等程度的。洛伦兹曲线是人口累计百分比和收入累计百分比对应关系的几何图形，其弯曲程度越大，收入分配越不平等；弯曲程度越小，收入分配越平等。如图 8.2 所示，若洛伦兹曲线与绝对平等线（45°线）之间的面积为"不平等面积" A，洛伦兹曲线与绝对不平等线（直角边线）之间的面积为 B，$A+B$ 为"完全不平等面积"，则不平等面积与完全不平等面积之比就是基尼系数，即 $G = \dfrac{A}{A+B}$。基尼系数越大，收入分配越不平等；反之亦然。

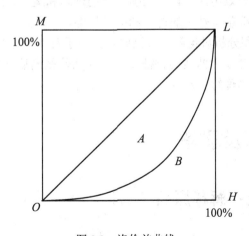

图 8.2　洛伦兹曲线

8.1.2.3　基本概念和基本原理扩充检索

边际生产率分配论　引致需求　边际产品　边际产品价值　边际收益产品　边际要素成本　厂商的要素使用原则　完全竞争厂商　完全竞争厂商的要素使用原则　完全竞争厂商的要素需求曲线　要素市场的需求曲线　卖方垄断厂商　卖方垄断厂商的要素使用原则　买方垄断厂商的要素使用原则　要素价格　工资　地租　利息　要素供给原则　劳动供给曲线　闲暇价格　土地供给曲线　资本供给曲线　租金　准租金　经济租金　欧拉定理　洛伦兹曲线　基尼系数

8.2　考点分析

本部分内容的考试形式多采取名词解释、判断与选择、计算及推导、简答等形式。

题型 1：名词解释。可根据上文"基本概念和基本原理扩充检索"复习掌握。

题型 2：判断和选择。本部分的考核，强调对本部分基本原理、逻辑体系的掌握和运用。主要的考点有：（1）完全竞争厂商的要素使用原则；（2）卖方垄断厂商的要素使用原则；（3）买方垄断厂商的要素使用原则；（4）劳动要素的供给，主要针对均衡条件、闲暇价格变动的替代效应和收入效应等重点内容；（5）土地要素的供给，土地供给曲线的特征及原因；（6）租金、准租金、经济租金、洛伦兹曲线和基尼系数等概念的理解。这部分内容请按照"内容要点与难点"的体系和脉络，结合教材认真揣摩，并通过后面精选的习题进行训练和测试、体会，务必做到理解透彻、运用自如。

题型 3：计算和推导。本部分的计算和推导的重点是对不同类型厂商要素使用原则和要素供给（消费者效用最大化）均衡条件的理解和运用，这往往是解题的关键。请结合后面的习题训练掌握基本的题型和解题技能。

题型 4：简答题和分析讨论题。考核要点集中于对本部分基本原理和曲线特征的理解和运用。例如，劳动力曲线的特征及原因（为什么向后弯）。请在学习时，注意对原理和一般性结论的理解和掌握。

8.3　典型习题及解答

8.3.1　判断正误并解释原因

1. 对完全竞争厂商来说，如果他雇用的最后一个工人所带来的产量增量（即 MP_L）

比所有工人的平均产量（即 AP_L）大，则即便该厂商的劳动使用量满足 $\text{VMP}_L = W$ 的条件，也不可能实现利润的最大化。（　　）

2．一个完全竞争的厂商和一个卖方垄断的厂商都是劳动市场上完全竞争的买者，由于二者支付的工资价格是相同的，则为这两个厂商工作的工人得到的工资都将与其边际产出的价值相等。（　　）

3．即使劳动的边际产量固定不变，一个卖方垄断厂商的劳动需求曲线也仍然是向右下方倾斜的。（　　）

4．一个劳动市场上的完全竞争的买主同时雇用熟练劳动力和非熟练劳动力，该厂商为这两类劳动力支付的工资价格亦应有所不同。（　　）

5．一个竞争性的厂商，在其最后雇用的那个工人所创造的产值大于其雇用的全部工人的平均产值时，他必定没有实现最大的利润。（　　）

6．生产要素的供给者只是消费者。（　　）

7．不完全竞争市场中，要素供给的边际效用等于收入的边际效用与要素价格的乘积。（　　）

8．在长期均衡和完全竞争劳动市场条件下，一个竞争性厂商雇用的工人的工资将等于他对企业增加的产出的价值。由于垄断厂商雇用的工人获得与竞争性厂商雇用工人相同的生产率，因此他们获得的工资也与他们对产出的贡献的价值相等。（　　）

9．要素供给曲线的形状是唯一的。（　　）

10．闲暇商品价格变化的收入效应大于替代效应，因此决定劳动供给曲线在较高的工资水平上开始向后弯曲。（　　）

11．对任何一种资源来说，如果假定它只有一种用途而没有其他用途的话，则其供给曲线就是垂直的。（　　）

12．如果男女工人有相同的生产能力，那么不会有厂商以不同的工资率雇用他们，因为以低工资工人取代高工资工人总是有利可图的。（　　）

【参考答案】

1．（√）解释：用 SMC、AVC 表示产品的边际成本和平均可变成本，由于 $\text{SMC} = \dfrac{W}{MP_L}$，$\text{AVC} = \dfrac{W}{AP_L}$，则当 $MP_L > AP_L$ 时，有 $\text{SMC} < \text{AVC}$。此时，即便厂商的劳动使用量满足 $\text{VMP}_L = W$ 的条件（$\text{VMP}_L = W$ 相当于 $P \times MP_L = W$，对完全竞争厂商来说，即有 $P = MR = \text{SMC} = \dfrac{W}{MP_L}$），由于此时 $P = \text{SMC} < \text{AVC}$，厂商也不可能实现利润的最大化。也就是说，$\text{VMP} = W$ 只是厂商实现利润最大化的一阶条件（即必要条件），二阶条件此时并未得到满足。

2．（×）解释：完全竞争厂商使用要素的条件为 $\text{VMP}_L = W$；由于 $\text{VMP}_L = P \times MP_L$，所以为完全竞争厂商工作的工人所得到的工资与其边际产出的价值是相等的。卖方垄断厂商的要素使用原则为 $\mathrm{MRP} = W$；由于 $\mathrm{MRP} = MR \times MP_L$，且 $MR < P$，故为卖方垄断厂商工作的工人的工资应比其边际产出的价值要小。

3．（√）解释：卖方垄断厂商的要素需求曲线即为其边际收益产品 MRP 线，且 $\mathrm{MRP} = MR \times MP_L$。因此，即便劳动的边际产量没有递减的趋势，仅仅由于卖方垄断厂商的 MR 线向右下方倾斜的事实，其劳动需求曲线也必定是向右下方倾斜的，只不过该曲线的倾斜程度比边际产量递减时小一些罢了。

4．（√）解释：这里实际上存在两种劳动市场，即熟练劳动的和非熟练劳动的市场。由于信息是充分的，厂商能够准确估算到每类劳动力的生产效率（以 MP 表示），因此也就能准确估算出每一类劳动力的边际产品价值 VMP 或边际收益产品 MRP。然后厂商根据 $\mathrm{VMP} = W$ 或 $\mathrm{MRP} = W$ 的原则为不同的劳动力制定工资标准，以便工资标准能够与劳动力的生产效率相符。因此，熟练劳动力与非熟练劳动力就会有不同的工资价格。

5．（√）解释：对竞争性厂商来说，若其最后雇用的那个工人所创造的产值大于其雇用的全部工人的平均产值，即 $\mathrm{VMP}_L = P \cdot MP_L > P \cdot AP_L$ 时，则他必定可通过增雇工人使其总利润增加。

6．（×）解释：生产要素的供给者既包括消费者，同时还包括生产者。消费者是原始要素的供给者，生产者是中间要素的供给者。

7．（×）解释：在不完全竞争市场中，要素供给的边际效用应等于收入的边际效用与要素供给的边际收入的乘积。只要在完全竞争市场中，上述说法才正确。

8．（×）解释：在完全竞争条件下，有 $\mathrm{VMP} = W$，故前一句话是正确的，但在垄断条件下，$\mathrm{MRP} = W < \mathrm{VMP}$，工人们可能具有相同的生产力，但他们获得的工资只相当于他们对厂商收益的增加额，垄断厂商雇用的工人的工资不可能与他们对产出的贡献的价值相等。

9．（×）解释：根据效用函数的不同特点，要素供给曲线可以是向右上方倾斜的，也可以是向右下方倾斜的，还可以是垂直的。

10．（√）解释：如果闲暇商品价格变化的收入效应大于替代效应，由此使得闲暇需求量随价格的上升而上升，这就意味着消费者的劳动供给曲线向后弯曲。

11．（√）解释：当假定一种资源只有一种用途时，则价格无论怎样变化，它的供给量都是不变的，因此其供给曲线是垂直的。

12．（×）解释：厂商在劳动市场上存在垄断力的情况下，他对具有同等生产力的男工和女工支付不同的工资，会获得额外利益，反过来说，就是厂商会以不同的工资率雇用男工和女工。

8.3.2　选择题

1．一个完全竞争的厂商，其在生产中只使用一种要素，则下面关于该厂商要素需求的说法错误的是（　　）。

　　A．要素需求规律受边际报酬递减规律的支配

　　B．厂商要素需求曲线的位置决定于要素的价格水平

　　C．要素需求受制于产品的需求

　　D．单个厂商的要素需求曲线就是要素的边际产品价值（VMP）线

　2．与卖方垄断厂商的要素需求曲线相比，完全竞争厂商的要素需求曲线（　　）。

　　A．更平缓　　　　B．更陡峭　　　　C．重合　　　　D．无法确定

　3．如果厂商处于完全竞争的产品市场中，且要素 a 是其唯一的可变要素，则该厂商对要素 a 的需求曲线由（　　）给出。

　　A．VMP_a 曲线　　B．MPP_a 曲线　　C．MFC_a 曲线　　D．以上都不是

　4．一种可变要素的价格为 10 美元。该要素的边际产出为 5 单位的某产品，则能使该完全竞争厂商在此时获得最大利润的产品价格是（　　）。

　　A．10 美元　　　B．2 美元　　　C．1 美元　　　D．0.5 美元

　5．在完全竞争的要素市场上，要素价格、产品的边际收益均为 4 美元，且此时厂商获得了最大利润，则该种要素的边际产量为（　　）。

　　A．2　　　　　　B．1　　　　　　C．4　　　　　　D．不确定

　6．某卖方垄断厂商在生产中使用一种要素，该要素的价格为 10 美元，边际产量为 5，所生产的产品的价格为 2 美元。则（　　）。

　　A．实现了利润的最大化，因为 $VMP = W$

　　B．实现了利润的最大化，因为 $MRP = W$

　　C．未实现利润的最大化，厂商的产量过多

　　D．未实现利润的最大化，厂商的产量过少

　7．某买方垄断厂商实现了最大利润的均衡，此时其要素使用量为 100，要素的边际产量为 2，产品价格为 10 美元，则其支付的要素价格很可能（　　）。

　　A．等于 20 美元　　　　　　　　B．等于 10 美元

　　C．小于 20 美元　　　　　　　　D．大于 20 美元

　8．在下列哪种情况下提高工资不会使失业增加很多？（　　）

　　A．劳动的需求富有弹性　　　　B．劳动的供给富有弹性

　　C．劳动产品的需求富有弹性　　D．劳动产品的需求缺乏弹性

　9．在完全竞争的产品和要素市场中经营的厂商，其总利润达到最大的条件是（　　）。（生产要素 a、b，生产商品 x）

　　A．$P_x = MC_x 且 MC_x 上升$　　　　B．$\dfrac{MP_a}{P_a} = \dfrac{MP_b}{P_b}$

　　C．$\dfrac{MP_a}{P_a} = \dfrac{MP_b}{P_b} = \dfrac{1}{MC_x}$　　　　D．$\dfrac{MP_a}{P_a} = \dfrac{MP_b}{P_b} = \dfrac{1}{MC_x} = \dfrac{1}{P_x}$

10. 若厂商处于不完全竞争的产品市场和完全竞争的要素市场中，且要素 a 是其唯一的可变要素，则该厂商对要素 a 的需求曲线由（　　）给出。

  A．VMP_a 曲线   B．MRP_a 曲线

  C．MFC_a 曲线   D．MP_a 曲线

11. 全体厂商对某种生产要素的需求曲线，与单个厂商对这种生产要素的需求曲线相比（　　）。

  A．前者与后者重合   B．前者比后者陡峭

  C．前者比后者平缓   D．无法确定

12. 假定一个厂商在完全竞争的市场中，当投入要素价格为 5 元，该投入的边际产量为 0.5 时获得了最大利润，那么，商品的价格一定是（　　）。

  A．2.5 元   B．10 元   C．1 元   D．0.1 元

13. 消费者的劳动供给曲线的形状是（　　）。

  A．水平的   B．垂直的   C．向后弯曲的   D．向前弯曲的

14. 由于替代效应，闲暇商品的需求量与闲暇价格（　　）。

  A．反方向变化   B．同方向变化

  C．二者没有关系   D．二者关系不确定

15. 由于收入效应，闲暇商品的需求量与闲暇价格（　　）。

  A．反方向变化   B．同方向变化

  C．二者没有关系   D．二者关系不确定

16. （　　）只有生产服务的价格，而没有所有权价格。

  A．劳动   B．资本   C．土地   D．自然资源

17. 工资率的上升所导致的替代效应指（　　）。

  A．工作同样长的时间可以得到更多的收入

  B．工作较短的时间也可以得到同样的收入

  C．工人宁愿工作更长的时间，用收入带来的享受替代闲暇带来的享受

  D．以上都对

18. 有工人在工资率为每小时 2 美元的时候每周挣 80 美元，每小时 3 美元的时候每周挣 105 美元，由此可以断定（　　）。

  A．替代效应起着主要作用

  B．收入效应起着主要作用

  C．收入效应和替代效应都没有发生作用

  D．无法确定

19. 准租金与厂商的利润相比（　　）。

  A．前者大   B．后者大   C．相等   D．均有可能

20. （　　），收入分配越不平等；反之，收入分配越平等。

  A．基尼系数越大，洛伦兹曲线的弯曲程度越小

  B．基尼系数越小，洛伦兹曲线的弯曲程度越大

  C．基尼系数越小，洛伦兹曲线的弯曲程度越小

  D．基尼系数越大，洛伦兹曲线的弯曲程度越大

  21．假定生产要素 A、B、C 的边际物质产品分别是 12、8、2，它们的价格分别是 6、4、1，那么这一生产要素的组合（   ）。

  A．是最小成本的组合

  B．不是最小成本的组合

  C．是否为最小成本的组合，视不同产品市场而定

  D．是否为最小成本组合，视不同要素市场而定

  22．假设某明星的年薪为 10 万元，但若她从事其他职业，最多只能得到 3 万元，那么该明星所获得的经济租金为（   ）。

  A．10 万元   B．7 万元   C．3 万元   D．不可确定

  23．下列说法错误的是（   ）。

  A．经济租金属于长期分析，而准地租属于短期分析

  B．经济租金是对某些特定要素而言，而经济利润则是对整个厂商来说的

  C．厂商存在经济利润，则其要素存在经济租金

  D．一种要素在短期内存在准地租，并不意味着长期中也存在经济利润

  24．下列说法正确的是（   ）。

  A．工资上涨的替代效应鼓励工人减少劳动时间

  B．工资上涨的替代效应鼓励工人增加劳动时间，收入效应鼓励工人增加劳动时间

  C．工资上涨的替代效应鼓励工人减少劳动时间，收入效应鼓励工人增加劳动时间

  D．工资上涨的替代效应鼓励工人增加劳动时间，收入效应鼓励工人减少劳动时间

【参考答案】

1．B   2．A   3．A   4．B   5．B   6．C   7．C   8．D   9．D   10．B   11．B   12．B   13．C   14．A   15．B   16．A   17．C   18．B   19．A   20．D   21．D   22．B   23．C   24．D

8.3.3   计算题与证明题

  1．设一厂商使用的可变要素为劳动 L，其生产函数为 $Q \approx -0.01L^3 + L^2 + 38L$。式

中，Q 为每日产量，L 是每日投入的劳动小时数，所有市场（要素市场及产品市场）都是完全竞争的，单位产品价格是 0.10 美元，小时工资为 5 美元，厂商要求利润最大化。问厂商每天要雇用多少小时劳动？

【解题思路】利用 $VMP = W$ 的要素使用原则计算。

【本题答案】

由 $Q = -0.01L^3 + L^2 + 38L$，可知：$MP_L = -0.03L^2 + 2L + 38$

又知 $P = 0.1$，$W = 5$，

根据 $VMP = P \cdot MP_L = W$，可得：$-0.003L^2 + 0.2L + 3.8 = 5$

解得：$L = \dfrac{20}{3}$ 或 $L = 60$

（舍去 $L = \dfrac{20}{3}$，因为，此时 $\dfrac{\mathrm{d}MPL}{\mathrm{d}L} > 0$）

最优解为 $L = 60$。即厂商每天要雇用 60 小时的劳动才能得到最大利润。

2. 假定某买方垄断厂商仅使用劳动 L 去生产产品，产品按竞争市场中固定价格 2 出售，生产函数为 $Q = 6L + 3L^2 - 0.02L^3$，劳动供给函数为 $W = 60 + 3L$，求利润极大时的 L、Q 和 W 的值。

【解题思路】利用 $VMP = MFC$ 的要素使用原则计算。

【本题答案】

由 $Q = 6L + 3L^2 - 0.02L^3$，可得：

$$MP_L = 6 + 6L - 0.06L^2$$

$$VMP_L = P \cdot MP_L = 12 + 12L - 0.12L^2$$

又由 $C_L = WL = 60L + 3L^2$，可得：$MFC_L = 60 + 6L$

根据 $VMP_L = MFC_L$，可解：$L = 40$（$L = 10$ 舍去）

带入原方程中可得：$W = 180$，$Q = 3\,760$。

3. 某完全竞争厂商雇用一个劳动日的价格为 10 元，其生产情况如表 8.1 所示。当产品价格为 5 元，它应雇用多少个劳动日？

表 8.1　生产情况

劳动日数	3	4	5	6	7	8
产出数量	6	11	15	18	20	21

【解题思路】利用 $VMP = W$ 的要素使用原则计算。

【本题答案】（见表 8.2）

由表 8.2 可以看到，当 $L=7$ 时，边际产品价值与工资恰好相等，均等于 10，故厂商应雇用 7 个劳动日。

表8.2　表8.1答案

劳动日数	产出数量（Q）	$MP_L = \dfrac{\Delta Q}{\Delta L}$	P	$VMP_L = P \times MP_L$	W
3	6	—	5	—	10
4	11	5	5	25	10
5	15	4	5	20	10
6	18	3	5	15	10
7	20	2	5	10	10
8	21	1	5	5	10

4．假设某厂商在完全竞争的产品市场和要素市场上从事生产经营，其生产函数为 $Q = 40L^{1/2}K^{1/2}$，其中 Q 为产品的年产出吨数，L 为雇用的工人人数，K 为使用的资本单位数，产品单价为每吨 50 元，工人年工资为 10 000 元，单位资本价格为 80 元，在短期，资本固定为 3 600 单位。试求：

（1）该厂商劳动需求曲线方程。

（2）该厂商使用劳动的数量。

（3）短期均衡时厂商的劳动需求弹性。

（4）厂商的年利润。

【解题思路】利用 $VMP = W$ 的要素使用原则计算。

【本题答案】

（1）由 $MP_L = 1\,200L^{-1/2}$，可得：需求曲线方程：$W = P \cdot MP_L = 60\,000L^{-1/2}$。

（2）由 $W = 10\,000$，解得：$L = 36$。

（3）短期均衡时厂商对劳动的需求点弹性

$$e = \frac{\dfrac{\mathrm{d}L}{L}}{\dfrac{\mathrm{d}W}{W}} = -2$$

（4）厂商的年利润量 $\pi = PQ - WL - rK = 7\,200$。

5．已知劳动是唯一的可变要素，生产函数为 $Q = A + 10L - 5L^2$，产品市场是完全竞争的，劳动价格为 W，试说明：

（1）厂商对劳动的需求函数。

（2）厂商对劳动的需求量与工资反方向变化。

（3）厂商对劳动的需求量与产品价格同方向变化。

【解题思路】利用 $VMP = W$ 的要素使用原则推导。

【本题答案】

（1）因产品市场为完全竞争市场，由 $MP_L = 10 - 10L$，可得：$W = P \cdot MP_L =$

$10P - 10PL$。

（2）由上可得 $L = 1 - \dfrac{W}{10P}$，因 $\dfrac{\partial L}{\partial W} = -\dfrac{1}{10P} < 0$，故厂商对劳动的需求量与工资反方向变化。

（3）因 $\dfrac{\partial L}{\partial P} = \dfrac{P}{10P^2} > 0$，故厂商对劳动的需求量与产品价格同方向变化。

6. 某产品和要素市场上的完全垄断者的生产函数为 $Q = 2L$。如果产品的需求函数为 $Q = 110 - P$，工人的劳动供给函数为 $L = 0.5W - 20$，则为了谋求最大利润，该厂商应当生产多少产量？在该产量下，L、W、P 各等于多少？

【解题思路】产品和要素市场上的完全垄断者的要素使用原则为 $\text{MRP} = \text{MFC}$。

【本题答案】

$$R = P \cdot Q = P[Q(L)] \cdot Q(L)$$

其中：$P[Q(L)] = 100 - Q = 100 - 2L$；

$$\text{MRP} = \frac{\mathrm{d}P}{\mathrm{d}Q} \cdot \frac{\mathrm{d}Q}{\mathrm{d}L} \cdot Q + P \cdot \frac{\mathrm{d}Q}{\mathrm{d}L} = 220 - 8L$$；

$$\text{MFC} = W(L) + L \cdot \frac{\mathrm{d}W(L)}{\mathrm{d}L} = 40 + 4L$$。

由 MRP=MFC，解得 $L = 15$。

将 $L = 15$ 代入 $L = 0.5W - 20$，得 $W = 70$。

将 $L = 15$ 代入 $Q = 2L$，得 $Q = 30$。

7. 假定某劳动市场的供求曲线分别为：$S_L = 50W$，$D_L = 40\,000 - 50W$，求：

（1）均衡工资为多少？

（2）假如政府对工人提供的每单位劳动征税 10 美元，则新的均衡工资为多少？

（3）实际上对单位劳动征收的 10 美元由谁支付？

（4）政府征收到的总税收额为多少？

【解题思路】根据劳动市场供需平衡计算。

【本题答案】

（1）当劳动市场均衡时，有 $S_L = D_L$，即：$50W = 40\,000 - 50W$，解得：$W = 400$（美元）。

（2）当政府对工人提供的每单位劳动征收 10 美元的税时，劳动供给曲线变为：

$$S_L' = 50(W - 10) = 50W - 500$$

根据 $S_L' = D_L$，解得：$W = 405$（美元）。

（3）由上可知，原来的均衡工资为 400 美元，新的均衡工资为 405 美元，因此，政府征收的 10 美元的税，厂商和工人各支付 5 美元。

（4）在新的工资水平上，就业量为：

$$D_L = 40\,000 - 50 \times 405 = 19\,750$$

所以，政府征收到的总税收额为 $10 \times 19\,750 = 197\,500$ 美元。

8．假定对劳动的市场需求曲线为 $D_L = -10W + 150$，劳动的供给曲线为 $S_L = 20W$，试求：

（1）在市场中，劳动和工资的均衡水平为多少？

（2）若政府宣布法定最低工资为 6 元/日，则在这个工资水平下将需求多少劳动？失业人数是多少？

【解题思路】根据劳动市场供需平衡及最低限价模型计算。

【本题答案】

（1）当均衡时 $S_L = D_L$，因此有 $-10W + 150 = 20W$，可得：

所以工资的均衡水平 $W = 150 / 30 = 5$（元）。

劳动的均衡水平 $Q_L = D_L = S_L = 20 \times 5 = 100$（人）。

（2）当政府宣布法定最低工资为 6 元/日，则此时的劳动需求 $D_L = -10 \times 6 + 150 = 90$（人）。

由于这时的劳动供给 $S_L = 20 \times 6 = 120$，所以失业人数为 $S_L - D_L = 120 - 90 = 30$（人）。

9．已知产品市场中的某完全竞争厂商在产量 Q 为 7 000 时，SMC、SAC、AVC 函数分别为 18、14、10。试问：

（1）产品的价格 P 为多少？

（2）该厂商的总利润 π 与准租金 R 各为多少？

【解题思路】根据完全竞争厂商短期均衡条件以及准租金的定义进行计算。

【本题答案】（要点）

（1）在完全竞争的市场上，$P = \text{SMC} = 18$。

（2）总利润 $\pi = TR - TC = PQ - \text{SAC} \cdot Q (P - \text{SAC})Q = (18 - 14) \times 7\,000 = 28\,000$。

准租金 $R = TR - TVC = PQ - \text{AVC} \cdot Q = (P - \text{AVC})Q = (18 - 10) \times 7\,000 = 56\,000$。

10．某厂商生产产品，单价 15 元，月产量为 200 单位，每单位产品的平均可变成本为 8 元，平均不变成本为 5 元。试问，其准租金和经济利润相等吗？

【解题思路】根据准租金定义进行计算。

【本题答案】

由 $P = 15$，$Q = 200$，$\text{AVC} = 8$，$\text{AFC} = 5$ 可得：

准租金 $R = TR - TVC = P \times Q - \text{AVC} \times Q$

$$= (P - \text{AVC}) \times Q = (15 - 8) \times 200 = 1\,400 \text{（元）}。$$

经济利润 $\pi = TR - TC = TR - (TVC + TFC)$

$$= P \times Q - (\text{AVC} + \text{AFC}) \times Q = (P - \text{AVC} - \text{AFC}) \times Q$$

$$= (15 - 8 - 5) \times 200 = 200 \text{（元）}$$

可见，准租金和经济利润是不相等的。

11．假设劳动者每天的时间资源 24 小时用 T 表示，24 小时中提供劳动的时间用 L 表示，闲暇时间用 l 表示，劳动的单位价格，即工资率用 W 表示，劳动的收入用 Y 表示，劳动者从劳动收入和闲暇中获得的总效用函数为 $U = 48l + lY - l^2$。试求劳动供给曲线，并证明：

（1）当 $W = 0$ 时，劳动者完全不劳动。

（2）劳动供给 L 随 W 上升而增加。

（3）不管工资率 W 有多高，劳动时间 L 不超过 12 小时。

【解题思路】根据消费者劳动供给的均衡条件 $\dfrac{\mathrm{d}U}{\mathrm{d}l} = \dfrac{\mathrm{d}U}{\mathrm{d}Y} \cdot W$ 计算和推导。

【本题答案】

根据劳动供给原则是闲暇边际效用与劳动收入边际效用之比等于工资率，即

$$\frac{\mathrm{d}U}{\mathrm{d}l} = \frac{\mathrm{d}U}{\mathrm{d}Y} \cdot W$$

$$\frac{\partial U}{\partial l} = 48 + Y - 2l \text{ 和 } \frac{\partial U}{\partial Y} = l，\text{即 } \frac{48 + Y - 2l}{l} = W$$

又由 $Y = WL$ 且 $L = T - l$，可得：

$$L = \frac{T(W + 2) - 48}{2(W + 1)}$$

（1）当 $W = 0$，一天的时间资源 T 为 24 小时，可有：

$$L = \frac{24(0 + 2) - 48}{2(0 + 1)} = 0$$

所以，当 $W = 0$ 时，劳动者完全不劳动。

（2）$\dfrac{\mathrm{d}L}{\mathrm{d}W} = \dfrac{48}{4(W + 1)^2} > 0$，所以，工作时间随工资率提高而增加。

（3）由于 $L = \dfrac{24}{2 + 2/W}$，当 $R \to \infty$ 时，$\lim\limits_{R \to \infty} L = 12$

所以，消费者的劳动时间不会超过 12 小时。

12．某消费者的效用函数为 $U = lY + l$，其中，l 为闲暇，Y 为收入（他以固定的工资率出售其劳动所获得的收入）。试求该消费者劳动供给函数。他的劳动供给曲线是不是向上倾斜的？

【解题思路】根据消费者劳动供给的均衡条件 $\dfrac{\mathrm{d}U}{\mathrm{d}l} = \dfrac{\mathrm{d}U}{\mathrm{d}Y} \cdot W$ 计算和推导。

【本题答案】

根据消费者效用最大化的原则 $\dfrac{\mathrm{d}U}{\mathrm{d}l} = \dfrac{\mathrm{d}U}{\mathrm{d}Y} \cdot W$，有：$Y + 1 = lW$。

由于 $Y=(24-l)W$，则有 $(24-l)W+1=lW$。即 $L=24-l=24-12-\dfrac{1}{2W}=12-\dfrac{1}{2W}$

（其中 L 为消费者提供的劳动时间）。

因此随着 W 的增加，L 也增加，劳动供给曲线向上倾斜。

8.3.4 简答与分析讨论题

1．说明生产要素理论在微观经济学中的地位。

【参考答案】

生产要素理论有助于增进对产品市场产量和价格决定的理解。产品需求曲线的确定有赖于消费者的收入，而消费者的收入又决定于消费者拥有的要素的价格和数量；产品供给曲线的推导也必须以既定的要素价格和成本状况为前提。要素理论提供关于要素价格决定的解释，同时也间接地对消费者的收入水平和厂商的成本状况作了说明。

作为完整的市场体系的重要组成部分，要素理论提供了对要素市场的运行状况和均衡结果的描述和解释。对要素市场的考察将丰富我们对作为要素需求者的厂商以及作为要素所有者的消费者或家庭的行为的理解，同时也为全面和准确地评价市场体系的运转效率、为理解一定时期的收入分配格局提供了理论背景或理论基础。

2．试述厂商的要素使用原则。

【参考答案】

一般地说，厂商要实现利润的最大化，其选择的最优的要素投入量就必须保证使用要素的边际收益和边际成本相等。在不同的厂商那里，这一原则又有不同的表现形式。

完全竞争厂商的要素使用原则：在完全竞争的条件下，厂商使用要素的边际收益等于要素的边际产量乘以产品的价格，此即要素的边际产品价值 VMP；厂商使用要素的边际成本则等于要素的市场价格 W。因此，完全竞争厂商使用要素的原则可表述为 $\text{VMP}=W$。满足此条件的要素量即为最优要素使用量。

卖方垄断厂商的要素使用原则：在产品市场上，卖方垄断厂商表现为一个"价格制定者"，其产品价格将随着产量的变化而变化，因此该类厂商使用要素的边际收益要用要素的边际产量乘以产品的边际收益来表示，此即边际收益产品 MRP；作为要素市场上的完全竞争者，厂商使用要素的边际成本依然等于要素的市场价格 W。因此，卖方垄断厂商的要素使用原则可表述为 $\text{MRP}=W$。

买方垄断厂商的要素使用原则：作为产品市场上的完全竞争者，买方垄断厂商使用要素的边际收益为要素的边际产品价值 VMP；作为要素市场上伪买方垄断者，该类厂商面临向右上方倾斜的要素供给曲线，从而其使用要素的边际成本 MFC 不再等于要素价格，而是等于要素的边际产量和产品边际成本的乘积，其值一般要比要素价格更高。因此，买方垄断厂商使用要素的原则就可表述为 MFC=VMP。

3．要素使用原则和利润最大化产量原则有何关系？

【参考答案】

追求最大利润的厂商，其要素使用原则与利润最大化产量原则是一致的。

就完全竞争厂商来说，其最优要素使用量必须满足 $P \cdot MP = VMP = W$ 的条件。由于 W/MP 其实就相当于产品的边际成本 MC，因此上述要素使用原则实际上就可写为 $P = MC$，而这恰拾就是完全竞争厂商确定利润最大化产量的原则。

就卖方垄断厂商和买方垄断厂商来讲也是如此。卖方垄断厂商使用要素的原则为 $MRP = W$，而 MRP 又等于 $MR \cdot MP$，所以有 $MR = W/MP = MC$；这正是产品市场上的垄断者实现利润最大化产量所必须满足的条件。买方垄断厂商使用要素的原则为 $VMP = MFC$，其中，$VMP = P \cdot MP$，$MFC = MC \cdot MP$；两边同时消去一个 MP，即得 $P = MC$，这也正好就是作为产品市场上一个完全竞争者的买方垄断厂商赖以确定其最大利润产量的依据。

4．在什么情况下，要素的需求曲线不存在？

【参考答案】

完全竞争厂商和卖方垄断厂商都存在要素需求曲线，但对于买方垄断厂商来说，要素的需求曲线则不存在。

要素市场上一旦存在垄断因素，就会使得要素价格和厂商使用数量之间不再存在一一对应的关系，因此说买方垄断厂商不存在要素需求曲线。

5．试述厂商及市场在完全竞争和垄断、行业调整存在和不存在等各种情况下的要素需求曲线。

【参考答案】

（1）完全竞争的厂商和市场的要素需求曲线

① 不存在行业调整的情况：

完全竞争厂商使用要素的原则为 $VMP = W$，而 $VMP = P \cdot MP$。当不存在行业调整时，单个厂商将根据要素价格的变化沿着其边际产品价值曲线选择最优的要素使用量。由于单个厂商生产规模的变化不会对产品价格 P 造成影响；又由于只使用一种生产要素，故 MP 曲线也是稳定的。因此，厂商改变要素使用量的行为就不会影响到边际产品价值曲线的位置。也就是说，完全竞争厂商的要素需求曲线就是其边际产品价值 VMP 线。

当不存在行业调整时，市场的要素需求曲线是厂商 VMP 曲线的水平加和。

② 存在行业调整的情况：

当存在行业调整时，由于所有厂商均会根据要素价格的变化改变其要素使用量，从而改变其产量规模，因此产品价格也会发生变化。产品价格的变化又会改变每一个厂商的边际产品价值曲线的位置。因此，厂商的要素需求曲线不再等于其边际产品价值线，而是一条较该曲线更为陡峭的行业调整线。

将所有厂商的行业调整线水平加总，即得市场的要素需求曲线。

（2）卖方垄断的厂商和市场的要素需求曲线

① 厂商的要素需求曲线：

卖方垄断厂商的要素使用原则为 $MRP = W$，而 $MRP = MR \cdot MP$。当要素价格发生变化时，厂商会沿着其既定的边际收益产品（MRP）线改变其要素使用量。由于厂商是卖方垄断者，其要素使用量从而产量规模的变化不会影响到 MR 线的稳定性；又由于只考虑使用一种生产要素，故 MP 曲线也是稳定的；因此，厂商改变要素使用量的行为就不会影响到边际收益产品（MRP）曲线的位置。也就是说，卖方垄断厂商的要素需求曲线就总是等同于其边际收益产品（MRP）曲线。

② 市场的要素需求曲线：

由于所有的要素需求者都是卖方垄断厂商，又由于生产中只使用一种要素，即便考虑到所有厂商的同时调整，单个厂商的边际收益产品（MRP）曲线亦不会发生变化。因此，将所有卖方垄断厂商的 MRP 曲线水平相加，即得市场的要素需求曲线。

（3）买方垄断的厂商和市场的要素需求曲线

作为要素市场上唯一的买主，买方垄断厂商的要素需求就等同于市场的要素需求。在买方垄断的市场上，厂商的或市场的要素需求曲线不存在。

6．在产品市场和生产要素市场都是完全竞争条件下，为什么一个行业对某种生产要素的需求曲线不是由组成该行业的各厂商的需求曲线在水平方向加总而成？如何从单个厂商对生产要素的需求曲线推导出行业的需求曲线？

【参考答案】（简要）

因为在加总过程中往往存在行业调整的情况（可参照上题），因此，行业对某种生产要素的需求曲线不是由组成该行业的各厂商的需求曲线在水平方向加总而成，而是所有厂商的行业调整线的水平加总。

7．在买方垄断和卖方垄断共存的条件下生产要素的使用数量是怎样决定的？

【参考答案】（简要）

是按照 $MRP = MFC$ 的原则确定的。

8．试述消费者的要素供给原则。

【参考答案】

以基数效用论为基础得出的条件是：作为"要素供给"的资源的边际效用与作为

"保留自用"的资源的边际效用等。"要素供给"的资源的边际效用是间接效用，要素的供给通过收入而与效用相联系。它等于要素供给的边际收入和收入的边际效用的乘积，即 $\dfrac{dU}{dL} = \dfrac{dU}{dY} \cdot W$。而自用资源的效用是直接的，它的边际效用就是效用增量与自用资源增量之比的极限值 $\dfrac{dU}{dl}$。因此，效用最大化的条件可表示为：

在完全竞争条件下公式为：$W \cdot \dfrac{dU}{dY} = \dfrac{dU}{dl}$；

在非完全竞争下公式为：$\dfrac{dU}{dY} \cdot \dfrac{dY}{dL} = \dfrac{dU}{dl}$，即 $\dfrac{MU_l}{MU_y} = \dfrac{dY}{dL}$。

以序数效用论为基础得出的条件是：无差异曲线的斜率等于预算线的斜率，即 $\dfrac{dY}{dl} = -W$。

9. 如何从要素供给原则推导要素供给曲线？

【参考答案】

生产要素的供给表现为各种要素所有者在不同要素价格下愿意而且能够供给的要素数量。生产要素供给曲线反映的是要素供给量与要素价格之间的关系。它是由价格扩展线推导而来的。要素供给曲线的形状一般是向右上方倾斜的，也可以是垂直的或向右下方倾斜的。其形状究竟如何取决于消费者效用函数的特点。

消费者的要素供给量等于资源总量与最优自用资源的差，即 $L - l^*$，式中，L 为固定不变，l^* 则取决于无差异曲线与预算线的切点 G^* 的位置，在给定偏好不变的情况下（以及非要素收入 Y 不变）的条件下，这又取决于预算线的斜率，或者说是要素价格 W。因为预算线的斜率是要素价格的相反数。在消费者的初始非要素收入、初始资源数量以及偏好为既定的条件下给定一个价格，就有一个要素供给量。

如图 8.3 所示，图中横轴 l 和纵轴 Y 分别为消费者的自用资源和收入；U_0、U_1 和 U_2 为三条无差异曲线，E 为消费者的初始状态。如果要素价格为 W_0，则将全部资源都作为要素供给时，$K_0 = L \times W_0 + Y$。于是，预算线为 EK_0。如果要素价格上升，例如上升到 W_1 和 W_2，相应的预算线为 EK_1 和 EK_2。可见，随着要素价格的上升，预算线将绕着初始状态 B 顺时针方向旋转，反之亦然。随着预算线绕着初始状态 E 顺时针方向旋转，它与既定的无差异曲线簇的切点也不断变化，所有这些切点的集合成的曲线为价格扩展线 PEP。从价格扩展线 PEP 得到要素供给曲线的方法如下：给定要素的价格 W_0，由图中可知预算线为 EK_0，从而最优自用资源量为 l_0，于是要素的供给量为 $(L - l_0)$，于是得到要素供给曲线上的一点 $(W_0, L - l_0)$，即图 8.4 中的点 A；设要素价格上升到 W_1 和 W_2。同样地，可得到另外两点 $(W_1, L - l_1)$，$(W_2, L - l_2)$，即图 8.4 中 B 和 C。重复以上做法可得到其他的点，将所有这些点连接起来即得到要素的供给曲线。

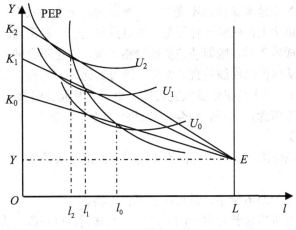

图 8.3　价格扩展线

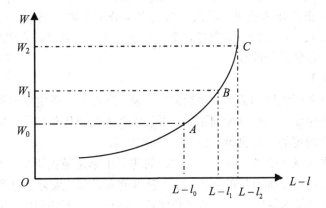

图 8.4　要素供给曲线

10．劳动供给曲线为什么向后弯曲？

【参考答案】

劳动供给曲线表明的是劳动供给量与劳动价格之间的关系，而劳动供给可看成是闲暇需求的反面，劳动供给的增加就是闲暇需求的减少，并且劳动价格（工资）就是闲暇的机会成本或价格。从替代效应上看，工资上升总会导致闲暇需求量的减少，即劳动供给增加。但从收入效应来看，工资上升时，对闲暇的需求也会增加。当工资较低时，替代效应大于收入效应，故闲暇的需求量会随着工资的上升而下降，即劳动供给增加，但工资较高时，则工资上涨引起的整个劳动收入的增量很大，收入效应可能大于替代效应，因而劳动供给会减少，引起劳动供给曲线后弯。

11．土地的供给曲线为什么垂直？

【参考答案】

土地供给曲线垂直，即土地使用的价格（租金）变化不会影响土地供给量，并不是因为自然赋予的土地量是固定不变的，而是因为假定土地只有一种生产性用途，而没有自有用途。事实上，任何一种资源，如果只能用于一种用途，而无其他用途，即在该用途上机会成本为零，则即使该资源价格下降，它也不会转移到其他方面，即供给量不会减少，从而供给曲线垂直，如果土地对其他所有者确有某些消费性用途（如打猎、做网球场），则土地供给曲线就可能不垂直，从而会略微向右上倾斜。

12. 区别以下概念：地租、租金、准租金、经济租金。

【参考答案】

地租，即土地价格，是当土地供给固定时的土地服务价格，它只与固定不变的土地有关。

租金是指资源的服务价格，是市场使用权价格。

准租金是指对供应量暂时固定的生产要素的支付，也即固定生产要素的收益，可以表示成固定总成本和经济利润之和，当经济利润为 0 时，准租金等于固定总成本。

经济租金是指从要素的所有收入中减去那部分不会影响要素总供给的要素收入的一部分要素收入，它类似于生产者剩余，等于要素收入和其机会成本之间的差额。

13. 试述资本的供给曲线。

【参考答案】

资本供给问题同土地和劳动的供给问题一样，涉及的是既定资本资源如何在资本供给和自用两种用途之间的分配问题。如果假定资本的自用价值等于零，则既定资本资源的供给也是固定的，其供给曲线为一条垂直线。

由于资本数量是可变的，所以资本供给问题不单单是最优资本量的供给问题，还有如何确定最优的资本拥有量的问题。最优资本拥有量问题实际上就是确定最优储蓄量的问题，可以归结为既定收入在消费和储蓄之间进行分配的问题，也可以看成是在现在消费和未来消费之间进行选择的问题。这就是消费者的长期消费决策问题。由消费者的长期消费决策可以推导出其储蓄或贷款供给曲线，也就是最优资本拥有曲线，它反映的是利率与最优资本拥有量之间的关系，其形状与劳动供给曲线相同：随着利润的上升，人们的储蓄会增加，曲线向右上方倾斜；当利率很高时，曲线又出现向后弯曲的现象。

14. "劣等土地上永远不会有地租"这句话对吗？

【参考答案】

这种说法不正确。地租产生的原因是其供给量是固定的，在技术不变的条件下，对土地产品的需求增加会导致土地需求曲线向右方移动，这是地租产生的直接原因。因此，即使是劣等土地，只要有需求也会产生地租。

15. 为什么说西方经济学的要素理论是庸俗的分配论？

【参考答案】

第一，根据西方经济学的要素理论，要素所有者是按照要素贡献的大小得到要素的报酬的。这就从根本上否定了在资本主义社会中存在着剥削。除此之外，西方经济学的要素理论还存在缺陷。

第二，西方经济学的要素理论建立在边际生产力的基础之上。然而，在许多情况下，边际生产力却难以成立。例如，资本代表一组形状不同、功能各异的实物，缺乏一个共同的衡量单位，因此，资本的边际生产力无法成立。

第三，西方经济学的要素供给理论不是一个完整的理论，因为只给出了在一定的社会条件下，各种人群或阶级得到不同收入的理由，而没有说明这一定的社会条件得以形成的原因。

第9章 一般均衡论和福利经济学

9.1 教学参考与学习指导

在现实中，产品市场之间、要素市场之间以及产品和要素市场之间是相互联系、相互影响、相互作用和决定的，因此，我们需要将所有相互联系的各个市场看作一个整体来加以研究，也就是进行一般均衡的分析和研究。进一步地，我们也需要说明和评价一般均衡的经济效率，并根据我们对社会价值体系的理解和认识，研究社会经济运行所实现的社会福祉水平。这就构成了本部分一般均衡和福利经济学的主要内容。

9.1.1 知识结构（见图9.1）

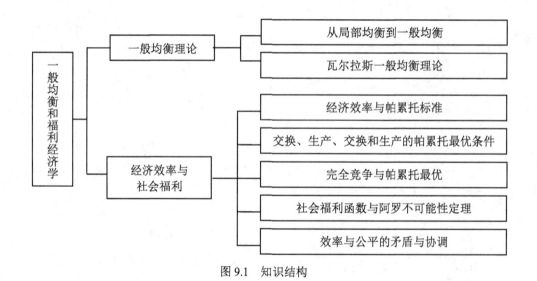

图 9.1 知识结构

9.1.2 内容指导

9.1.2.1 学习目的与要求

本部分把局部均衡分析发展为一般均衡分析，即把所有相互联系的各个市场作为一个整体来加以考察，研究是否存在一个能使所有商品同时达到均衡的价格体系。其次，分析市场的经济效率和社会福利问题，介绍福利经济学的一些基本原理和概念。

要求重点掌握一般均衡的特点、瓦尔拉斯定律的内容和含义、一般均衡的存在性、超额需求函数；交换、生产、交换和生产的帕累托最优条件；社会福利函数和阿罗不可能性定理的含义。

在学习方法上，可根据高等数学的相关内容来进行把握。

9.1.2.2　内容要点与难点

★一般均衡

局部均衡主要是分析研究单个产品或要素市场，是把所考虑的某个市场从相互联系的构成整个经济体系的市场全体中"取出"来单独加以研究。该市场商品的需求和供给仅仅被看成是其本身价格的函数，其他商品的价格则被假定为不变，而这些不变价格的高低会影响所研究商品的供求曲线的位置，这样该市场的需求和供给曲线共同决定了市场的均衡价格和均衡数量。

一般均衡是将所有相互联系的各个市场看成一个整体来加以研究，每一商品的供给和需求不仅取决于该商品本身的价格，而且也取决于所有其他商品（如替代品和互补品）的价格。每一商品的价格都不能单独地决定，而必须和其他商品价格联合着决定。只有当整个经济的价格体系恰好是所有的商品都供求相等时，市场才达到一般均衡。

瓦尔拉斯一般均衡：法国经济学家瓦尔拉斯提出了一般均衡理论。他认为：要使整个经济体系处于一般均衡状态，就必须使所有的 n 个产品市场和要素市场都同时达到均衡，即 $Q_1^d(P_1,\cdots,P_n)=Q_1^s(P_1,\cdots,P_n),\cdots\cdots,Q_n^d(P_1,\cdots,P_n)=Q_n^s(P_1,\cdots,P_n)$。一共有 n 个方程，同时也有 n 个变量，即 n 个价格需求决定。瓦尔拉斯通过在 n 个价格中选择一个"一般等价物"来衡量其他商品的价格，并进行化简，可得一个恒等式：$\sum P_i Q_i^d=\sum P_i Q_i^s$，这个恒等式被称为瓦尔拉斯定律，由瓦尔拉斯定律可知，n 个联立方程并非都是相互独立的，其中一个可以从其余 $n-1$ 个中推出，而且需要决定的未知数是 $n-1$ 个，独立方程的数目也是 $n-1$ 个。从而得到结论：存在一组价格，使得所有市场的供给和需求都恰好相等，即存在着整个经济体系的一般均衡。

超额需求函数：用每一种商品的市场需求 Q_i^d（$i=1,\cdots,n$）减去相应的市场供给 Q_i^s（$i=1,\cdots,n$），可得到每种商品的超额需求：$Z_i=Q_i^d-Q_i^s$（$i=1,\cdots,n$）。超额需求可正可负，当某种商品需求大于其供给时，该种商品的超额需求便大于 0，否则就小于 0。当超额需求等于 0 时达到均衡。

不动点定理：不动点定理是叙述一般均衡存在性证明中的关键定理，也称为布劳尔不动点定理：有界闭凸集合到自身的连续影射存在一个不动点。定理中的不动点，就是在映射下保持不变的元素，是一般均衡的价格向量。

★经济效率

帕累托最优状态：也称帕累托最优，是指如果既定的资源配置状态的任何改变都不能使至少有一个人的状况变好，而其他人的状况不变坏，这种状态就是帕累托最优状态。有时，帕累托最优状态也称为经济效率，满足帕累托最优状态就是具有经济效率的。

社会资源配置效率的**帕累托最优条件**：（1）交换的帕累托最优条件，要求任何两种商品对于任何同时使用这两种商品的消费者来说，其边际替代率相等，即 $MRS_{XY}^A = MRS_{XY}^B$；（2）生产的帕累托最优条件，要求任何两种生产要素对于任何同时使用这两种生产要素的生产者来说，其边际技术替代率相等，即 $MRTS_{LK}^X = MRTS_{LK}^Y$；（3）交换和生产的帕累托最优条件，要求任何两种商品之间的边际转换率与边际替代率相等，即 $MRT_{XY} = MRS_{XY}$。

完全竞争和帕累托最优状态：通过一定的假设条件，完全竞争经济存在着一般均衡状态，并且任意帕累托最优状态都可以通过完全竞争来实现。

★社会福利函数

社会福利函数是指社会上所有个人的效用水平的函数，用以确定唯一的帕累托最优状态。

阿罗的不可能性定理是指在非独裁的情况下，不可能存在适用于所有个人偏好类型的社会福利函数。

9.1.2.3 基本概念和基本原理扩充检索

局部均衡　一般均衡　瓦尔拉斯一般均衡　瓦尔拉斯定律　超额需求函数　不动点定理　帕累托标准　帕累托改进　帕累托最优状态　经济效率　交换的帕累托最优条件　生产的帕累托最优条件　交换和生产的帕累托最优条件　实证经济学　规范经济学　福利经济学　社会福利函数　契约曲线　埃奇沃思盒状图　生产可能性曲线　边际转换率　不可能性定理

9.2　考点分析

本部分内容的考试形式多采取名词解释、判断与选择、计算及推导、简答等形式，其中尤以问答题的形式为多见。

题型 1：名词解释。可根据上文"基本概念和基本原理扩充检索"复习掌握。

题型 2：判断和选择。本部分的考核，强调对本部分基本原理、逻辑体系的掌握和运用。常见的考点有：（1）一般均衡的定义、瓦尔拉斯一般均衡；（2）帕累托最优条件；（3）社会福利函数的含义及相关原理。

题型 3：计算和推导。本部分的计算和推导的重点是对一般均衡条件、帕累托最优条件的理解和运用，这往往是解题的关键。请结合后面的习题训练掌握基本的题型和解题技能。

题型 4：简答题和分析讨论题。考核要点集中于对一般均衡和福利经济学基本原理的理解和掌握上。

9.3　典型习题及解答

9.3.1　判断正误并解释原因

1．如果 A 点不是帕累托最优（即不在契约曲线上），B 点是帕累托最优点，那么，从 A 点向 B 点的移动一定是帕累托改进。（　　）

2．如果一个社会中的每个消费者的偏好都是理性的，那么按照多数票原则决定的集体偏好也一定是理性的。（　　）

3．如果两种商品的边际转换率不等于这两种商品对任何消费者而言的边际替代率，那么两种商品中有一种不是有效的生产出来。（　　）

4．对于福利极大化来说，完全竞争长期一般均衡既是必要的，又是充分的。（　　）

【参考答案】

1．（×）解释：只有当 A 点向 B 点移动时，使得至少有一方的状况改进，而并没有使任何一方的状况变坏，才是帕累托改进。

2．（×）解释：阿罗的不可能性原理表明，建立一种与每一个人的偏好都相一致的社会福利函数是不可能的。

3．（×）解释：该经济完全可能位于生产可能性曲线上，因而所有的生产有效性条件都满足了。如果边际转换率不等于边际替代率，将会有一个帕累托改进，但是虽然这些生产出来的产品的产量以帕累托最适度状态来衡量是"错误"的，但它们却满足生产的帕累托条件，因而仍然是有效地生产出来。

4．（×）解释：在长期均衡中完全竞争的确达到了帕累托最适度状态，但是完全竞争的长期均衡对帕累托最适度状态并非是必要的，因为在计划经济中，满足所有帕累托最适度条件是可能的，再则，虽然完全竞争对于帕累托最适度是充分的，但它对福利极大化并不充分，因为均衡状态在收入分配方面可能是很不公平的，而福利极大化必须兼顾生产效率和收入分配两个方面。

9.3.2 选择题

1. 在两个人（A 和 B）、两种商品（X 和 Y）的经济中，生产和交换的全面均衡发生在（   ）。

    A．$MRT_{XY} = \dfrac{P_X}{P_Y}$ B．A 与 B 的 $MRS_{XY} = \dfrac{P_X}{P_Y}$

    C．$(MRS_{XY})_A = (MRS_{XY})_B$ D．$MRT_{XY} = (MRS_{XY})_A = (MRS_{XY})_B$

2. 一个社会要达到最高的经济效率，必须（   ）。

    A．满足交换的边际条件：$(MRS_{XY})_A = (MRS_{XY})_B$

    B．满足生产的边际条件：$(MRTS_{LK})_X = (MRTS_{LK})_Y$

    C．满足替代的边际条件：$MRS_{XY} = MRT_{XY}$

    D．同时满足上述三个条件

3. 如果对消费者甲来说，以商品 X 替代商品 Y 的边际替代率为 3，对于消费者乙来说，以商品 X 替代商品 Y 的边际替代率为 2，那么有可能发生（   ）。

    A．乙用 X 向甲交换 Y   B．乙用 Y 向甲交换 X

    C．甲和乙不会交换商品   D．以上均不正确

4. 由上题已知条件，在甲和乙成交时，商品的交换比例可能是（   ）。

    A．1 单位 X 和 3 单位 Y 相交换

    B．1 单位 X 和 2 单位 Y 相交换

    C．X 和 Y 的交换比例大于 1/3，小于 1/2

    D．以上均不正确

5. 到达生产契约曲线上的点表示生产者（   ）。

    A．获得了最大利润

    B．支出了最小成本

    C．通过生产要素的重新配置提高了总产量

    D．以上均不正确

6. 转换曲线是从（   ）导出的。

    A．消费契约曲线   B．效用可能性曲线

    C．社会福利曲线   D．生产契约曲线

7. 下列（   ）必须做出道德的或价值的判断。

    A．转换曲线   B．消费契约曲线

    C．社会福利曲线   D．效用可能性曲线

8. 收入分配绝对平均时，基尼系数（　　）。

  A. 等于零　　　　B. 等于 1　　　　C. 大于零小于 1　　　D. 以上均不正确

9. 两种商品在两个人之间的分配，能被称为帕累托最优的条件为（　　）。

  A. 不使其他人受损就不能使某人受益

  B. 个人都处在某消费契约曲线上

  C. 个人都处在某效用可能性曲线上

  D. 包括以上所有条件

10. 下列选项中，（　　）是帕累托最优状态的必要条件。

  A. 两种商品之间的边际替代率对于所有消费它们的消费者来说都相等

  B. 两种商品之间的边际转换率和所有消费这两种商品的消费者的边际替代率相等

  C. 两种生产要素之间的边际技术替代率对于所有使用它们生产的商品都相等

  D. 以上各项均为帕累托最优的必要条件

【参考答案】

1．D　2．D　3．A　4．C　5．C　6．D　7．C　8．A　9．D　10．D

9.3.3　计算题与证明题

1. 假设一经济社会除了一个生产者以外均满足帕累托最适度条件，该生产者为其产品市场上的完全垄断者和用于生产该产品的唯一投入要素市场的完全垄断者购买者，他的生产函数为 $q = 0.5x$，产出的需求函数为 $p = 100 - 4q$，投入要素的供给函数为 $r = 2 + 2x$，试求：

（1）该生产者利润极大化时的 q、x、p 及 r 的值。

（2）该生产者满足帕累托最适度条件时的 q、x、p 及 r 的值。

【解题思路】分别根据生产者利润最大化条件和帕累托最优条件计算。

【本题答案】

（1）该生产者利润函数为 $\pi = TR - TC = 96q - 12q^2$，使其利润极大化，令 $\pi' = 0$，可得：$q=4$，$x=8$，$p=84$，$r=18$。

（2）若该垄断生产者满足帕累托最适度条件，则意味着 $MP = \dfrac{r}{p}$，即 $p = \dfrac{r}{MP} = MC$。

由 $TC = rx = 2rq$ 可得 $MC = 2r = 4 + 8q$，可得：$q=8$，$x=16$，$p=68$，$r=34$。

2. 考虑一个两人、两种物品的纯粹交易经济。消费者的效用函数和禀赋如下：

$$u^1(x_1, x_2) = x_1 x_2 + 12x_1 + 3x_2，\quad e^1 = (8, 30)；$$

$$u^2(x_1, x_2) = x_1 x_2 + 8x_1 + 9x_2，\quad e^2 = (10, 10)；$$

试求：

（1）对两种物品的超额需求函数。

（2）为该经济决定均衡价格比率。

【解题思路】（1）利用消费者效用最大化原理计算；（2）利用超额需求函数都等于零来计算。

【本题答案】

（1）对消费者 1 而言，他的效用最大化选择可以通过下述线性规划求得：

$$\max u^1(x_1, x_2)$$
$$\text{s.t.} \quad P_1 x_1 + P_2 x_2 \leqslant P_1 8 + P_2 30$$

构造拉格朗日函数求解这个效用最大化问题：

$$L = x_1 x_2 + 12x_1 + 3x_2 - \lambda_1 (P_1 x_1 + P_2 x_2 - 8P_1 + 30P_2)$$

令这个函数的偏导数都等于 0，组成方程组：

$$\begin{cases} \partial L / \partial x_1 = x_2 + 12 - \lambda_1 P_1 = 0 \\ \partial L / \partial x_2 = x_1 + 3 - \lambda_1 P_2 = 0 \\ \partial L / \partial \lambda_1 = P_1 x_1 + P_2 x_2 - 8P_1 + 30P_2 = 0 \end{cases}$$

可得：

$$\begin{cases} x_1^A = \dfrac{5P_1 + 42P_2}{2P_1} \\ x_2^A = \dfrac{11P_1 - 18P_2}{2P_2} \end{cases}$$

同理，消费者 2 的效用最大化选择也可以通过下述线性规划求得：

$$\max u^2(x_1, x_2)$$
$$\text{s.t.} \quad P_1 x_1 + P_2 x_2 \leqslant 10P_1 + 10P_2$$

构造拉格朗日函数求解这个效用最大化问题：

$$L = x_1 x_2 + 8x_1 + 9x_2 - \lambda_2 (P_1 x_1 + P_2 x_2 - 10P_1 + 10P_2)$$

令这个函数的偏导数都等于 0，组成方程组：

$$\begin{cases} \partial L / \partial x_1 = x_2 + 8 - \lambda_1 P_1 = 0 \\ \partial L / \partial x_2 = x_1 + 9 - \lambda_1 P_2 = 0 \\ \partial L / \partial \lambda_1 = P_1 x_1 + P_2 x_2 - 10P_1 + 10P_2 = 0 \end{cases}$$

可得：

$$\begin{cases} x_1^B = \dfrac{P_1 + 18P_2}{2P_1} \\ x_2^B = \dfrac{19P_1 + 18P_2}{2P_2} \end{cases}$$

所以，对商品 1 的超额需求函数为：

$$Z^1(P_1, P_2) = x_1^A(P_1, P_2) + x_1^B(P_1, P_2) - (8 + 10) = \frac{30P_2 - 15P_1}{P_1}$$

对商品 2 的超额需求函数为：

$$Z^2(P_1, P_2) = x_2^A(P_1, P_2) + x_2^B(P_1, P_2) - (10 + 30) = \frac{20P_1 - 40P_2}{P_2}$$

（2）均衡状态下，两种商品的超额需求都等于 0，为了求在均衡状态下两种商品的相对价格，不妨令商品 1 的价格等于 1。这样令商品 1 的超额需求 $Z^1(P_1, P_2) = 0$，解下面的方程：

$$Z^1(P_1, P_2) = \frac{30P_2 - 15P_1}{P_1} = 30P_2 - 15 = 0$$

解得 $P_2 = 0.5$。所以，该经济的均衡价格比率为：$\dfrac{P_1}{P_2} = 2$

3. 设某经济只有 a、b 两个市场。a 市场的需求和供给函数为 $Q_{da} = 13 - 2P_a + P_b$，$Q_{sa} = -4 + 2P_a$，b 市场的需求和供给函数为 $Q_{db} = 20 + P_a - P_b$，$Q_{sb} = -5 + 4P_b$。试确定：

（1）当 $P_b = 1$ 时，a 市场的局部均衡。

（2）当 $P_a = 1$ 时，b 市场的局部均衡。

（3）$(P_a = 1, P_b = 1)$ 是否代表一般均衡？

（4）$(P_a = 5, P_b = 3)$ 是否是一般均衡价格？

（5）一般均衡价格和一般均衡产量为多少？

【解题思路】根据局部均衡和一般均衡的联系以及均衡求解计算。

【本题答案】

（1）当 $P_b = 1$ 时，a 市场的需求和供给函数简化为：

$$Q_{da} = 14 - 2P_a，\quad Q_{sa} = -4 + 2P_a$$

解之得均衡价格和均衡产量分别为 $P_a = 4.5$，$Q_a = 5$。此即为 $P_b = 1$ 时 a 市场的局部均衡。

（2）当 $P_a = 1$ 时，b 市场的需求和供给函数简化为：

$$Q_{db} = 21 - P_b，\quad Q_{sb} = -5 + 4P_b$$

解之得均衡价格和均衡产量分别为 $P_b = 5.2$，$Q_b = 15.8$。此即为 $P_a = 1$ 时 b 市场的局部均衡。

（3）将 $P_a = 1$，$P_b = 1$ 代入 a 市场的需求和供给函数得：

$$Q_{da} = 13 - 2 \times 1 + 1 = 12，\quad Q_{sa} = -4 + 2 \times 1 = -2$$

由于 $Q_{da} \neq Q_{sa}$，故 a 市场没有均衡，从而 $(P_a = 1, P_b = 1)$ 不是一般均衡价格。

（4）将 $(P_b = 5, P_b = 3)$ 代入 a 市场的需求和供给函数得：

$$Q_{da} = 13 - 2 \times 5 + 3 = 6，\quad Q_{sa} = -4 + 2 \times 5 = 6$$

由于 $Q_{da} = Q_{sa}$，故 a 市场是均衡的；再将 $(P_a = 5, P_b = 3)$ 代入 b 市场的需求和供

给函数得：$Q_{db} = 20 + 5 - 3 = 22$，$Q_{sb} = -5 + 4 \times 3 = 7$。

由于 $Q_{da} \neq Q_{sa}$，故 b 市场没有均衡，从而（$P_a = 5, P_b = 3$）不是一般均衡价格。

（5）a、b 两个市场的一般均衡有 $Q_{da} = Q_{sa}$，$Q_{db} = Q_{sb}$，代入相关参数可计算出 $P_b = -17 + 4P_a$，$P_b = 5 + 0.2P_a$。再让 $P_b = -17 + 4P_a$ 与 $P_b = 5 + 0.2P_a$ 联立，可解得：$P_a = \dfrac{110}{19}$，$P_b = \dfrac{117}{19}$。将一般均衡价格 $P_a = \dfrac{110}{19}$ 和 $P_b = \dfrac{117}{19}$ 代入 a、b 两个市场的需求或供给函数可以求得：$Q_a = \dfrac{114}{19}$，$Q_b = \dfrac{373}{19}$ 即为 a、b 两个市场的一般均衡产量。

4. 设某经济的生产可能性曲线满足如下的资源函数（或成本函数）：

$$c = (x^2 y^2)^{\frac{1}{2}}$$

其中，c 为参数。如果根据生产可能性曲线，当 $x=3$ 时，$y=4$，试求生产可能性曲线方程。

【解题思路】生产可能性曲线。

【本题答案】

将 $(x=3, y=4)$ 代入资源函数，可得 $c=5$，生产可能性曲线为 $(x^2 y^2)^{\frac{1}{2}} = 5$ 或者 $y = (25 - x^2)^{1/2}$。

5. 设某经济的生产可能性曲线为

$$y = \frac{1}{2}(100 - x^2)^{\frac{1}{2}}$$

试说明：

（1）该经济可能生产的最大数量的 x 和最大数量的 y。

（2）生产可能性曲线向右下方倾斜。

（3）生产可能性曲线向右上方凸出。

（4）边际转换率递增。

（5）点 $(x=6, y=3)$ 的性质。

【解题思路】利用边际转换率是生产可能性曲线斜率的绝对值 $\mathrm{MRT} = \left| \dfrac{\mathrm{d}y}{\mathrm{d}x} \right|$ 计算。

【本题答案】

（1）由题中所给的生产可能性曲线的方程可知：当 $x=0$ 时，$y=5$；当 $y=0$ 时，$x=10$，因此，该经济可能生产的最大数量的 x 和 y 分别为 10 和 5。

（2）由于题中所给的生产可能性曲线的斜率为：$\dfrac{\mathrm{d}y}{\mathrm{d}x} = -\dfrac{x}{2}(100 - x^2)^{-\frac{1}{2}} < 0$，因此生产可能性曲线是向右下方倾斜的。

（3）根据 $\dfrac{dy}{dx} = -\dfrac{x}{2}(100-x^2)^{-\frac{1}{2}} < 0$ 可得 $\dfrac{d^2y}{dx^2} = -\dfrac{1}{2}x^2(100-x^2)^{-\frac{3}{2}} - \dfrac{1}{2}(100-x^2)^{-\frac{1}{2}} < 0$，因此，生产可能性曲线是向右上方凸出的。

（4）根据边际转换率是生产可能性曲线斜率的绝对值 $MRT = \left|\dfrac{dy}{dx}\right|$，从而可计算出：$\dfrac{dMRT}{dx} = \dfrac{1}{2}x^2(100-x^2)^{-\frac{3}{2}} + \dfrac{1}{2}(100-x^2)^{-\frac{1}{2}} > 0$，即边际转换率递增。

（5）根据 $y = \dfrac{(100-x^2)^{\frac{1}{2}}}{2}$，当 $x = 6$ 时，$y = 4 > 3$，因此点处于生产无效率区域。

6．设 a、b 两个消费者消费 x、y 两种产品。两个消费者的效用函数均为 $u = xy$。消费者 a 消费的 x 和 y 的数量分别用 x_a 和 y_a 表示，消费者 b 消费的 x 和 y 的数量分别用 x_b 和 y_b 表示。$e(x_a = 10, y_a = 50, x_b = 90, y_b = 270)$ 是相应的埃奇渥斯盒状图中的一点。试确定：

（1）在点 e 处，消费者 a 的边际替代率。

（2）在点 e 处，消费者 b 的边际替代率。

（3）点 e 满足交换的帕累托最优吗？

（4）如果不满足，应如何调整才符合帕累托改进的要求？

【解题思路】利用交换的帕累托最优条件 $MRS_{xy}^a = MRS_{xy}^b$ 计算。

【本题答案】

（1）根据效用函数 $u = xy$，可得边际替代率为 $MRS_{xy} = \dfrac{MU_x}{MU_y} = \dfrac{y}{x}$。把消费者 a 的消费组合 $(x_a = 10, y_a = 50)$ 代入此式，可得：$MRS_{xy} = \dfrac{MU_x}{MU_y} = \dfrac{y}{x} = 5$，此即点 e 处消费者 a 的边际替代率。

（2）把消费者 b 的消费组合 $(x_b = 90, y_b = 270)$ 代入此式，可得 $MRS_{xy} = \dfrac{MU_x}{MU_y} = \dfrac{y}{x} = 3$，此即点 e 处消费者 b 的边际替代率。

（3）在点 e 处 $MRS_{xy}^a \neq MRS_{xy}^b$，所以不满足交换的帕累托最优条件。

（4）在点 e 处由于 $MRS_{xy}^a > MRS_{xy}^b$，消费者 a 愿意放弃不多于 5 个单位的 y 来交换 1 个单位的 x；消费者 b 愿意放弃 1 个单位的 x 来交换不少于 3 个单位的 y。因此，如果消费者 a 用小于等于 5 个单位但大于等于 3 个单位的 y 交换 1 个单位的 x，消费者 b 用 1 个单位的 x 交换大于等于 3 个单位但小于等于 5 个单位的 y，则两个人中至少有一人的福利将得到提高。于是，实现帕累托改进的方式是：在交换比率 $3y \leqslant x \leqslant 5y$

的限制范围内，消费者 a 的 y 与消费者 b 的 x 相交换，直到达到交换的帕累托最优状态为止。

7. 设两个消费者 a 和 b 消费两种产品 x 和 y。消费者 a 的效用函数为 $u = u(x, y)$，消费者 b 的无差异曲线 $y = u_0 - kx$（$u_0 > 0, k > 0$）。试说明交换的契约曲线的倾斜方向。

【解题思路】利用交换的帕累托最优条件 $\text{MRS}^a_{xy} = \text{MRS}^b_{xy}$ 计算。

【本题答案】

根据消费者 a 的效用函数可知，边际替代率为 $\text{MRS}^a_{xy} = -\dfrac{dy}{dx} = (\dfrac{MU_x}{MU_y})_a$。根据消费者 b 的效用函数可知，边际替代率为 $\text{MRS}^b_{xy} = -\dfrac{dy}{dx} = k$。

交换的帕累托最优条件 $\text{MRS}^a_{xy} = \text{MRS}^b_{xy}$，代入有关参数可得 $\dfrac{dy}{dx} = -k$。

$$x_a \uparrow \rightarrow MU^a_x \downarrow \rightarrow kMU^a_y \downarrow \rightarrow MU^a_y \downarrow \rightarrow y_a \uparrow$$

在这种情况下，沿着交换的契约曲线，x_a 和 y_a 同时增加。这意味着，交换的契约曲线是向右上方倾斜的。

8. 设 c、d 两个生产者拥有 l、k 两种要素。两个生产者的生产函数分别为：

$$Q = 2k + 3l + lk, \quad Q = 20l^{\frac{1}{2}}k^{\frac{1}{2}}$$

生产者 c 使用的 l、k 的数量分别用 l_c、k_c 表示，生产者 d 使用的 l、k 的数量分别用 l_d、k_d 表示。两种要素的总量为 $\bar{l}$ 和 $\bar{k}$，即有 $l_c + l_d = \bar{l}$，$k_c + k_d = \bar{k}$。试确定：

（1）生产者 c 的边际技术替代率。

（2）生产者 d 的边际技术替代率。

（3）用生产者 c 使用的 l_c、k_c 来表示的生产契约曲线。

（4）用生产者 d 使用的 l_d、k_d 来表示的生产契约曲线。

【解题思路】利用交换的帕累托最优条件 $\text{MRS}^c_{lk} = \text{MRS}^d_{lk}$ 计算。

【本题答案】

（1）由生产者 c 的生产函数得相应的边际技术替代率为：

$$\text{MTRS}^c_{lk} = (\frac{\partial Q / \partial l}{\partial Q / \partial l})_c = \frac{3 + k_c}{2 + l_c}$$

（2）由生产者 d 的生产函数得相应的边际技术替代率为：

$$\text{MTRS}^d_{lk} = (\frac{\partial Q / \partial l}{\partial Q / \partial l})_d = \frac{k_d}{l_d} = \frac{\bar{k} - k_c}{\bar{l} - l_c}$$

（3）由上述两个生产者的边际技术替代率可得生产的帕累托最优条件为：

$$\text{MRS}^c_{lk} = \text{MRS}^d_{lk} = \frac{3 + k_c}{2 + l_c} = \frac{\bar{k} - k_c}{\bar{l} - l_c}$$

$k_c = \dfrac{2\bar{k} - 3\bar{l}}{2 + \bar{l}} + \dfrac{3 + \bar{k}}{2 + \bar{l}} l_c$，即为用生产者 c 使用的 l_c、k_c 来表示的生产契约曲线。

（4）将 $l_c = \bar{l} - l_d$，$k_c = \bar{k} - k_d$ 代入上述生产的契约曲线 $k_c = \dfrac{2\bar{k} - 3\bar{l}}{2 + \bar{l}} + \dfrac{3 + \bar{k}}{2 + \bar{l}} l_c$，

可得 $k_d = \dfrac{3 + \bar{k}}{2 + \bar{l}} l_d$，即为生产者 d 使用的 l_d、k_d 来表示的生产契约曲线。

9.3.4　简答与分析讨论题

1．请回答以下问题：

（1）用社会的和私人的利益和成本的概念来表达帕累托最适度条件。

（2）解释为什么在存在生产或消费的外部经济，或者存在生产或消费的外部不经济的情况下，经济就不能达到帕累托最适度状态？

（3）解释当有公共商品时，为什么即使整个经济都是完全竞争的也不能达到帕累托最适度状态？

【参考答案】

（1）用社会的和私人的利益和成本的概念来表达帕累托最适度条件：边际社会收益（MSB）必须等于边际社会成本（MSC）；边际社会利益必须等于边际私人利益（MPB）；边际社会成本必须等于边际私人成本（MPC）。

（2）当仅存在生产的外部经济时，MSC<MPC=P=MPB=MSB，生产的产品量太少，不能达到帕累托最适度状态；当仅存在消费的外部经济时，MSB>MPB=MPC=MSC，消费的商品量太少，不能达到帕累托最适度状态；当仅存在生产的外部不经济时，MSC>MPC=P=MPB=MSB，生产的产品量太多，不能达到帕累托最适度状态；当仅存在消费的外部不经济时，MSB<MPB=MPC=MSC，消费的产品量太多，也不能达到帕累托最适度状态。

（3）存在公共商品时，也不能达到帕累托最适度状态。原因是：若 X 是具有两种商品、两个个人的简单经济中的一个公共商品，则当 $\text{MRT}_{XY} = \text{MRS}^{A}_{XY} = \text{MRS}^{B}_{XY}$ 时，该经济处于均衡状态。然而，由于个人 A 和 B 能同时享受每一单位的公共商品 X，帕累托最适度要求 $\text{MRT}_{XY} = \text{MRS}^{A}_{X} + \text{MRS}^{B}_{X}$，因此，完全竞争导致公共商品的生产不足和消费不足，并不导致帕累托最适度状态。

2．简要说明一般均衡论的基本思路和其主要不足之处。

【参考答案】

法国经济学家里昂·瓦尔拉斯在经济学说史上最充分认识到一般均衡问题的重

要性。他第一个提出了一般均衡存在性问题。

假定整个经济中有 H 个家户、K 个厂商、r 个产品、$n-r$ 种要素，其价格分别为 $p_1,\cdots p_r,p_{r+1},\cdots p_n$。

通过对任意家户 h 在其预算约束下的效果最大化过程，可求得他对每种商品的需求函数和对每种要素的供给函数。将所有 H 家户对每一种产品的需求和对每一种要素的供给加总起来即得到每一种商品市场需求和每一种要素的市场供给。它们均是整个价格体系的函数。

同理，通过对任意厂商 K 在其生产函数约束下的利润最大化过程可求得每一种要素的市场需求和每一种商品市场供给。它们均是整个价格体系的函数。

经济体系的一般条件是：所有 r 种产品和所有 $n-r$ 种要素的市场需求和供给都相等，即 $Q_i^d(p_1,\cdots,p_n)=Q_i^s(p_1,\cdots,p_n)$，$i=1,\cdots,n$。

在一般均衡条件中，由于可以令一个价格作为"一般等价物"，故只有 $n-1$ 个独立方程可以唯一地决定 $n-1$ 个未知数，亦即存在有一般均衡。

瓦尔拉斯通过计算方程数目和未知数数目来证明一般均衡的存在是错误的。因为在数学上未知数和方程数相等并不是一级方程有解的必要和充分条件。

一般均衡论企图证明供求相等的均衡不但可以存在于单个的市场，而且还可能同时存在于所有的市场。它的证明要附带一些极为严峻的假设条件才能成立，因此论证的结果不可能在现实中存在。

3．假设一个社会共有五种产品、四种生产要素，试列出表达一般均衡的方程组。怎样理解这些方程式并非独立的方程，即均是可以从其余方程中推导出来的方程。

【参考答案】

设 x_1,x_2,x_3,x_4,x_5 为五种商品的数量，p_1,p_2,p_3,p_4,p_5 为五种商品的价格；q_1,q_2,q_3,q_4 为四种要素的数量，w_1,w_2,w_3,w_4 为四种生产要素的价格。a_{ij}（$i=1,\cdots,4$；$j=1,\cdots,5$）为生产一个单位的 j 商品所需要耗用的要素 i 数量。则有这五种商品四种要素组成的一般均衡方程组为：

（1）对商品的需求方程
$$x_j = f_j(p_1,\cdots,p_5;w_1,\cdots,w_4), j=1,\cdots,5$$

（2）对生产要素的需求方程
$$q_i = a_{i1}x_1 + \cdots + a_{i5}x_5, i=1,\cdots,4$$

（3）商品的供给方程
$$p_j = a_{1j}w_1 + \cdots + a_{4j}w_4, j=1,\cdots,5$$

（4）生产要素的供给方程
$$q_i = g_i(p_1,\cdots,p_5;w_1,\cdots,w_4), i=1,\cdots,4$$

以上四组共计有 18 个（=2×4+2×5）方程，方程的未知数为 18 个（=2×4+2×5），但这 18 个方程中只有 17 个方程是相互独立的，即其中必有一个方程可以从其中推导出来。这是因为我们假定生产要素所有者的收入全部用来购买商品，因此，要素收入等于产品销售价值，而第 1 组方程的商品 $X_1, X_2, \cdots, X_5$，分别乘以它们各自的价格 $P_1, P_2, \cdots, P_5$，再加总求和：$X_1 P_1 + X_2 P_2 + \cdots + X_5 P_5$，即为全部产品的销售价值。第 III 组方程的要素 $Q_1, Q_2, \cdots, Q_4$，分乘以它们各自的价格 $W_1, W_2, \cdots, W_4$，再加总求和：$Q_1 W_1 + Q_2 W_2 + \cdots + Q_4 W_4$，即为所有要素的收入。故 $X_1 P_1 + X_2 P_2 + \cdots + X_5 P_5 = Q_1 W_1 + Q_2 W_2 + \cdots + Q_4 W_4$。

这等式意味着当它的左边的 5 个方程之和（即所有产品的销售价值之和）为已知时，上式右边的 4 个方程之和（即要素的收入之和）也为已知，因此其中必然有一个方程可以从其余的 3 个方程中得出来。同样地，如果等式右边的 4 个方程之和为已知，上式左边的 5 个方程之和也为已知，因此其中必然有一个方程可以从其余的 4 个方程中得出来。总之，由于假定生产要素所有者的收入等于产品销售价值，因此由上述 18 个方程组成的四组方程中必然有一个方程可以从其余 17 个方程中推导出来。

4．整个经济原处于全面均衡状态，如果某种原因使商品 X 的市场供给（S_X）增加，试考察：

（1）在 X 商品市场中，其替代品市场和补充品市场会有什么变化？

（2）在生产要素市场上会有什么变化？

（3）收入的分配会有什么变化？

【参考答案】

（1）如果商品 X 的市场供给（S_X）增加，按局部均衡分析，则其价格 P_X 下降，供给量 Q_X 增加。由于实际生活中，各个部门、各个商场是相互依存、相互制约的，X 商品市场的变化会对经济的其余部分产生影响，这种影响越大，就越不适用局部均衡分析。因此，需用一般均衡分析来考察商品市场的变化与经济其他部门的相互影响。由于商品 X 的价格 P_X 下降，人们会提高对其互补品的需求，降低对其替代品的需求。这样，互补品的价格和数量将上升，而替代品的价格和数量将下降（如果供给曲线呈正向倾斜）。

（2）在商品市场中的上述变化也会影响到生产要素市场。因为它导致了生产 X 商品和其互补品的生产要素的需求增加。因此又引起了生产商品 X 和其互补品的要素价格和数量的上升。它同时又导致了商品 X 的替代品的需求下降，因此又引起生产商品 X 的替代品的生产要素的价格和数量的下降。这些变化被替代生产要素价格的相对变化所削弱。

（3）由于（2）中所述的变化，不同生产要素的收入及收入的分配也发生变化。商品 X 及其互补品的投入要素的所有者因对其要素需求的增加，其收入便随要素价格的上升而获增加。商品 X 的替代品的投入要素的所有者因对其要素需求的减少，其收入便随要素价格的下降而减少。这些变化转而又或多或少地影响包括商品 X 在内的所有最终商品的需求，这样，所有生产要素的派生需求都受到影响。这一过程一直持续到所有的商品市场和生产要素市场又同时重新稳定，整个经济又一次进入全面均衡状态。

5. 假设：（1）一个简单经济最初处于全面的长期的完全竞争均衡；（2）L 和 K 是仅有的两种生产要素，各具有一定的数量；（3）仅有两种商品 X 和 Y，X 的劳动密集程度（即 L/K 的比例）大于 Y；（4）商品 X 和 Y 互为替代品；（5）X 行业和 Y 行业是成本递增行业。

（1）以局部均衡的观点来讨论，如果 D_X 上升将会发生什么情况？

（2）Y 商品市场将会发生什么变化？

（3）在劳动和资本市场将会发生什么情况？

（4）劳动和资本市场中发生的变化是如何转而影响整个经济的？

【参考答案】

（1）当 D_X 增加时，P_X 上升，生产商品 X 的厂商现在变得有利可图，于是他们在现有的生产规模下，通过增加可变要素投入量来扩大商品 X 的产量，从长期来看，他们将扩大生产规模，而新的厂商也会不断进入这个行业，直到该行业无利（超额利润）可图为止。因为 X 行业是一个成本递增的行业，因此新的长期均衡价格和数量高于初始的均衡值。在作局部均衡分析时，我们假设其他情况不变，因此，这种分析也就到此为止。

（2）但是显然"其他情况"不会不变，因为 X 和 Y 互为替代品，D_X 和 P_X 的上升使 D_Y 也下降，这样 P_Y 也下降。生产商品 Y 的厂商现在遭受短期亏损，因此他们将减少产量。从长期来看，一些厂商不断离开这个行业，直到所有留下的厂商无盈亏为止。因为 Y 行业也是一个成本递增的行业，因此它的新的长期均衡价格和产量低于初始的均衡值。

（3）为了多生产 X，少生产 Y，一些用于生产 Y 的 L 和 K 必须转移到 X 的生产。然而由于 X 生产中的劳动密集程度 L/K 高于 Y 生产中的劳动密集程度，为了在短期内能充分利用所有可用的 L 和 K，P_L 相对于 P_K 来说，必须上升。在既有 X 又有 Y 的生产中由价格引起的 K 对 L 的替代缓和了 P_L 相对 P_K 的上升。

（4）人们劳动的收入相对于他们拥有的资本所有权所带来的收入的上升，使人们的收入和收入的分配发生变化。这样就引起诱导收入在 D_X 和 D_Y 上发生移动，而且导致 P_X 和 P_Y 的变化。P_X 的变化导致 D_Y 的进一步移动，P_Y 的变化导致 D_X 的进一步移动；D_X 和 D_Y 的这些移动导致 D_L、D_K、P_L、P_K 的变化。这种变化过程将一直持续到这个经济再次处于全面均衡。

6．试述一般均衡论的发展。

【参考答案】

一般均衡论是瓦尔拉斯于 1874 年出版的《纯粹政治经济学纲要》一书中首次提出。尽管瓦尔拉斯计算方程数目和变量数目的方法是相当不能令人满意的，但它在很长时间里被人们所接受，无人提出疑问。这种情况直到 20 世纪二三十年代之后才有所改变。后来的西方经济学家用集合论、拓扑学等数学方法证明，一般均衡体系只有在极其严峻的假设条件下才可能存在均衡解。这些假设条件有：任何厂商都不存在规模报酬递增；每一种商品的生产至少必须使用一种原始生产要素；任何消费者所提供的原始生产要素都不得大于它的初始存量；每个消费者的欲望是无限的；无差异曲线凸向原点等。总之，在一定的假设条件全部得到满足时，一般均衡体系就有均衡解存在。而且均衡可以处于稳定的状态，以及均衡同时是满足怕累托最优条件的。

7．局部均衡分析与一般均衡分析的关键区别在什么地方？

【参考答案】

局部均衡分析研究的是单个（产品或要素）市场；其方法是把所考虑的某个市场从相互联系的构成整个经济体系的市场体系中"取出"来单独加以研究。在这种研究中，该市场商品的需求和供给仅仅被看成是其本身价格的函数，其他商品的价格则被假定为不变，而这些不变价格的高低只是影响所研究商品的供求曲线的位置。所得到的结论是，该市场的需求和供给曲线共同决定了市场的均衡价格和均衡数量。

一般均衡分析是把所有相互联系的各个市场看成一个整体来加以研究的。因此，在一般均衡理论中，每一商品的需求和供给不仅取决于该商品本身的价格，而且也取决于所有其他商品（如替代品和互补品）的价格。每一商品的价格都不能单独决定，而必须和其他商品的价格联合着决定。当整个经济的价格体系恰好使所有的商品都供求相等时，市场就达到了一般均衡。

8．试评论瓦尔拉斯的拍卖者假定。

【参考答案】

第一，拍卖者假定意味着，在拍卖人最终喊出能使市场供求相等的价格以前，参与交易的人只能报出他们愿意出售和购买的数量，但不能据此而进行实际的交易。只有当拍卖人喊出的价格恰好使得供求相等时，交易各方才可以实际成交。

第二，拍卖者假定是瓦尔拉斯均衡和现在的一般均衡理论赖以成立的基础。

第三，拍卖者的假定显然完全不符合实际。因此，以该假定为基础的一般均衡理论也就成了"空中楼阁"。如果允许参与交易的人在非均衡价格下进行交易，那就不能保证所有市场在同一时间达到均衡状态，从而也就不能保证一般均衡的存在。

9．试说明福利经济学在西方微观经济学中的地位。

【参考答案】

第一，福利经济学可以说是西方微观经济学论证"看不见的手"原理的最后环节，其目的在于说明：完全竞争模型可以导致帕累托最优状态。而这一状态对整个社会来说又是配置资源的最优状态。

第二，微观经济学可以分为两部分，即实证经济学和规范经济学。实证经济学研究实际经济体系是怎样运行的，它对经济行为做出有关的假设，根据假设分析和陈述经济行为及其后果，并试图对结论进行检验。简言之，实证经济学回答"是什么"的问题。除了"是什么"的问题之外，西方经济学家还试图回答"应当是什么"的问题，即他们试图从一定的社会价值判断标准出发，根据这些标准，对一个经济体系的运行进行评价，并进一步说明一个经济体系应当怎样运行，以及为此提供相应的经济政策。这些便属于规范经济学的内容。

第三，福利经济学就是一种规范经济学。具体来说，福利经济学就是在一定的社会价值判断标准的条件下，研究整个经济的资源配置与福利的关系，以及与此有关的各种政策问题。

10．什么是帕累托最优？满足帕累托最优需要具备什么样的条件？

【参考答案】

第一，如果对于某种既定的资源配置状态，任何改变都不可能使至少一个人的状态变好而又不使任何人的状态变坏，则称这种状态为帕累托最优状态。

第二，帕累托最优状态要满足三个条件。（1）交换的最优条件：对于任意两个消费者来说，两种商品的边际替代率相等。（2）生产的最优条件：对于任意两个生产者来说，两种要素的边际技术替代率相等。（3）交换和生产的最优条件：两种商品的边际替代率与边际转换率相等。在完全竞争条件下，帕累托最优的三个条件均能得到满足。

11．为什么说交换的最优条件加生产的最优条件不等于交换和生产的最优条件？

【参考答案】

第一，交换的最优只能说明消费是最有效率的；生产的最优同样只能说明生产是最有效率的。两者简单的并列，只能说明消费和生产分开来看时各自独立达到了最优，但并不能说明，当交换和生产综合起来看时，也达到了最优。

第二，交换和生产的最优是要将交换和生产两个方面综合起来，讨论交换和生产的帕累托最优条件。

12．为什么完全竞争的市场机制可以导致帕累托最优状态？

【参考答案】

在完全竞争经济中，要素的均衡价格可以实现生产的帕累托最优状态，生产的帕累托最优状态决定了生产者同时作为消费者的初始禀赋。在这样的初始禀赋下形成的产品的均衡价格可以实现交换的帕累托最优状态，从而生产和交换同时实现了帕累托最优状态。

13. 生产可能性曲线为什么向右下方倾斜？为什么向右上方凸出？

【参考答案】

第一，生产可能性曲线向右下方倾斜是因为，在最优产出组合中，两种最优产出的变化方向是相反的：一种产出的增加必然伴随着另一种产出的减少。

第二，生产可能性曲线向右上方凸出是因为要素的边际报酬递减。

14. 阿罗的不可能性定理说明了什么问题？

【参考答案】

第一，根据阿罗不可能定理，在非独裁的情况下，不可能存在适用于所有个人偏好类型的社会福利函数。

第二，阿罗不可能定理意味着，不能从不同个人偏好当中合理地形成所谓的社会偏好。换句话说，一般意义上的社会福利函数并不存在。这表明西方经济学没有能彻底地解决资源配置问题。

15. 如果对于生产者甲来说，以商品 X 替代商品 Y 的边际替代率等于 3；对于生产者乙来说，以商品 X 替代商品 Y 的边际替代率等于 2，那么有可能发生什么情况？

【参考答案】

第一，当两个消费者边际替代率不相等时，产品的分配未达到帕累托最优，于是他们会自愿和自发地进行互利交易。

第二，生产者甲的边际替代率等于 3，生产者乙的边际替代率等于 2。这意味着甲愿意放弃不多于 3 单位的 Y 用来交换 1 单位的 X。因此，假若能用 3 单位以下的 Y 交换到 1 单位的 X 就增加了自己的福利；另一方面，乙愿意放弃 1 单位的 X 用来交换不少于 2 单位的 Y。因此，假若能用 1 单位的 X 交换到 2 单位以上的 Y 就增加了自己的福利。由此可见，如果生产者甲用 2.5 单位的 Y 交换 1 单位的 X，而生产者乙用 1 单位的 X 交换 2.5 单位的 Y，则两个人的福利都可能得到提高，而且这是一种可能的交易。

16. 假定整个经济原来处于一般均衡状态，如果现在由于某种原因使商品 X 的市场供给增加，试考察：

（1）在 X 商品市场中，其替代品市场和互补品市场会有什么变化？

（2）在生产要素市场上会有什么变化？

（3）收入的分配会有什么变化？

【参考答案】

（1）如果 X 商品的供给增加，按局部均衡分析，其价格将下降，供给量将增加。按一般均衡分析，X 商品的价格下降，人们会提高对其互补品的需求，降低对其替代品的需求。这样，互补品的价格和数量将上升，替代品的价格和数量将下降。

（2）在商品市场上的上述变化也会影响生产要素市场，因为它导致了生产 X 商品和其互补品的生产要素的需求增加，因此又引起了生产商品 X 和其互补品的要素价格和数量的上升。它同时又导致商品 X 的替代品的需求下降，因此又引起生产商品 X 的替代品的生产要素的价格和数量的下降。

（3）根据上面所述的变化，不同生产要素的收入及收入的分配也发生变化。商品 X 及其互补品的投入要素的所有者因对其要素需求的增加，其收入便随要素价格的上升而增加。商品 X 的替代品的投入要素的所有者因对其要素需求的减少，其收入便随要素价格的下降而减少。这些变化转而又或多或少地影响包括商品 X 在内的所有最终商品的需求。

第 10 章　博弈论初步

10.1　教学参考与学习指导

　　传统经济学着重研究市场机制或价格制度，经济主体在决定自己行动时，不考虑决策者之间的相互影响。但是，现实经济运行中经济主体之间的决策是相互影响的，如寡头市场中，厂商之间的行为是相互影响的。博弈论针对处于各种信息结构中的相关经济主体之间的互动关系提供了一套严格而完整的分析方法。

　　博弈论是一种数学方法，在经济学中的应用已经取得了大量的成果，是微观经济学的重要发展。目前，博弈论发展得非常深入，本章重点介绍博弈论的一些初步知识。

10.1.1　知识结构（见图 10.1）

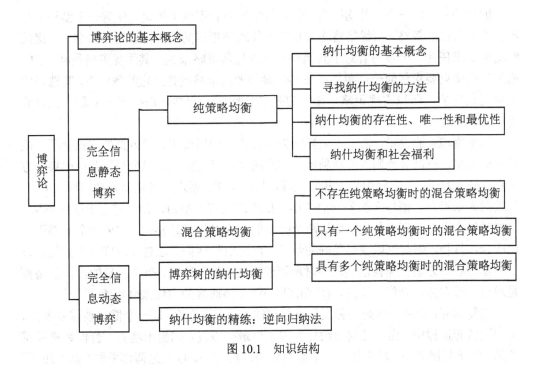

图 10.1　知识结构

10.1.2　内容指导

10.1.2.1　学习目的与要求

要求理解、掌握博弈论的一些基本概念、分类和界定优势策略和纳什均衡。理解囚犯困境的含义及其应用，推导序贯博弈的纳什均衡，学会用简单的博弈论知识分析寡头市场中的串谋等问题。

10.1.2.2　内容要点与难点

★博弈论的基本概念

博弈的三个基本要素：参与人、参与人策略（又称策略空间）和参与人的支付（又称支付矩阵或报酬矩阵）。

占优策略与占优策略均衡：无论其他参与者采取什么策略，某参与者的唯一的最优策略就是他的占优策略。由博弈中的所有参与者的占优策略组合所构成的均衡就是占优策略均衡。

纳什均衡：在一个纳什均衡里，如果其他参与者不改变策略，任何一个参与者都不会改变自己的策略。占优策略均衡是比纳什均衡更强的一个博弈均衡概念。占优策略均衡要求任何一个参与者对于其他参与者的任何策略来说，其最优策略是唯一的。而纳什均衡只要求任何一个参与者在其他参与者的策略选择给定的条件下，其选择的策略是最优的。所以占优策略均衡一定是纳什均衡，而纳什均衡不一定是占优策略均衡。

囚犯困境：假设甲、乙二人被怀疑为合谋偷窃的嫌疑犯，警方把他们抓获了，但是证据不足，所以对他们进行单独审讯。给两个嫌疑犯交代的量刑原则是：如果一方坦白，另一方不坦白，则坦白者从宽处理，判刑 1 年；不坦白者从重处理，判刑 7 年，如果两人都坦白，则每人都各判刑 5 年。如果两人都不坦白，则警方由于证据不足，只能对每个人各判刑 2 年。那么这两个囚犯的博弈过程是这样的，如果两个人都不坦白即合作抵赖，则都可以获得最好的结局。但是由于他们无法建立攻守同盟，所以每一方都担心对方坦白而自己不坦白时所要遭受的重判，所以，每个囚犯的占优策略都是坦白，即双方不合作，于是，(坦白，坦白)便是该博弈的占优策略均衡。

重复博弈：重复博弈是一种反复进行的博弈，也就是说，同一个博弈被重复多次。在一次博弈过程中，由于任何违约行为都不会遭受报复，囚犯困境的不合作是难以避免的。在重复博弈中，对于任何一个参与者的违约行为，成员之间都采取"以牙还牙"的策略，所以对于无限期限的重复博弈，囚犯困境合作的均衡解是存在的。也就是说，合作的状态会持续下去。

10.1.2.3　基本概念和基本原理扩充检索

博弈的三要素　纳什均衡　占优策略与占优策略均衡　囚犯困境　重复博弈序列博弈*　合作博弈*　非合作博弈*　静态博弈*　动态博弈*

10.2　考点分析

本部分内容的考试形式多采取名词解释、判断与选择、简答与分析等形式。

题型 1：名词解释。可根据上文"基本概念和基本原理扩充检索"复习掌握。

题型 2：判断和选择。判断和选择的重点在于基本概念和原理的理解和简单运用分析能力。常见的考点有：（1）纳什均衡；（2）条件策略的基本概念；（3）囚犯困境；（4）占优策略与占优策略均衡。

题型 3：计算和推导。（1）寻找纳什均衡的方法；（2）二人同时博弈的一般理论；（3）纯策略纳什均衡的个数。

题型 4：简答题和分析讨论题。考核点多集中在对本部分"内容要点与难点"的掌握、理解和运用上，尤其纳什均衡。

10.3　典型习题及解答

10.3.1　判断正误并解释原因

1．在一次性囚徒困境博弈中，对一个囚徒来说，如果他相信另一个囚徒会坦白，则他的占优战略就是坦白。（　　　）

2．因为零和博弈中博弈方之间的关系都是竞争性的、对立的，因此零和博弈就是非合作博弈。（　　　）

3．凡是博弈方的选择、行为有先后次序的一定是动态博弈。（　　　）

4．纳什均衡即任一博弈方单独改变策略都只能得到更小利益的策略组合。（　　　）

5．如果一博弈有两个纯策略纳什均衡，则一定还存在一个混合策略均衡。（　　　）

6．在动态博弈中，因为后行为的博弈方可以先观察对方行为后再选择行为，因此总是有利的。（　　　）

7．纯策略纳什均衡和混合策略纳什均衡都不一定存在。（　　　）

【参考答案】

1．（×）解释：在囚徒困境博弈中，占优战略是招供，即不管对方的行为是怎样的，每个囚徒都会采取招供的战略。

2．（×）解释：虽然零和博弈中博弈方的利益确实是对立的，但非合作博弈的含义并不是博弈方之间的关系是竞争性的、对立的，而是指博弈方是以个体理性、个体利益最大化为行为的逻辑和依据，是指博弈中不能包含有约束力的协议。

3．（×）解释：其实并不是所有选择、行为有先后次序的博弈问题都是动态博弈。例如两个厂商先后确定自己的产量，但只要后确定产量的厂商在定产之前不知道另一厂商的产量是多少，就是静态博弈问题而非动态博弈问题。

4．（×）解释：只要任一博弈方单独改变策略不会增加利益，策略组合就是纳什均衡了。单独改变策略只能得到更小得益的策略组合是严格纳什均衡，是比纳什均衡更强的均衡概念。

5．（√）解释：这是纳什均衡的基本性质之一：奇数性所保证的。

6．（×）解释：实际上动态博弈中先行为的博弈方往往是有先行优势的，因此常常是先行为的博弈方更有利而不是后行为的博弈方有利。

7．（×）解释：虽然纯策略纳什均衡不一定存在，但在我们所分析的博弈中混合策略纳什均衡总是存在的。这正是纳什定理的根本结论。也许在有些博弈中只有唯一的纯策略纳什均衡，没有严格意义上的混合策略纳什均衡，这时把纯策略理解成特殊的混合策略，混合策略纳什均衡就存在了。

10.3.2　选择题

1．博弈论中，局中人从一个博弈中得到的结果常被称为（　　　）。

　　A．效用　　　　　　　B．支付　　　　　　　C．决策　　　　　　　D．利润

2．在具有占优策略均衡的囚徒困境博弈中（　　　）。

　　A．只有一个囚徒会坦白　　　　　　　　B．两个囚徒都没有坦白

　　C．两个囚徒都会坦白　　　　　　　　　D．任何坦白都被法庭否决了

3．在多次重复的双头博弈中，每一个博弈者努力（　　　）。

　　A．使行业的总利润达到最大　　　　　　B．使另一个博弈者的利润最小

　　C．使其市场份额最大　　　　　　　　　D．使其利润最大

4．对博弈中的每一个博弈者而言，无论对手作何选择，其总是拥有唯一最佳行为，此时的博弈具有（　　　）。

　　A．囚徒困境式的均衡　　　　　　　　　B．一报还一报的均衡

　　C．占优策略均衡　　　　　　　　　　　D．激发战略均衡

5．在囚徒困境的博弈中，合作策略会导致（　　）。

    A．博弈双方都获胜　　　　　　　　B．博弈双方都失败

    C．使得先采取行动者获胜　　　　　　D．使得后采取行动者获胜

6．在双寡头中存在联合协议可以实现整个行业的利润最大化，则（　　）。

    A．每个企业的产量必须相等

    B．该行业的产出水平是有效的

    C．该行业的边际收益必须等于总产出水平的边际成本

    D．如果没有联合协议，总产量会更大

7．在什么时候，囚徒困境式博弈均衡最可能实现（　　）。

    A．当一个垄断竞争行业是由一个主导企业控制时

    B．当一个寡头行业面对的是重复博弈时

    C．当一个垄断行业被迫重复地与一个寡头行业博弈时

    D．当一个寡头行业进行一次博弈时

【参考答案】

1．B　2．C　3．D　4．C　5．A　6．C　7．D

10.3.3　计算题与证明题

1．家用电器市场有两个厂商，各自都可以选择生产空调和彩电，彼此的利润以图 10.2 所示的列收益矩阵表示，请问：

（1）有无纳什均衡？如有，哪些是？

（2）如果各企业的经营者都是保守的，并采用极大化极小策略，均衡结果是什么？

（3）彼此合作的结果是什么？

（4）哪个厂商从合作中得到的好处多？得到好处多的厂商如果说服另一个厂商进行合作，需支付给另一个厂商多少好处？

厂商 2

		彩电	空调
	彩电	−20,−30	900,600
厂商 1			
	空调	100,800	50,50

图 10.2　两个厂商的收益矩阵

【参考答案】

（1）存在纳什均衡，(900,600)和(100,800)。

（2）采用极大化极小策略，均衡结果为(50,50)。

（3）彼此合作的结果是(900,600)。

（4）厂商1得到的好处多，如果说服厂商2合作，需支付厂商2 150好处。

2．设有A、B两个参与人。对于参与人A的每一个策略，参与人B的条件策略有无可能不止一个。试举一例说明。

【参考答案】

例：在如图10.3所示的二人同时博弈中，当参与人A选择上策略时，参与人B既可以选择左策略，也可以选择右策略，因为他此时选择这两个策略的支付是完全一样的。因此，对于参与人A的上策略，参与人B的条件策略有两个，即左策略和右策略。

B 的策略

A 的策略		左策略	右策略
	上策略	5,6	1,6
	下策略	7,1	2,3

图 10.3　A、B 两人的博弈矩阵

3．在序贯博弈中，纳什均衡与逆向归纳策略有什么不同？

【参考答案】

与同时博弈一样，在序贯博弈中，纳什均衡也是指这样一些策略组合，在这些策略组合中，没有哪一个参与人会单独改变自己的策略。同样，在序贯博弈中，纳什均衡也可能不止一个。在这种情况下，可以通过逆向归纳法对纳什均衡进行"精练"，即从多个纳什均衡中，排除掉那些不合理的纳什均衡，或者从众多的纳什均衡中进一步确定"更好"的纳什均衡。经由逆向归纳法的精练而得到的纳什均衡就是所谓的逆向归纳策略。

4．在如图10.4所示的博弈树中，确定纳什均衡和逆向归纳策略。

【参考答案】

纳什均衡和逆向归纳策略都是同一个，即与支付向量(1,3)相应的策略组合(决策1,决策3)。

5．用逆向归纳法确定如图10.5所示的"蜈蚣博弈"的结果。在该博弈中，第1步是A决策：如果A决定结束博弈，则A得到支付1，B得到支付0，如果A决定继续博弈，则博弈进入到第2步，由B做决策。此时，如果B决定结束博弈，则A

得到支付 0，B 得到支付 2，如果 B 决定继续博弈，则博弈进入到第 3 步，又由 A 做
决策，依此类推，直到博弈进入第 9 999 步，由 A 做决策。此时，如果 A 决定结束博
弈，则 A 得到支付 9 999，B 得到支付 0；如果 A 决定继续博弈，则 A 得到支付 0，
B 得到支付 10 000。

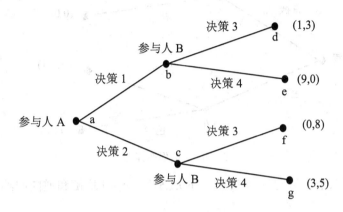

图 10.4　博弈树

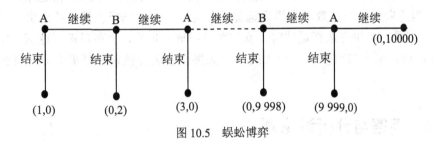

图 10.5　蜈蚣博弈

【参考答案】

　　首先考虑第 9 999 步 A 的决策。此时，A 肯定会结束博弈——结束博弈 A 可以得
到支付 9 999，否则只能得到 0。于是，我们可以把该博弈中最后一条水平线段删除；
其次考虑第 9 998 步 B 的决策。此时，B 也肯定会结束博弈——结束博弈 B 可以得到
9 998，否则只能得到 0。于是，我们可以把该博弈中倒数第二条水平线段（以及它后
面的最后一条垂直线段）也删除。这样倒推下来的结果是，任何一个人在轮到自己决
策时都会决定结束博弈。因此，整个博弈的结果是：在第 1 步，A 就决定结束博弈，
于是，A 得到 1，B 得到 0。

　　6. 在如图 10.6 所示的情侣博弈中，如果将第二个支付向量(0,0)改为(0,1.5)，纳
什均衡和逆向归纳法策略会有什么变化？改为(0,1)呢？

【参考答案】

　　（1）当第二个支付向量不变，仍然为(0,0)时，有两个纳什均衡，即(足球,足球)

和(芭蕾,芭蕾)，逆向归纳策略为(足球,足球)。

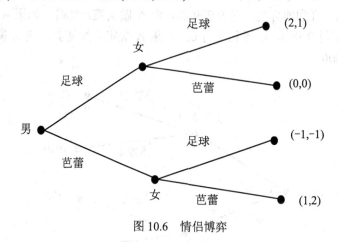

图 10.6　情侣博弈

（2）将第二个支付向量由(0,0)改为(0,1.5)后，纳什均衡和逆向归纳法策略都是(芭蕾,芭蕾)。

（3）如果将第二个支付向量改为(0,1)，则纳什均衡仍然为(足球,足球)和(芭蕾,芭蕾)，但逆向归纳法失效：当男方选择芭蕾时，女方也选择芭蕾，从而男方可得到支付 1，但是，当男方选择足球时，女方既可以选择足球，也可以选择芭蕾，如果女方选择足球，则男方可以得到更大的 2，如果女方选择芭蕾，则男方只能得到更小的 0。

10.3.4　简答与分析讨论题

1. 什么是纳什均衡？纳什均衡一定是最优的吗？

纳什均衡是参与人的一种策略组合，在该策略组合上，任何参与人单独改变策略都不会得到好处。

【参考答案】

纳什均衡可能是最优的，也可能不是最优的。例如，在存在多个纳什均衡的情况下，其中有一些纳什均衡就不是最优的；即使在纳什均衡是唯一时，它也可能不是最优的，因为与它相对应的支付组合可能会小于与其他策略组合相对应的支付组合。

2. 在只有两个参与人且每个参与人都只有两个策略可供选择的情况下，纯策略的纳什均衡可能有三个。试举一例说明。

【参考答案】

例：当参与人 A 与 B 的支付矩阵可分别表示如下时，总的支付矩阵中恰好有三个单元格的两个数字均有下划线，从而总共有三个纳什均衡。

$$A的支付矩阵 = \begin{bmatrix} a_{11} & a_{12} \\ a_{21} & a_{22} \end{bmatrix} \qquad B的支付矩阵 = \begin{bmatrix} b_{11} & b_{12} \\ b_{21} & b_{22} \end{bmatrix}$$

3．在只有两个参与人且每个参与人都只有两个策略可供选择的情况下，如何找到所有的纯策略纳什均衡？

【参考答案】

可使用条件策略下划线法，具体步骤如下：第一，设两个参与人分别为左参与人和上参与人，并把整个的支付矩阵分解为这两个参与人的支付矩阵；第二，在左参与人的支付矩阵中，找出每一列的最大者，并在其下划线；第三，在上参与人的支付矩阵中，找出每一行的最大者，并在其下划线；第四，将已经划好线的两个参与人的支付矩阵再合并起来，得到带有下划线的整个支付矩阵；第五，在带有下划线的整个支付矩阵中，找到两个数字之下均划有线的所有的支付组合。这些支付组合所代表的策略组合就是纳什均衡。

4．如果无论其他人选择什么策略，某个参与人都只选择某个策略，则该策略就是该参与人的绝对优势策略（简称优势策略）。试举一例说明某个参与人具有某个优势策略的情况。

【参考答案】

例：在如图 10.7 所示的两人同时博弈中，无论参与人 A 是选择上策略还是选择下策略，参与人 B 总是选择左策略，因为他此时选择左策略的支付总是大于选择右策略时。因此，在这一博弈中，左策略就是参与人 B 的绝对优势策略。

B 的策略

A 的策略		左策略	右策略
	上策略	5,6	1,5
	下策略	7,4	2,3

图 10.7　A、B 两人同时博弈的策略

5．混合策略博弈与纯策略博弈有什么不同？

【参考答案】

在纯策略博弈中，所有参与人对策略的选择都是"确定"的，即总是以 100%的可能性来选择某个策略，而在混合策略博弈中，参与人则是以一定的可能性来选择某个策略，又以另外的可能性选择另外一些策略。在这种情况下，参与人选择的就不再是原来的单纯的策略（如上策略或下策略），而是一个概率向量（如以某个概率选择

上策略，以另外一个概率选择下策略）。

6. 条件混合策略与条件策略有什么不同？

【参考答案】

例如，在一个只包括参与人 A 与参与人 B 的二人同时博弈中，参与人 A 的条件策略是 A 在 B 选择某个既定策略时所选择的可以使其支付达到最大的策略。相应地，参与人 A 的条件混合策略是 A 在 B 选择某个既定的混合策略时所选择的可以使其期望支付达到最大的混合策略。

7. 混合策略纳什均衡与纯策略纳什均衡有什么不同？

【参考答案】

在纯策略博弈中，纳什均衡是参与人的一种策略组合，在该策略组合上，任何参与人单独改变其策略都不会得到好处；在混合策略博弈中，纳什均衡是参与人的一种概率向量组合，在该概率向量组合上，任何参与人单独改变其概率向量都不会得到好处。

8. 设某个纯策略博弈的纳什均衡不存在。试问：相应的混合策略博弈的纳什均衡会存在吗？试举一例说明。

【参考答案】

在同时博弈中，纯策略的纳什均衡可能存在，也可能不存在，但相应的混合策略纳什均衡总是存在的。例如，在如图 10.8 所示的两人同时博弈中，根据条件策略下划线法可知，由于没有一个单元格中两个数字之下均有下划线，故纯策略的纳什均衡不存在，但是，相应的混合策略纳什均衡却是存在的。

		B 的策略	
		q_1	$1-q_1$
		左策略	右策略
A 的策略	p_1 上策略	3,<u>6</u>	<u>9</u>,2
	$1-p_1$ 下策略	<u>7</u>,3	2,<u>8</u>

图 10.8 A、B 两人同时博弈策略

首先，分别计算 A 与 B 的条件混合策略。

$$E_A = 3p_1q_1 + 9p_1(1-q_1) + 7(1-p_1)q_1 + 2(1-p_1)(1-q_1)$$
$$= 3p_1q_1 + 9p_1 - 9p_1q_1 + 7q_1 - 7p_1q_1 + 2 - 2q_1 - 2p_1 + 2p_1q_1$$
$$= 7p_1 - 11p_1q_1 + 5q_1 + 2$$
$$= p_1(7 - 11q_1) + 5q_1 + 2$$

$$E_B = 6p_1q_1 + 2p_1(1-q_1) + 3(1-p_1)q_1 + 8(1-p_1)(1-q_1)$$
$$= 6p_1q_1 + 2p_1 - 2p_1q_1 + 3q_1 - 3p_1q_1 + 8 - 8q_1 - 8p_1 + 8p_1q_1$$
$$= 9p_1q_1 + 8 - 5q_1 - 6p_1$$
$$= q_1(9p_1 - 5) - 6p_1 + 8$$

其次，分别计算 A 和 B 的条件混合策略。

$$p_1 = \begin{cases} 1 & q_1 < \dfrac{7}{11} \\ [0,1] & q_1 = \dfrac{7}{11} \\ 0 & q_1 > \dfrac{7}{11} \end{cases} \qquad q_1 = \begin{cases} 0 & p_1 < \dfrac{5}{9} \\ [0,1] & p_1 = \dfrac{5}{9} \\ 1 & p_1 > \dfrac{5}{9} \end{cases}$$

最后，混合策略纳什均衡如图 10.9 中的点 e。

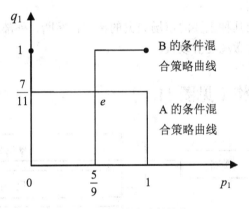

图 10.9　混合策略纳什均衡

9．设某个纯策略博弈的纳什均衡是有限的。试问：相应的混合策略博弈的纳什均衡会是无限的吗？试举一例说明。

【参考答案】

当纯策略博弈的纳什均衡为有限时，相应的混合策略博弈的纳什均衡既可能是有限的，也可能是无限的。例如，在只包括 A 与 B 的二人同时博弈中，混合策略纳什均衡的"集合"可以是单位平面、三条线段、两条线段、一条线段、三个点、两个点和一个点，其中，前四种情况就意味着存在无限多个纳什均衡。

第 11 章　市场失灵与微观经济政策

11.1　教学参考与学习指导

在现实经济社会中，完全竞争的帕累托最优通常是不能实现的，市场机制并不能在所有的领域都有效发挥作用。我们把在现实中市场机制无法有效发挥作用的领域，称为"市场失灵"的领域。如果市场机制无法发挥作用，政府"看得见的手"的作用就是必要的了。所以，对"市场失灵"的情况，通常需要政府制定并利用微观经济政策进行干预甚至管制。

本部分分别讨论几种主要的市场失灵的情况：垄断、外部性、公共物品、不完全信息，并讨论相应的微观经济政策。

11.1.1　知识结构（见图 11.1）

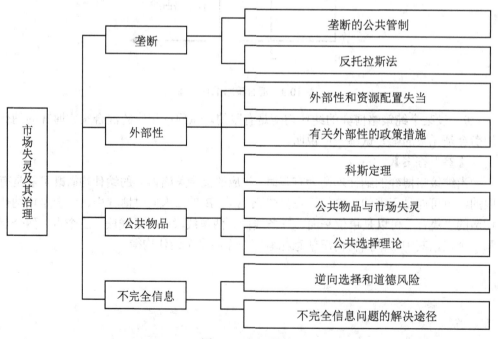

图 11.1　知识结构

11.1.2　内容指导

11.1.2.1　学习目的与要求

本部分介绍市场失灵的理论以及相应的微观经济政策。

要求掌握市场失灵的几种主要情况：垄断、外部性、公共物品、不完全信息以及政府干预的主要政策与措施。

在学习方法上，建议借助图形、案例等工具，来理解和分析市场失灵的原因，并理解相应的微观经济政策的针对性和有效性。

11.1.2.2　内容要点与难点

★市场失灵

现实的市场机制在很多场合不能导致资源的有效配置，即资源配置不能实现帕累托最优状态，这种情况称为**市场失灵**。

★垄断

垄断厂商利润最大化的原则是边际收益等于边际成本，垄断厂商往往获得超额利润，垄断厂商的产量低于完全竞争市场上的产量，这就使得资源配置未能达到帕累托最优状态，经济均衡处于低效率之中。

不仅如此，从社会角度来看，垄断还可能造成更大的经济损失，为了获得和维持垄断地位从而获得超额利润，厂商常常付出一种代价，这种行为是一种纯粹的浪费，它不是用于生产，没有创造出任何有益的产出，完全是一种非生产性的寻租活动，一般称其为"寻租"。

治理垄断的办法，通常有公共管制和反托拉斯法。

公共管制：一般是指政府对垄断的干预，即并非由垄断企业自行确定产品的价格和产量，而是由政府管制价格，包括采用边际成本定价法、平均成本定价法、双重定价法以及资本回报率管制等。

反托拉斯法：是指政府反对垄断的法律规定。反托拉斯法规定，限制贸易的协议或共谋、垄断或企图垄断市场、兼并、排他性规定、价格歧视、不正当的竞争或欺诈行为等，都是违法的，对违法者可以由法院提出警告、罚款、改组公司直至判刑。

★外部性

外部性，又称外部影响、外部效果、外部经济性，是指某经济行为所产生的私人成本和私人利益与该行为所产生的社会成本和社会利益不相等。外部性有外部经济和外部不经济之分：经济行为所产生的私人利益小于社会利益，被称为**外部经济**；经济行为所产生的私人成本小于社会成本称为**外部不经济**。具体又可以分为生产的外部经济、消费的外部经济、生产的外部不经济和消费的外部不经济。

外部性的存在造成完全竞争条件下的资源配置偏离帕累托最优状态：外部经济情况下，私人利益小于社会利益，私人活动水平低于社会所要求的最优水平；外部不经济情况下，私人成本小于社会成本，私人活动水平高于社会所要求的最优水平。

解决外部性的途径通常有：（1）使用税收和津贴。对外部不经济的行为进行征税或罚款，对外部经济的行为予以津贴或奖励。（2）使用企业合并的方法。不同的企业合并，可使外部性内部化。（3）使用规定财产权的办法。明确财产权规定并加以充分保障，可以解决一些因财产权不明确造成的外部性问题。最后一种方法实际上是对科斯定理的具体运用。

科斯定理：只要财产权是明确的，并且其交易成本为零或者很小，则无论在开始时将财产权赋予谁，市场均衡的最终结果都是有效率的。

★公共物品

通常将不具备消费的竞争性的商品称为**公共物品**，任何人增加对这些商品的消费都不会减少其他人的消费水平。某些公共物品同时不具备排他性，即无法排除一些人"不支付便消费"，则称之为**纯公共物品**。公共物品的这种在使用上的非竞争性和非排他性的特点，很容易产生免费搭车（又称"搭便车"）问题。公共物品如果由竞争市场上私人进行生产，其结果只能是低于社会所要求的最优数量的产出，甚至是零产出。

公共物品生产的解决办法是，公共物品由政府或公共部门安排生产并根据社会福利原则来分配公共物品，或者将一些"准公共物品"的生产通过制度创新、明确财产权等方式引入市场机制进行资源配置。公共物品生产的调节机制，通常有：（1）成本—收益分析，是对某公共投资带来的收益的现值给予估计，然后同它预期所需要的支出成本相比较，根据评估结果判断该项目是否值得生产；（2）公共选择理论，是用经济学的方法来分析、研究政府对供给品的决策，特别注重研究那些与政府行为有关的集体选择问题。

★不完全信息

完全竞争模型的一个重要前提假定是完全信息，即市场的供需双方对于所交换的商品具有充分的信息掌握。而在现实经济中，信息常常是很不完全的，信息不完全不仅指那种绝对意义上的不完全，即由于认知能力的限制，人们不可能知道在任何时候、任何地方发生的或将要发生的任何情况，而且是相对意义上的不完全，即市场经济本身不能够生产出足够的信息并有效地配置它们。

通常，我们将不完全信息定义为信息是不完全和不对称的。这种信息的不完全和不对称会导致资源配置不当，减弱经济效率，并且还会产生道德风险和逆向选择问题。以下为几种典型的经济行为：

逆向选择。逆向选择是指在签订交易合约之前，进行交易的一方拥有另一方所不知道的信息，并且该信息有可能影响到另一方的利益，这样，信息少的一方与信息多的一方交易时，信息少的一方往往对交易对手做出逆向选择。逆向选择可导致资源配置效率的损失。

道德风险是指交易双方在签订交易合约后，信息占有居于优势的一方为了最大化自己的收益而损害另一方，同时也不承担后果的一种行为。道德风险的存在不仅使得处于信息劣势的一方蒙受损失，而且会破坏原有的市场均衡，导致资源配置的低效率。

市场信号。**市场信号显示**是指信息占有居于优势的一方通过作出某些承诺（有成本的）来向其他人表示其产品的优势或其他某些特性。**市场信号筛选**是指对于信息居于劣势的一方通过某些安排以较低的成本来辨别市场信息或获取自己所需要的信息。

解决信息不完全的办法，通常有：（1）需要政府在信息方面进行调控或管理；（2）通过某些制度设计使行为人约束自己的行为，如委托代理问题中的激励机制设计。

11.1.2.3　基本概念和基本原理扩充检索

市场失灵　反托拉斯法　寻租　公共管制　外部性　外部经济　外部不经济　科斯定理　公共物品　纯公共物品　准公共物品　搭便车　公共选择理论　不完全信息　信息不完全　信息不对称　逆向选择　道德风险　市场信号显示　市场信号筛选　委托—代理问题

11.2　考点分析

本部分内容的考试形式多采取名词解释、判断与选择、计算及推导、简答等形式，其中尤以问答题的形式为多见。

题型 1：名词解释。可根据上文"基本概念和基本原理扩充检索"复习掌握。

题型 2：判断和选择。本部分的考核，强调对本部分基本原理、逻辑体系的掌握和运用。常见的考点有：（1）一般均衡的定义、瓦尔拉斯一般均衡；（2）帕累托最优条件；（3）社会福利函数的含义及相关原理。

题型 3：计算和推导。本部分的计算和推导的重点是对一般均衡条件、帕累托最优条件的理解和运用，这往往是解题的关键。请结合后面的习题训练掌握基本的题型和解题技能。

题型 4：简答题和分析讨论题。考核要点集中于对一般均衡和福利经济学基本原理的理解和掌握上。

11.3 典型习题及解答

11.3.1 判断正误并解释原因

1. 一个购买了财产保险的人不再担心自己的财产安全，其行为属于逆向（不利）选择。（　　）

2. 如果一个行业属于自然垄断行业，那么就应该由政府经营或管制。（　　）

3. 政府提供的公共物品都是公共物品。（　　）

4. 由于公共产品不存在市场交换价格，因而可以任意定价。（　　）

【参考答案】

1.（×）解释：应该属于道德风险。

2.（√）解释：自然垄断行业应由政府经营或政府管制。

3.（×）解释：政府提供的物品中也有些具有排他性特点，如邮政服务，就不属于公共物品。

4.（×）解释：由于公共产品是政府花钱或者说投资提供的，因此，可用政府在公共品上的投资量表示该产品的价格，公共产品不能任意定价。

11.3.2 选择题

1. 不完全竞争市场中出现低效率的资源配置是因为产品价格（　　）边际成本。

　　A. 大于　　　　　　B. 小于　　　　　　C. 等于　　　　　　D. 可能不等于

2. 某一经济活动存在外部不经济是指该活动的（　　）。

　　A. 私人成本大于社会成本　　　　B. 私人成本小于社会成本

　　C. 私人利益大于社会利益　　　　D. 私人利益小于社会利益

3. 某一经济活动存在外部经济是指该活动的（　　）。

　　A. 私人利益大于社会利益　　　　B. 私人成本大于社会成本

　　C. 私人利益小于社会利益　　　　D. 私人成本小于社会成本

4. 科斯定理指的是（　　）。

　　A. 若交易成本为零，则只要财产权明确，市场交易的结果都是有效率的

　　B. 若交易成本为零，财产权明确与否并不影响市场交易的效率

C．只有当交易成本为零时，市场交易才是有效率的

D．以上各项都对

5．某项生产活动存在外部不经济时，其产量（　　）帕累托最优产量。

    A．大于　　　　　　　　　　　　B．小于

    C．等于　　　　　　　　　　　　D．以上三种情况可能都有

6．公共物品的市场需求曲线是消费者个人需求曲线的（　　）。

    A．水平相加　　　B．垂直相加　　　C．算术平均数　　　D．加权平均数

7．市场失灵是指（　　）。

    A．市场没有达到可能达到的最佳结果

    B．市场没能使社会资源分配达到最有效率的状态

    C．市场未能达到社会收入的公平分配

    D．以上三种都是

8．汽车排放废气导致的对健康的影响属于（　　）情况。

    A．私人成本　　　　　　　　　　B．外部成本

    C．内部成本　　　　　　　　　　D．不属于上述任何一种情况

【参考答案】

1．A　2．B　3．C　4．A　5．B　6．B　7．B　8．B

11.3.3　计算题与证明题

1．设一个公共牧场的成本是 $C = 5x^2 + 2\,000$，x 是牧场上养牛的头数，每头牛的价格是 $P = 800$ 元，问：

（1）牧场净收益最大时养牛数。

（2）若该牧场有 5 户牧民，牧场成本由他们平均分摊，这时牧场上将会有多少养牛数？从中会引起什么问题？

【解题思路】根据生产者利润最大化条件 $P = MC$ 计算。

【本题答案】（要点）

（1）由 $P = MC$ 可得，$x = 80$，即牧场净收益最大时养牛数为 80。

（2）每户牧民分摊的成本是 $(5x^2 + 2\,000) \div 5 = x^2 + 400$，再由 $P = MC$ 可得 $x = 400$。从而引起牧场放牧过度，数年后一片荒芜，这就是所谓公地的悲剧。

2．假定工人产量 X 与劳动成本 C 之间的函数关系为 $C(X) = \dfrac{X^2}{2}$，产品单位价格为 1，他不工作或到别处工作所能得到的效用 $u = 0$，在完全信息条件下，最优激励机制（委托人付给代理人的报酬）$S(X) = WX + K$（W 为与产量相关的工资率，K 为固

定收入），应如何设计？如果 $u=1$ 呢？

【解题思路】根据委托人和代理人收益最大化计算。

【本题答案】（要点）

（1）$u=0$ 时，参与约束为 $S(X)-C(X)=0$，即 $S(X)=C(X)$，

委托人收益最大化，即 $X-\dfrac{X^2}{2}$ 最大化，得 $X=1$，

此时 $MC=\dfrac{\mathrm{d}C}{\mathrm{d}X}=X=1$；

代理人收益最大化，即 $MR=MC$，

$MR=\dfrac{\mathrm{d}S}{\mathrm{d}X}=W=1$，

同时，$S(X)=C(X)$，可得 $K=-\dfrac{1}{2}$，

所以最优激励机制为 $S=X-\dfrac{1}{2}$。

（2）同理可得，$u=1$ 时，最优激励机制为 $S=X+\dfrac{1}{2}$。

3．如果按照消费者对于公共电视服务的偏好将消费者分为三组，他们从公共电视服务中获得的边际收益分别为 $MR_1=A-aT$，$MR_2=B-bT$，$MR_3=C-cT$，其中，T 是公共电视播放的时间，A、B、C、a、b、c 是常数，假定公共电视服务是纯公共产品，提供该产品的边际成本等于常数，即每小时 M 元，问：

（1）公共电视有效播出时间是多少？

（2）如果由竞争的私人市场提供公共电视服务，提供的时间应该是多少？

【解题思路】分别根据两类市场最优的均衡条件计算。

【本题答案】（要点）

（1）若公共市场最优，每个消费者边际利益之和=边际利益，即：$MR=MC=M$，可得：$MR=MR_1+MR_2+MR_3=M$。

由 $A+B+C-(a+b+c)T=M$，可得：$T=\dfrac{A+B+C-M}{a+b+c}$

（2）私人市场最优为每个消费者的边际利益=边际成本，即：$MR_1=MR_2=MR_3=MC$，可得：

$$T=T_1+T_2+T_3=\frac{A-M}{a}+\frac{B-M}{b}+\frac{C-M}{c}$$

4．设一产品的市场需求函数为 $Q=500-5P$，成本函数为 $C=20Q$，试问：

（1）若该产品为垄断厂商生产，利润最大时的产量、价格和利润各是多少？

（2）要达到帕累托最优，产量和价格应为多少？

（3）社会纯福利在垄断性生产时损失了多少？

【解题思路】（1）根据垄断厂商利润最大化原则计算；（2）根据完全竞争市场均衡 $P=MC$ 的原则计算；（3）根据消费者剩余和生产者剩余计算。

【本题答案】（要点）

（1）该产品为垄断厂商生产时，市场的需求函数即该厂商的需求函数。

于是有厂商的边际收益函数 $MR=100-0.4Q$；$MC=20$。

利润最大化时有 $MC=MR$，可得：$Q=200$，$P=60$，$\pi=8\,000$。

（2）要达到帕累托最优，价格必须等于边际成本，即：

$P=100-0.2Q=20=MC$，可得：$Q=400$，$P=20$。

（3）当 $Q=200$、$P=60$ 时，消费者剩余为：

$$CS=\int_0^{200}(100-0.2Q)\mathrm{d}Q-PQ=4\,000$$

当 $Q=400$、$P=20$ 时，消费者剩余为：

$$CS=\int_0^{400}(100-0.2Q)\mathrm{d}Q-PQ=16\,000$$

5. 假设有 10 个人住在一条街上，每个人愿意为增加一盏路灯支付 4 美元，而不管已提供的路灯数量。若提供 X 盏路灯的成本函数为 $C(X)=X^2$，试求最优路灯安装只数。

【解题思路】根据均衡条件 $MR=MC$ 计算。

【本题答案】（要点）

路灯属于公共物品。每人愿意为增加每一盏路灯支付 4 美元，10 人为 40 美元，这可看成是对路灯的需求或边际收益，而装灯的边际成本函数为 $MC=2X$。

令 $MR=MC$，可得 $X=20$，此为路灯的最优安装只数。

6. 一农场主的作物缺水，他需要决定是否进行灌溉。如他进行灌溉，或者天下雨的话，作物带来的利润是 1 000 元，但若是缺水，利润只有 500 元。灌溉的成本是 200 元，农场主的目标是预期利润达到最大。

（1）如果农场主相信下雨的概率是 50%，他会灌溉吗？

（2）假如天气预报的准确率是 100%，农场主愿意为获得这种准确的天气信息支付多少费用？

【解题思路】（1）根据预期收益水平比较判断；（2）比较购买与不购买之间的预期收益。

【本题答案】（要点）

（1）如果农场主相信下雨的概率是 50%：

不进行灌溉的话，预期利润为 $E(\pi)=0.5\times1\,000+0.5\times500=750$

如果进行灌溉，则肯定得到的利润为 $\pi=1\,000-200=800$。

因此，他会进行灌溉。

（2）他不买天气预报信息时，如上所述，他会进行灌溉，得到利润 800。

如果买天气预报信息并假定支付 X 元费用，则：

他若确知天下雨，就不灌溉，于是可获利润 $1\,000-X$；

若确知天不下雨，就灌溉，于是可获利润 $800-X$。

由于他得到的信息无非是下雨和不下雨，因此，在购买信息情况下的预期利润为

$$E(\pi)=0.5\times(\pi_1+\pi_2)=900-X$$

令 $900-X=800$（不购买预报信息时的利润），可得 $X=100$。

7. 假定一个社会由 A 和 B 两个人组成。设生产某公共物品的边际成本为 120，A 和 B 对该公共物品的需求分别为 $q_A=100-p$ 和 $q_B=200-p$。

（1）该公共物品的社会最优产出水平是多少？

（2）如该公共物品由私人生产，其产出水平是多少？

解答：（1）整个社会对公共物品的需求曲线由 A、B 两人的需求曲线垂直相加而成，即有：

$$p=100-q_A，\quad p=200-q_B，\quad p=300-2q$$

其中，最后一个式子就是整个社会对公共物品的需求曲线。由于生产公共物品的边际成本为 120，故令 $p=300-2q=120$，即可解得社会最优的产出量为 $q=90$。

（2）如果这一公共物品由私人来生产，则 A 和 B 的产量都由价格等于边际成本来决定，即有 $100-q_A=120$，$200-q_B=120$，由此解得 $q_A=-20$，$q_B=80$，从而全部的私人产出水平为 $q_A+q_B=-20+80=60$。

8. 假定某个社会有 A、B、C 三个厂商。A 的边际成本为 $MC=4q_A$（q_A 为 A 的产出），其产品的市场价格为 16 元。此外，A 每生产一单位产品使 B 增加 7 元收益，使 C 增加 3 元成本。

（1）在竞争性市场中，A 的产出应是多少？

（2）社会最优的产出应是多少？

解答：（1）在竞争性市场上，A 的产出应满足 $P=MC$，即 $16=4q_A$，从中解得 A 的产出为 $q_A=4$。

（2）使社会最优的产出应使社会（即包括 A、B、C 在内）的边际收益等于边际成本，即 $7+16=4q_A+3$，从中解得 A 的产出为 $q_A=5$。

9. 在一个社区内有三个集团。它们对公共电视节目小时数 T 的需求曲线分别为：

$$W_1=100-T$$
$$W_2=150-2T$$
$$W_3=200-T$$

假定公共电视是一种纯粹的公共物品，它能以每小时 100 美元的不变边际成本生产出来。

（1）公共电视有效率的小时数是多少？

（2）如果电视为私人物品，一个竞争性的私人市场会提供多少电视小时数？

【解题思路】分别根据两类市场最优的均衡条件计算。

【本题答案】（要点）

（1）公共电视是一种纯粹的公共物品，因此，要决定供给公共物品的有效水平，必须使这些加总的边际收益与生产的边际成本相等。

$W = W_1 + W_2 + W_3 = 450 - 4T$。$P = MC$，代入相关参数可得 $450 - 4T = 100$，可算出 $T = 87.5$，这是公共电视的有效小时数。

（2）在一个竞争性的私人市场中，每个集团会提供的公共电视为：$100 - T = 100$，求得 $T_1 = 0$；$150 - 2T = 100$，求得 $T_2 = 25$；$200 - T = 100$，求得 $T_3 = 100$。将三者相加得到 $T = 0 + 2 + 100 = 125$，这就是竞争性的私人市场提供的电视小时数。

11.3.4　简答与分析讨论题

1．为什么有的经济学者认为，垄断也有可能促进经济效率？

【参考答案】

许多经济学家认为，垄断会带来福利纯损失，降低经济效率，因此主张反垄断。但也有不少经济学家认为，垄断可能促进经济效率提高，因为：（1）垄断会带来规模经济，降低成本，节省费用支出，一些自然行业更需要垄断；（2）范围经济，即垄断企业有条件进行多样化产品组合，把生产技术上相互关联的产品放在一个企业内生产经营，使投入的生产要素多次使用以生产不同产品，并共同使用商标、包装和营销渠道等，从而降低成本；（3）技术创新，即大企业有实力投入大量研究开发经费，美国经济学家熊彼特就从技术创新角度为垄断企业进行辩护。正因为垄断也有可能促进经济效率，因此不适当的反垄断也可能损害经济效率。

2．什么是效率工资？为什么当工人对自己的生产率比厂商有更多的信息时，支付效率工资对厂商是有利的？

【参考答案】

在给定监督下，使工人不偷闲的工资率称为效率工资。一般来说，由于监督成本很高，厂商对工人的生产率具有不完全的信息，工人对自己的生产率比厂商了解得更清楚。如果劳动市场是完全竞争的，所有工人有同样生产率的话就会得到同样的工资。一旦雇用了，工人可能会努力生产，也可能偷懒，由于信息不完全，工人可能不会因偷懒而被解雇。于是，工人就有偷懒的动力，即使被解雇，他们还是会去其他地方以相同的工资就业，这样他们就有可能偷懒。为使工人不偷懒，厂商必须给工人提供较高的工资，高于市场出清的 W^*，在这一较高水平上，如果工人因偷懒被解雇，成本就非常高，因为解雇后被另一家以 W^* 所雇用，等于他们的工资下降了，所支付这一较高的工资足以使工人不偷懒，提高工作效率，这对厂商显然是有利的。

3. 垄断是如何造成市场失灵的？

【参考答案】（要点）

第一，在垄断情况下，厂商的边际收益小于价格。因此，当垄断厂商按利润最大化原则（边际收益等于边际成本）确定产量时，其价格将不是等于而是大于边际成本。这就出现了低效率的情况。

第二，为获得和维持垄断地位从而得到垄断利润的寻租活动是一种纯粹的浪费。这进一步加剧了垄断的低效率情况。

4. 外部影响的存在是如何干扰市场对资源的配置的？

【参考答案】（要点）

第一，如果某个人采取某项行动的私人利益小于社会利益（即存在外部经济），则当这个人采取该行动的私人成本大于私人利益而小于社会利益时，他就不会采取这项行动，尽管从社会的角度看，该行动是有利的。

第二，如果某个人采取某项行动的私人成本小于社会成本（即存在外部不经济），则当这个人采取该行动的私人利益大于私人成本而小于社会成本时，他就会采取这项行动，尽管从社会的角度看，该行动是不利的。

第三，上述两种情况均导致了资源配置失当。前者是生产不足，后者是生产过多。

5. 如何看"科斯定理"？它在资本主义市场经济中适用吗？它在社会主义市场经济中适用吗？

【参考答案】（要点）

第一，科斯定理要求财产权明确。但是，财产权并不总是能够明确地加以规定。有的资源，例如空气，在历史上就是大家均可使用的共同财产，很难将其财产权具体分派给谁；有的资源的财产权即使在原则上可以明确，但由于不公平问题、法律程序的成本问题等也变得实际上不可行。

第二，科斯定理要求财产权可以转让。但是，由于信息不充分以及买卖双方不能达成一致意见等，财产权并不一定总是能够顺利地转让。

第三，即使财产权是明确的、可转让的，也不一定总能实现资源的最优配置。转让之后的结果可能是：它与原来的状态相比有所改善，但却不一定为最优。

第四，分配财产权会影响收入分配，而收入分配的变动可以造成社会不公平，引起社会动乱。在社会动乱的情况下，就谈不上解决外部影响的问题。

6. 公共物品为什么不能靠市场来提供？

【参考答案】（要点）

第一，公共物品不具备消费的竞用性。

第二，由于公共物品不具备消费的竞用性，任何一个消费者消费以单位公共物品的机会成本为0。这意味着，没有任何消费者要为他所消费的公共物品去与其他任何人竞争。因此，市场不再是竞争的。如果消费者认识到自己消费的机会成本为0，他就会尽量少支付给生产者以换取消费公共物品的权利。如果所有消费者均这样行事，则消费者们支付的数量就将不足以弥补公共物品的生产成本，甚至是零产出。

7. 能否认为，由于公共产品不存在市场交换价格因而可以任意定价？

【参考答案】

不能这样认为。由于公共产品是政府投资提供的，因此，可用政府在公共产品上的投资量表示该产品的价格，如果把公共产品数量画在一个坐标轴的横轴上，把价格画在纵轴上，则同样可画出公共产品的需求曲线与供给曲线，这两条曲线的交点所决定的价格才是最优投资量。如果实际投资量高于最优投资量，公共产品就会供过于求，它表示该公共产品不能有效地被利用。相反，如果公共产品投资过少，即投资量低于最优投资量，则公共产品就会供不应求，例如，城市道路投资不足，会造成交通拥挤，道路堵塞。可见公共产品不可以任意定价。

8. 如果旧车市场是一个"柠檬"市场。你预期售出的旧车的修理记录与没有售出的旧车的修理记录相比会怎样？

【参考答案】

"柠檬"在美国俚语中表示"次品"或"不中用的东西"。"柠檬"市场是次品市场的意思。当产品质量对买卖双方存在信息不对称时，"柠檬"市场就会出现，低质量产品会不断驱逐高质量产品。如果旧车市场是一个"柠檬"市场，那么，售出的旧车要比没有售出的旧车质量要差，因此，可以预期售出的旧车的修理记录会高于没有售出的旧车的修理记录。

9. 解释保险市场上逆向选择与道德风险的区别。其中的一种能在另一种不存在的情况下存在吗？

【参考答案】

保险市场上的逆向选择与道德风险虽然都由交易双方（投保人与保险公司）信息不对称所引起，但逆向选择是发生于保险合同成立之前，投保人故意隐瞒一些情况导致保险公司选择保户时做出了错误抉择继而利益受到了损害的情况，而道德风险是发生于保险合同成立之后，投保人由于可推卸责任而导致损害保险公司利益的不谨慎、不适当或故意的行为。例如，一个经常生病的人故意隐瞒病情而到保险公司要求参加医疗保险属逆向选择现象，而该病人一旦参加了保险就会认为反正医疗费由公司支付，因而更不注意自己身体，进而造成保险公司更多地支付医疗费用的情况就属道德风险。

既然二者有区别，因此，逆向选择和道德风险二者完全有可能出现"一种能在另一种不存在情况下存在"。例如，一个身体正常的人参加了医疗保险就有可能更不注意自己的健康；反之，一个本来有病的人参加医疗保险后可能并不会不当心自己的身体。

10．市场机制能够解决信息不完全和不对称问题吗？

【参考答案】（要点）

第一，市场机制可以解决一部分的信息不完全和不对称问题。例如，为了利润最大化，生产者必须根据消费者的偏好进行生产，否则，生产出来的商品就可能卖不出去。生产者显然很难知道每个消费者的偏好的具体情况。不过，在市场经济中，这一类信息的不完全并不会影响他们的正确决策——因为他们知道商品的价格。只要知道了商品的价格，就可以由此计算生产该商品的边际收益，从而就能够确定它的利润最大化产量。

第二，市场的价格机制不能够解决所有的信息不完全和不对称问题。这种情况在商品市场、要素市场上都是常见的现象。

第三，在市场机制不能解决问题时，就需要政府在信息方面进行调控。信息调控的目的主要是保证消费者和生产者得到充分的和正确的市场信息，以便他们做出正确的选择。

11．什么是成本—收益分析？

【参考答案】

所谓成本—收益分析，简单地说，就是将一项公共建设项目预期所能产生的收益的现值加以估计，将它与预期所需支出的成本相比较，求出该项目计划可能产生的全部收益与成本比率，即效率，然后再将各个项目的效率加以比较，决定取舍。要注意的是，政府与私人对于成本与收益的估计有所不同。私人考虑的是私人成本与私人收益，即直接用于生产的资本、劳动等经济资源的耗费和利用这些经济资源从事生产所得的收入。政府考虑的是社会成本和社会收益，社会成本中不仅包括直接消耗的经济资源，还包括公众所受到的环境污染、不安定的社会秩序等各种利益的损失；收益中不仅包括经济上的直接收益，还包括整个经济发展、公众文化水准与健康水平的提高、社会秩序的安定、思想认识的进步等各种因素间接能带来的收益。

12．什么是公地的悲剧？

【参考答案】

当某种物品具有竞用性但不具有排他性，即是所谓的"公共资源"时，每个人出于自己利益的考虑，都会尽可能多地去利用这种物品，使它很快地被过度使用，从而造成灾难性的后果。这种情况被西方学者称为公地的悲剧。

13．什么是委托—代理问题？

【参考答案】

委托人（如雇主、股东等）委托代理人（如雇员、经理等）处理与自己有关的一些事务，并支付给代理人相应的报酬。但是，由于代理人的利益往往与委托人的利益并不一致（有时甚至可能完全不同），因此，对委托人来说，一个至关重要的问题就是：如何确保代理人按照自己的要求行事？这就是所谓的"委托—代理"问题。

14．什么是市场失灵？有哪几种情况会导致市场失灵？

【参考答案】

在某些情况下，指市场机制会导致资源配置不当无效率的结果，这就是市场失灵。换句话说，市场失灵是自由的市场均衡背离帕累托最优的情况。导致市场失灵的情况包括垄断、外部影响、公共物品、不完全信息等。